MEMO

Sommaire

978-2-218-93556-5

LA PHRASE

À l'écrit, la phrase commence par une majuscule et se termine par un point. C'est une suite ordonnée de mots qui a un sens.

Elle est composée d'un nombre plus ou moins grand de mots.

Bonjour.
Bonjour, Corbeau, tu chantes très bien.

A. Les types de phrases et leur construction

1 Les phrases déclaratives

On utilise les phrases déclaratives pour raconter, expliquer, déclarer. Ces phrases se terminent toujours par un point.

La Terre tourne autour du soleil en 365 jours.

2 Les phrases interrogatives

On utilise les phrases interrogatives pour poser des questions. Ces phrases se terminent toujours par un point d'interrogation.

Les phrases interrogatives se construisent de plusieurs façons :

- On utilise des mots ou des groupes de mots interrogatifs.
  Qui a inventé l'école ?
  Combien de classes a ton école ?
  Est-ce que l'école est obligatoire ?
  Où est située ton école ?
- On ajoute un pronom de reprise.
  Ton école est-elle grande ? (elle reprend *école)*
- On ajoute seulement un point d'interrogation à la phrase déclarative.
  Ton école est grande ?

3 Les phrases exclamatives

On utilise les phrases exclamatives pour s'étonner, exprimer un sentiment fort (colère, joie...), s'exclamer.
Ces phrases se terminent toujours par un point d'exclamation.

Quelle bonne surprise !
Comme tu as grandi !
Que ce chaton est mignon !
À moi ! Au secours !

B. Les formes de phrases

Les phrases sont de forme affirmative ou de forme négative.

1 La forme affirmative

Les dragons existent.
On voit encore des dragons.
Les dragons crachent toujours du feu.

2 La forme négative

On ajoute à la forme affirmative deux mots de négation.
Ils encadrent le verbe.

Le premier est toujours *ne* (ou *n'*), le deuxième varie en fonction du sens de la phrase affirmative.
On obtient souvent une phrase de sens contraire à la forme affirmative.

Les dragons n'existent pas.
On ne voit plus de dragons.
Les dragons ne crachent jamais de feu.

AUTOUR DU VERBE

A. Le sujet du verbe

C'est le sujet qui commande l'accord du verbe dans la phrase.
Le sujet peut être un pronom ou un groupe nominal plus ou moins étendu.

L'homme préhistorique (groupe nominal sujet) *découvre* (verbe) *le feu.* *Il* (pronom sujet) *craint* (verbe) *moins les animaux*

■ Le sujet du verbe répond aux questions :
« Qui + verbe ? » *Qui découvre ? Qui craint ?*
« Qui est-ce qui + verbe ? » *Qui est-ce qui découvre ? Qui est-ce qui craint ?*

■ Le sujet peut parfois être encadré par « c'est ... qui ».
C'est l'homme préhistorique qui découvre... qui craint...

B. La relation sujet/verbe

Le sujet fait varier le verbe en nombre et en personne.

- Un même sujet peut commander plusieurs verbes.

Les étincelles crépitent et sautent dans la cheminée.
S V V

- Un verbe peut avoir plusieurs sujets.

La terre, l'eau, le feu, le vent constituent les quatre éléments naturels.
S S S S V

À l'oral, on n'entend pas toujours la marque d'accord mais elle apparaît toujours à l'écrit.

*La flamme rou**git** les yeux.* → *Les flammes rou**gissent** les yeux.*
*Le feu cra**che** des étincelles.* → *Les feux cra**chent** des étincelles.*

C. Les compléments

1 Le complément d'objet

Le sens du verbe est souvent complété par un complément d'objet situé à droite du verbe. Ce complément ne peut être ni déplacé à gauche du verbe ni supprimé. C'est un complément essentiel.

Le complément d'objet est relié au verbe directement (complément d'objet direct/COD) ou par une **préposition** (complément d'objet indirect/COI).

Le mulot fait des provisions.
S V COD

Il pense à l'hiver.
S V prep. COI

2 Le complément circonstanciel

Le complément circonstanciel apporte des renseignements sur le lieu, le temps...
Il n'est pas toujours indispensable au sens. On peut le déplacer.

Il y a longtemps, très loin d'ici, un vieux lion rêvait sous un baobab.
CC de temps, CC de lieu, S, V, CC de lieu

- Lorsqu'il est en début de phrase, le complément circonstanciel prend beaucoup plus d'importance.

Sous un baobab, il y a longtemps, un vieux lion rêvait très loin d'ici.
CC de lieu, CC de temps, S, V, CC de lieu

- Si on supprime les compléments circonstanciels, la phrase apporte moins d'informations.

Un vieux lion rêvait.
S V

3 L'adverbe

L'adverbe est un mot invariable qui modifie le sens du verbe.

Le vieux cheval (S) *mange* (V) *peu* (adverbe). *Il* (S) *dort* (V) *beaucoup* (adverbe)

Certains adverbes sont formés à partir d'un adjectif auquel on ajoute ***-ment*** ou ***-ement***.

*La vache rumine interminable**ment** et lente**ment**.*

AUTOUR DU NOM

Le groupe nominal est formé au minimum d'un nom et d'un déterminant. Le nom est le mot principal du groupe, on ne peut pas le supprimer.

- Le déterminant précède le nom : *une forêt, le loup, mes cailloux, ce conte, quelques histoires.*

- Dans le groupe nominal, le nom peut être complété par une ou plusieurs **expansions** :
  - **des adjectifs** : *mes petits cailloux blancs, le Petit Poucet* ;
  - **des groupes nominaux** introduits par une préposition : *le loup **de** l'histoire, un loup **en** colère.*

A. Le nom

1 Le nom commun

Le nom commun désigne une personne, un animal, un objet… Il est le plus souvent accompagné d'un déterminant.

une rue, un commerçant, la boutique, des clients, sa marchandise, cet élan…

2 Le nom propre

Le nom propre désigne une personne, un animal, un objet ou un lieu unique.
Le nom propre donne une identité. Il prend toujours une majuscule.

Mozart, Paris…

Certains noms propres sont précédés d'un déterminant.

la Seine, les Alpes…

3 Le genre des noms

Dans la plupart des cas, un nom commun est soit masculin, soit féminin. C'est comme ça !

- Certains noms ont un genre unique.

  la fée, un crocodile, la noix, cette merveille, ce cortège, le zèbre

- Certains noms peuvent avoir deux genres.

sans changer de forme	sans changer de forme mais en changeant de sens	en prenant la marque du féminin	en changeant beaucoup
un / une artiste un / une acrobate un / une élève	le vase / la vase le tour / la tour	le menteur / la menteuse le prince / la princesse l'ami / l'amie le sorcier / la sorcière	le roi / la reine l'oncle / la tante le garçon / la fille

- Le nom propre ne varie pas en genre sauf le nom des habitants d'un pays, d'une région, certains prénoms...

  un Français → une Française
  un Algérien → une Algérienne
  Louis → Louise

4 Le nombre des noms

Les noms varient en nombre : ils sont au singulier ou au pluriel. Le pluriel se forme souvent en ajoutant un *s* au nom singulier.

*les astronaute**s**, mes chaussure**s**, ces album**s**, les chacal**s**, les Indien**s**, les trou**s***

- Certains pluriels se forment différemment.

  *le berceau → les berceau**x***
  *le caillou → les caillou**x***
  *le travail → les trav**aux***
  *le cheval → les chev**aux***

- Certains mots ne prennent pas la marque du pluriel.

  le nez → les nez, le curieux → les curieux, la souris → les souris, le temps → les temps, l'Anglais → les Anglais

- Certains noms propres sont toujours au singulier. D'autres sont toujours au pluriel.

  la Loire, le Rhône
  les Alpes, les Pyrénées

B. Les déterminants

Le déterminant accompagne le nom. Lorsqu'il existe dans le groupe nominal, on ne peut pas le supprimer. Il indique toujours le nombre du nom et le plus souvent son genre.

Il existe plusieurs catégories de déterminants : les articles, les déterminants possessifs, les déterminants démonstratifs, etc.

LES DÉTERMINANTS	masculin		féminin	
	singulier	pluriel	singulier	pluriel
articles	**un** balai **le** notaire	**des** balais **les** notaires	**une** maison **la** sorcière	**des** maisons **les** sorcières
déterminants possessifs	**son** balai	**ses** balais	**ma** maison	**mes** maisons
déterminants démonstratifs	**ce** balai	**ces** balais	**cette** maison	**ces** maisons

1 L'article

L'article indique que le mot qu'il accompagne est un nom.

un arbre, le chêne

■ Il est souvent le seul indice de **genre** et de **nombre** du nom qu'il accompagne.

le pianiste → *la pianiste* *le nez* → *les nez*

masculin singulier — féminin singulier — masculin singulier — masculin pluriel

■ Il existe deux catégories d'articles :

– **les articles indéfinis** désignent quelqu'un ou quelque chose dont on n'a pas encore parlé ;

une femme, un coq

– **les articles définis** désignent quelqu'un ou quelque chose dont on a déjà parlé.

la femme, le coq

LES ARTICLES	masculin		féminin	
	singulier	pluriel	singulier	pluriel
articles indéfinis	un	des	une	des
articles définis	le, l'	les	la, l'	les

2 Le déterminant possessif

Le déterminant possessif indique à qui appartient ce dont on parle. Il s'accorde toujours en genre et en nombre avec le nom. Il varie selon la « personne ».

Il permet de suivre quelqu'un ou quelque chose dans le texte.

J'aime ***ma*** *ville pour* ***son*** *vieux château,* ***sa*** *grande place,* ***ses*** *espaces de jeux.*

Tu aimes ***ta*** *ville…* *Nous aimons* ***notre*** *ville…*

LES DÉTERMINANTS POSSESSIFS

singulier		pluriel
masculin	féminin	masculin et féminin
mon, ton, son	ma, ta, sa	mes, tes, ses
notre, votre, leur		nos, vos, leurs

3 Le déterminant démonstratif

Le déterminant démonstratif désigne, montre quelqu'un ou quelque chose dont on a déjà parlé. Il permet de le suivre dans le texte. Il s'accorde en genre et en nombre avec le nom.

Paul a trouvé un oiseau. ***Cet*** *oiseau était blessé*
Paul a trouvé une tourterelle. ***Cette*** *tourterelle était blessée.*
Les oiseaux quittent la région. ***Ces*** *oiseaux sont des migrateurs.*

LES DÉTERMINANTS DÉMONSTRATIFS

	singulier	pluriel
masculin	ce, cet	ces
féminin	cette	ces

Attention : *cet oiseau, cet hiver*

C. Les expansions du nom

1 L'adjectif qualificatif

L'adjectif qualificatif précise le nom.
Il est souvent indispensable au sens.

une fille → *une petite fille*
une mignonne petite fille

- Dans le groupe nominal, l'adjectif se situe **avant ou après le nom**. On peut parfois le déplacer.

un gâteau délicieux → *un délicieux gâteau* (adjectif déplaçable)

une bonne idée (adjectif non déplaçable)

- L'adjectif **s'accorde en genre et en nombre avec le nom** qu'il précise :

– avec un nom masculin	au singulier	→	*un grand bonnet gris*
	au pluriel	→	*des grands bonnets gris*
– avec un nom féminin	au singulier	→	*une grande veste grise*
	au pluriel	→	*des grandes vestes grises*

À l'oral, on n'entend pas toujours les marques de genre et de nombre des adjectifs.

2 Le complément de nom

Le complément de nom est un groupe nominal qui précise ou complète le sens d'un nom.
Il est relié au nom par une préposition comme *à, de, du, en, avec, sans...*

un flan à la vanille
nom c. de nom

un sirop de fraise

un bonhomme en chocolat

un château avec pont-levis

du pain sans sel

LE VERBE

Le verbe est le seul mot de la phrase qui se conjugue.
Il porte les marques du temps et de la personne.

■ Il change de forme :
– **selon le moment, l'époque** où se passent les événements, les actions.

Passé	Présent	Futur
Hier, *le roi a chassé.*	***En ce moment***, *il chasse.*	***Demain***, *il chassera*

– **selon que son sujet désigne :**
- celui ou ceux qui parle(nt) → ***Je*** *peux t'aider.* ***Nous*** *pouvons t'aider.*
- celui ou ceux à qui on parle → ***Tu*** *dois réussir.* ***Vous*** *devez réussir.*
- celui ou ceux dont on parle → ***Il*** *voit une pie.* ***Les aigles*** *voient loin.*

■ Conjuguer un verbe, c'est le faire varier aux **trois personnes du singulier** *(je, tu, il* ou *elle, on)* et aux **trois personnes du pluriel** (*nous, vous, ils* ou *elles*). Un verbe se conjugue toujours dans le même ordre.

■ La terminaison du verbe indique la personne et le temps auxquels il est conjugué. La partie du verbe qui ne change pas lorsqu'on le conjugue s'appelle **la base** ou **le radical**.

*Raconter : je raconte, nous racont**ons**, ils racont**aient***

1 L'infinitif

Le verbe a une forme invariable : c'est l'infinitif *(raconter, servir, prendre, venir…)*.
Dans le dictionnaire, on trouve les verbes à l'infinitif.

2 Les trois groupes de verbes

Les verbes se classent en trois groupes selon leur infinitif.
- **1er groupe : les verbes comme** *raconter, trouver, demander…*
- **2e groupe : les verbes comme** *bondir (nous bondissons)…*
- **3e groupe : les verbes comme** *voir, prendre, venir, vouloir, aller…*

3 Les verbes *être* et *avoir*

■ Ces verbes peuvent **se conjuguer seuls.**

*J'**ai** des merveilles. Tu **es** le marchand de rêves ?*

■ Ils peuvent aussi servir à conjuguer d'autres verbes. On les appelle alors des **auxiliaires.**

*J'**ai voyagé** longtemps. Il **était parti**. Elle **sera devenue** une fée.*

LES TEMPS DES VERBES ET LEUR EMPLOI

voir aussi p. 27-28

1 Le présent

Le présent sert à dire ce qui se passe maintenant ou ce qui est toujours vrai.

*Le garçon **vit** un suspense insoutenable.*
*La terre **tourne** autour du soleil.*

Au présent, le radical des verbes du 3e groupe présente des irrégularités.

venir : il vient *aller : ils vont* *pouvoir : tu peux*

2 L'imparfait

L'imparfait est un temps du passé. Dans un récit, il permet de présenter le cadre, les éléments du décor.

*Il **neigeait** sur la plaine. Le loup **cherchait** une proie pour nourrir ses petits. Soudain, le chasseur est apparu.*

À l'imparfait, les terminaisons sont identiques pour tous les verbes.

3 Le passé composé

Le passé composé est un temps du passé. Dans un récit, il permet de rapporter des événements qui se sont déroulés et qui sont achevés.

- Ce temps se forme avec l'auxiliaire ***avoir*** ou ***être*** au **présent** et le **participe passé** du verbe.

Léo a bu un verre de sirop. *Léo est allé à la mer.*

- Lorsqu'il est conjugué avec l'auxiliaire ***être***, le participe passé s'accorde en genre et en nombre avec le sujet.

Lison est allée à la mer.
Les hirondelles sont parties en septembre.

4 Le futur

Le futur sert à exprimer ce qui se passera plus tard. Il est parfois accompagné d'indicateurs de temps.

***Demain**, j'irai à la piscine.*

- Au futur, le radical des verbes du 3e groupe présente de nombreuses irrégularités.

■ Pour dire ce qui se passera bientôt, on peut utiliser **le futur proche** ou immédiat.
Il se forme avec le verbe ***aller*** **au présent** suivi du **verbe à l'infinitif**.

Karim va rester pour déjeuner. *Les enfants vont avoir une surprise.*

TABLEAUX DE CONJUGAISON

■ Être

présent		imparfait		futur		passé composé	
je	suis	j'	étais	je	serai	j'	ai été
tu	es	tu	étais	tu	seras	tu	as été
il, elle	est	il, elle	était	il, elle	sera	il, elle	a été
nous	sommes	nous	étions	nous	serons	nous	avons été
vous	êtes	vous	étiez	vous	serez	vous	avez été
ils, elles	sont	ils, elles	étaient	ils, elles	seront	ils, elles	ont été

■ Avoir

présent		imparfait		futur		passé composé	
j'	ai	j'	avais	j'	aurai	j'	ai eu
tu	as	tu	avais	tu	auras	tu	as eu
il, elle	a	il, elle	avait	il, elle	aura	il, elle	a eu
nous	avons	nous	avions	nous	aurons	nous	avons eu
vous	avez	vous	aviez	vous	aurez	vous	avez eu
ils, elles	ont	ils, elles	avaient	ils, elles	auront	ils, elles	ont eu

1er groupe

■ Raconter

présent		imparfait		futur		passé composé	
je	raconte	je	racontais	je	raconterai	j'	ai raconté
tu	racontes	tu	racontais	tu	raconteras	tu	as raconté
il, elle	raconte	il, elle	racontait	il, elle	racontera	il, elle	a raconté
nous	racontons	nous	racontions	nous	raconterons	nous	avons raconté
vous	racontez	vous	racontiez	vous	raconterez	vous	avez raconté
ils, elles	racontent	ils, elles	racontaient	ils, elles	raconteront	ils, elles	ont raconté

2e groupe

■ Réfléchir

présent		imparfait		futur		passé composé	
je	réfléchis	je	réfléchissais	je	réfléchirai	j'	ai réfléchi
tu	réfléchis	tu	réfléchissais	tu	réfléchiras	tu	as réfléchi
il, elle	réfléchit	il, elle	réfléchissait	il, elle	réfléchira	il, elle	a réfléchi
nous	réfléchissons	nous	réfléchissions	nous	réfléchirons	nous	avons réfléchi
vous	réfléchissez	vous	réfléchissiez	vous	réfléchirez	vous	avez réfléchi
ils, elles	réfléchissent	ils, elles	réfléchissaient	ils, elles	réfléchiront	ils, elles	ont réfléchi

3e groupe

Aller

présent	imparfait	futur	passé composé
je vais	j' allais	j' irai	je suis allé(e)
tu vas	tu allais	tu iras	tu es allé(e)
il, elle va	il, elle allait	il, elle ira	il, elle est allé(e)
nous allons	nous allions	nous irons	nous sommes allé(e)s
vous allez	vous alliez	vous irez	vous êtes allé(e)s
ils, elles vont	ils, elles allaient	ils, elles iront	ils, elles sont allé(e)s

Faire

présent	imparfait	futur	passé composé
je fais	je faisais	je ferai	j' ai fait
tu fais	tu faisais	tu feras	tu as fait
il, elle fait	il, elle faisait	il, elle fera	il, elle a fait
nous faisons	nous faisions	nous ferons	nous avons fait
vous faites	vous faisiez	vous ferez	vous avez fait
ils, elles font	ils, elles faisaient	ils, elles feront	ils, elles ont fait

Dire

présent	imparfait	futur	passé composé
je dis	je disais	je dirai	j' ai dit
tu dis	tu disais	tu diras	tu as dit
il, elle dit	il, elle disait	il, elle dira	il, elle a dit
nous disons	nous disions	nous dirons	nous avons dit
vous dites	vous disiez	vous direz	vous avez dit
ils, elles disent	ils, elles disaient	ils, elles diront	ils, elles ont dit

Venir

présent	imparfait	futur	passé composé
je viens	je venais	je viendrai	je suis venu(e)
tu viens	tu venais	tu viendras	tu es venu(e)
il, elle vient	il, elle venait	il, elle viendra	il, elle est venu(e)
nous venons	nous venions	nous viendrons	nous sommes venu(e)s
vous venez	vous veniez	vous viendrez	vous êtes venu(e)s
ils, elles viennent	ils, elles venaient	ils, elles viendront	ils, elles sont venu(e)s

Partir

présent	imparfait	futur	passé composé
je pars	je partais	je partirai	je suis parti(e)
tu pars	tu partais	tu partiras	tu es parti(e)
il, elle part	il, elle partait	il, elle partira	il, elle est parti(e)
nous partons	nous partions	nous partirons	nous sommes parti(e)s
vous partez	vous partiez	vous partirez	vous êtes parti(e)s
ils, elles partent	ils, elles partaient	ils, elles partiront	ils, elles sont parti(e)s

Pouvoir

présent		imparfait		futur		passé composé	
je	peux	je	pouvais	je	pourrai	j'	ai pu
tu	peux	tu	pouvais	tu	pourras	tu	as pu
il, elle	peut	il, elle	pouvait	il, elle	pourra	il, elle	a pu
nous	pouvons	nous	pouvions	nous	pourrons	nous	avons pu
vous	pouvez	vous	pouviez	vous	pourrez	vous	avez pu
ils, elles	peuvent	ils, elles	pouvaient	ils, elles	pourront	ils, elles	ont pu

Vouloir

présent		imparfait		futur		passé composé	
je	veux	je	voulais	je	voudrai	j'	ai voulu
tu	veux	tu	voulais	tu	voudras	tu	as voulu
il, elle	veut	il, elle	voulait	il, elle	voudra	il, elle	a voulu
nous	voulons	nous	voulions	nous	voudrons	nous	avons voulu
vous	voulez	vous	vouliez	vous	voudrez	vous	avez voulu
ils, elles	veulent	ils, elles	voulaient	ils, elles	voudront	ils, elles	ont voulu

Savoir

présent		imparfait		futur		passé composé	
je	sais	je	savais	je	saurai	j'	ai su
tu	sais	tu	savais	tu	sauras	tu	as su
il, elle	sait	il, elle	savait	il, elle	saura	il, elle	a su
nous	savons	nous	savions	nous	saurons	nous	avons su
vous	savez	vous	saviez	vous	saurez	vous	avez su
ils, elles	savent	ils, elles	savaient	ils, elles	sauront	ils, elles	ont su

Voir

présent		imparfait		futur		passé composé	
je	vois	je	voyais	je	verrai	j'	ai vu
tu	vois	tu	voyais	tu	verras	tu	as vu
il, elle	voit	il, elle	voyait	il, elle	verra	il, elle	a vu
nous	voyons	nous	voyions	nous	verrons	nous	avons vu
vous	voyez	vous	voyiez	vous	verrez	vous	avez vu
ils, elles	voient	ils, elles	voyaient	ils, elles	verront	ils, elles	ont vu

Prendre

présent		imparfait		futur		passé composé	
je	prends	je	prenais	je	prendrai	j'	ai pris
tu	prends	tu	prenais	tu	prendras	tu	as pris
il, elle	prend	il, elle	prenait	il, elle	prendra	il, elle	a pris
nous	prenons	nous	prenions	nous	prendrons	nous	avons pris
vous	prenez	vous	preniez	vous	prendrez	vous	avez pris
ils, elles	prennent	ils, elles	prenaient	ils, elles	prendront	ils, elles	ont pris

QUELQUES VERBES POUR T'AIDER À ÉCRIRE

1 Verbes du 1er groupe

■ Acheter

Présent : j'ach**è**te, tu ach**è**tes, vous achetez, ils ach**è**tent
Futur : tu ach**è**teras, elle ach**è**tera, nous ach**è**terons

■ Appeler

Présent : j'appe**ll**e, tu appe**ll**es, nous appelons, vous appelez
Futur : tu appe**ll**eras, elle appe**ll**era, vous appe**ll**erez, ils appe**ll**eront

■ Jeter

Présent : je je**tt**e, tu je**tt**es, nous jetons, elles je**tt**ent
Futur : je je**tt**erai, il je**tt**era, nous je**tt**erons

■ Percer

Présent : je perce, nous per**ç**ons
Imparfait : tu per**ç**ais, il per**ç**ait, nous percions, elles per**ç**aient

■ Ranger

Présent : je range, nous rang**e**ons
Imparfait : je rang**e**ais, nous rangions, ils rang**e**aient

■ Secouer

Présent : je secou**e**, tu secou**es**, il secou**e**, nous secouons
Futur : je secou**e**rai, il secou**e**ra

2 Verbes du 3e groupe

■ Boire

Présent : je bo**is**, elle boi**t**, nous **buvons**, vous **buvez**, elles boi**vent**
Imparfait : tu **buvais**, nous **buvions**, ils **buvaient**
Passé composé : tu as **bu**, elle a **bu**

■ Devoir

Présent : je do**is**, elle doi**t**, nous **devons**, vous **devez**, ils doi**vent**
Passé composé : j'ai **dû**, elle a **dû**, les garçons ont **dû**
Futur : tu dev**ras**, il dev**ra**, vous dev**rez**, ils dev**ront**

■ Mettre

Présent : je me**ts**, elle met, nous me**ttons**, ils me**ttent**
Passé composé : j'ai mi**s**, elle a mi**s**, nous avons mi**s**, ils ont mis

■ Recevoir

Présent : je re**ç**ois, tu re**ç**ois, elle re**ç**oit, nous recevons, ils re**ç**oivent
Passé composé : j'ai re**ç**u, il a re**ç**u, ils ont re**ç**u
Futur : il recevra, vous recevrez, elles recevront

■ Répondre

Présent : je répond**s**, tu répond**s**, elle répond, elles répondent
Passé composé : il a répond**u**, ils ont répond**u**

QUELQUES HOMOPHONES

a **a** est le présent du verbe *avoir*, à la 3e personne du singulier. On peut le remplacer par l'imparfait. *Le loup* ***a*** *mauvaise réputation.* *Le loup* ***avait*** *mauvaise réputation.*	**à** **à** est un mot invariable qui sert à relier d'autres mots. C'est une préposition. *Un animal* ***à*** *poils gris.*
est **est** est le présent du verbe *être*, à la 3e personne du singulier. On peut le remplacer par l'imparfait. *L'orage* ***est*** *violent.* *L'orage* ***était*** *violent.*	**et** **et** est un mot de liaison invariable utilisé pour relier des mots, des groupes de mots ou des phrases. *Le tonnerre* ***et*** *les éclairs déchirent le ciel.*
sont **sont** est le présent du verbe *être*, à la 3e personne du pluriel. On peut le remplacer par l'imparfait. *Les dragons* ***sont*** *cruels ou gentils ?* *Les dragons* ***étaient*** *cruels ou gentils ?*	**son** **son** est un déterminant possessif. Il change selon la personne et le genre. *Le dragon regagne* ***son*** *nid.* *Je lis* ***mon*** *livre. Léna lit* ***sa*** *BD.*
ont **ont** est le présent du verbe *avoir*, à la 3e personne du pluriel. On peut le remplacer par l'imparfait. *Les souris* ***ont*** *peur des chats.* *Les souris* ***avaient*** *peur des chats.*	**on** **on** peut désigner une ou plusieurs personnes, ensemble ou isolément. En parlant, on emploie souvent *on* pour *nous*. ***On*** *a entendu du bruit.* ***On*** *lit des contes.*
ces **ces** est un déterminant démonstratif qui change selon le nom qu'il détermine. ***Ces*** *étoiles sont lointaines.* ***Ce*** *soleil est lointain.* ***Cette*** *lune est lointaine.*	**ses** **ses** est un déterminant possessif qui change selon le nom qu'il détermine. *Le savant prépare* ***ses*** *instruments.* *Le savant prépare* ***sa*** *lunette.* *Le savant prépare* ***son*** *téléscope.*
mais **mais** est un mot de liaison qui marque une opposition, un changement. *Inès aime la lecture* ***mais*** *elle n'aime pas les problèmes.*	**mes** **mes** est un déterminant possessif qui change selon le nom qu'il détermine. *J'apprécie* ***mes*** *nouveaux feutres.* *J'apprécie* ***ma*** *classe.* *J'apprécie* ***mon*** *maître.*

LES SIGNES PHONÉTIQUES

sons-voyelles	
[ɑ]	vache – âne
[o]	moto – rôle – autre – cadeau
[ɔ]	école – colle – encore
[y]	jus – flûte
[u]	moule – cou
[e]	café – potager – nez – et
[ɛ]	manège – forêt – lait – bouquet – fer – elle
[œ]	bonheur – sœur
[ø]	peureux – vieux
[ə]	je – venir – maintenant
[i]	joli – une île – pyjama
[ɑ̃]	vent – longtemps – gant – chambre – paon
[ɔ̃]	mon – long – pompe
[ɛ̃]	sapin – simple – peinture – chien – pain

sons-consonnes	
[p]	porte – grappe
[b]	boîte – babiller
[t]	tatouage – hotte
[d]	dinde – addition
[k]	cacao – flaque – coq – kiwi – chorale – ticket – exciter
[g]	goûter – figue – guêpe – guitare
[f]	farce – effort – phrase
[v]	vague – wagon
[s]	sage – casser – cinéma – garçon – position – scie – six
[z]	zéro – mésange – dixième
[ʒ]	jouer – ranger – rougeole
[ʃ]	chat – short – schéma
[l]	lit – salle
[ʀ]	route – carrosse
[m]	maman – gomme
[n]	prune – canne
[ɲ]	compagnon – cygne
[j]	pion – rayure – fille – travail – paille
[wa]	droit – croire
[ɥi]	lui – huître

LES PARTICULARITÉS DE LA LETTRE H

■ La lettre ***h*** est appelée « h muet » :

– en début de mot lorsqu'on peut faire la liaison ;

un habit, des hivers, ces herbes, cet homme

– en milieu de mot, entre deux voyelles qu'elle sépare ;

le chahut, un cahier, la Préhistoire

– après la première lettre d'un mot.

le théâtre, le Rhône

■ La lettre ***h*** est appelée « h aspiré » lorsqu'on ne peut pas faire de liaison.

ces hérissons, des haies, les Hollandais

■ La lettre ***h***, associée à certaines consonnes, permet de former des sons-consonnes :

[ʃ] *ch* → ***ch**at*   [ʃ] *sh* → ***sh**ort*   [f] *ph* → *élé**ph**ant*

L'ARTICLE DE DICTIONNAIRE

L'article de dictionnaire donne la définition d'un mot.

Dans un article de dictionnaire, les informations sont organisées pour permettre de bien se repérer.

classe grammaticale et genre, en écriture abrégée : ici, nom féminin

différents sens du mot numérotés

exemple en italique

mots de la même famille

racine n. f. **1.** Partie d'un arbre ou d'une plante qui s'enfonce dans la terre. *Les carottes sont des racines.* **2.** Partie d'une dent qui s'enfonce dans la gencive. *Les molaires ont trois racines.* **3.** *La racine carrée d'un nombre,* c'est le nombre dont le carré est égal à ce nombre. *4 est la racine carrée de 16* ($\sqrt{16} = 4$). **4.** *«Bataille» et «combat» ont la même racine : «battre», ils viennent du même mot.*
▷ DÉRACINER, ENRACINÉ.

Le Robert Junior © Le Robert.

LE SENS DES MOTS

1 L'expression imagée, la comparaison

À partir de certains mots, on peut créer des images.

Cette minuscule passoire → la coccinelle
Le feu dévore la forêt.

La comparaison est, elle aussi, une image.

La flamme bat de l'aile comme un oiseau blessé.

2 Les expressions toutes faites

Les expressions toutes faites sont des expressions imagées dans lesquelles les verbes, les noms n'ont pas leur sens habituel.

La plupart sont très anciennes. Les animaux familiers, certaines parties du corps humain sont très présents dans les expressions toutes faites : *en avoir plein les pattes, casser les pieds à quelqu'un, être une poule mouillée.*

3 Les différents sens d'un mot

Un même mot peut avoir plusieurs sens : son sens habituel (sens propre) et des sens figurés.

- Sens habituel (sens propre)

L'hydre de Lerne a sept têtes.
Il s'est cassé un bras.
Il a donné un coup de poing sur la table.

- Sens figurés (comme des images)

la tête de l'arbre (la cime), *la tête du cortège* (le début), *se creuser la tête* (réfléchir),
le bras de la rivière
un coup de téléphone

4 Les mots de sens voisin : les synonymes

Deux mots sont synonymes lorsqu'ils ont un sens voisin.

- Le synonyme d'un mot appartient **toujours à la même classe** que ce mot (nom, adjectif, verbe).

J'aime le calme.	→	*J'aime la tranquillité.*	(noms)
L'érable est vieux.	→	*L'érable est âgé.*	(adjectifs)
J'ai écrit une lettre.	→	*J'ai rédigé une lettre.*	(verbes)

- Selon le contexte, le synonyme d'un même mot peut être différent.

une histoire drôle → *une histoire amusante*
un drôle d'oiseau → *un oiseau bizarre*

5 Les mots de sens contraire

Le mot contraire d'un autre mot appartient toujours à la même classe que ce mot (nom, adjectif, verbe).

un grand calme	≠	*une grande agitation*	(noms)
un air sérieux	≠	*un air amusé*	(adjectifs)
monter l'escalier	≠	*descendre l'escalier*	(verbes)

- Selon le contexte, le contraire d'un mot peut être différent.

une voix grave ≠ *une voix aiguë*
une blessure grave ≠ *une blessure légère*

ORGANISER DES IDÉES AUTOUR D'UN MOT THÈME

Chaque mot (nom, verbe, adjectif) peut faire penser à d'autres mots. L'ensemble de ces mots s'organise autour d'un mot thème. Chercher des mots autour d'un mot thème permet d'enrichir son vocabulaire.

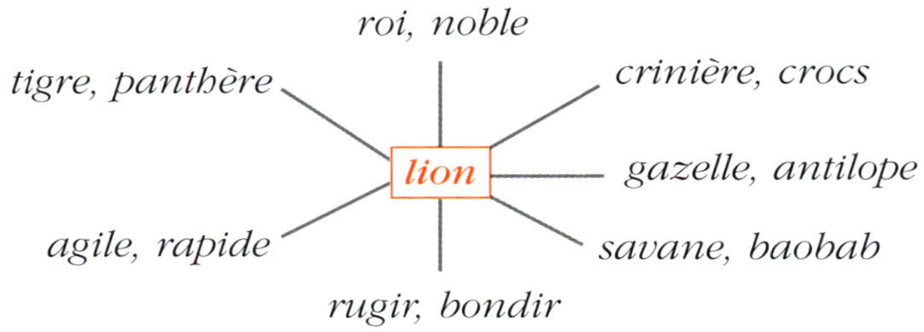

LA CONSTRUCTION DES MOTS

1 Les familles de mots

Les mots qui ont, entre eux, un lien de sens et de forme constituent une famille de mots.
Les familles de mots ont une base commune (on dit aussi radical).

dent, dentiste, dentition, dentifrice, édenté

La base peut être étendue :
– par la gauche à l'aide d'**un préfixe** ;
– par la droite à l'aide d'**un suffixe** ;
– par la droite et la gauche.

Mot de base étendu par la gauche à l'aide d'un préfixe	Mot de base	Mot de base étendu par la droite à l'aide d'un suffixe
	citron	*citron**nier**, citron**nade**, citron**nelle***
***a**grandissement*	*grand*	*grand**eur**, agrand**issement***
***em**brasser*	*bras*	*bras**ser**, bras**se***

2 La dérivation à l'aide du suffixe

Lorsqu'on ajoute un suffixe à un mot de base, on obtient un mot dérivé de la même famille.

– À partir d'un nom, on peut former un verbe : *un bond → bondir*.
– À partir d'un nom, on peut former un autre nom : *un bras → une brassée*.
– À partir d'un verbe, on peut former un nom : *nager → un nageur*.
– À partir d'un adjectif, on peut former un nom : *sage → la sagesse*.

Les suffixes ont **un sens** :
- *la bon**té**,* c'est le fait d'être bon
- *la propre**té**,* c'est le fait d'être propre
- *jet**able**,* c'est quelque chose que l'on peut jeter
- *mange**able**,* c'est quelque chose que l'on peut manger

3 La dérivation à l'aide du préfixe

Lorsqu'on ajoute un préfixe à un mot de base ou à un mot comportant un suffixe, on obtient un mot dérivé de la même famille.

Certains préfixes ont un sens.
- Le préfixe ***re*** signifie « faire une seconde fois » : *commencer → **re**commencer.*
- Le préfixe ***dé*** ou ***dés*** signifie « faire le contraire » : *nouer → **dé**nouer, habiller → **dés**habiller.*
- Le préfixe ***in*** ou ***im*** marque le contraire : *utile → **in**utile, parfait → **im**parfait.*
- Les préfixes ***mal*** et ***anti*** marquent aussi le contraire : *heureux → **mal**heureux, vol → **anti**vol.*

LES HOMOPHONES

Les homophones sont des mots qui se prononcent de la même façon mais qui n'ont pas le même sens.
Ils s'écrivent parfois de la même façon, parfois de façons différentes.

avoir de l'argent – une montre en argent
le sommet d'une montagne – le sommet d'un rectangle

mais : *avoir un long cou – recevoir un coup de pied*

LES NOMS GÉNÉRIQUES

Un nom générique sert à constituer une catégorie de noms désignant des êtres vivants, des choses qui ont certains éléments en commun.

Mercure, Vénus, Saturne et Mars sont des planètes qui tournent autour du Soleil.
L'orange, la clémentine, le citron, le pamplemousse sont des agrumes.

LES NOMS COMPOSÉS

Un nom composé est un nom formé de deux mots reliés par un trait d'union.

Il peut être formé ainsi :
- nom + nom → *un chou-fleur, une reine-claude*
- verbe + nom → *un marque-page, un tire-bouchon*
- adjectif + nom → *une arrière-boutique, un rouge-gorge*
- nom + préposition + nom → *un arc-en-ciel, un tête-à-tête*

Comme tous les noms, les noms composés ont un genre.
Ils peuvent varier en nombre.

L'ORIGINE DES MOTS

La plupart des mots de la langue française sont d'origine latine (venant des Romains) ou grecque.

■ Certains mots latins comme *lavabo, agenda, prospectus* n'ont pas changé depuis 2 000 ans. D'autres ont subi des transformations :
manus → *la main, digitus* → *le doigt.*

■ Certains mots d'origine grecque ont aussi subi des transformations.
Les deux premières lettres de l'alphabet grec ont été réunies pour former un mot français :
alpha + *bêta* → *alphabet*

LES MOTS EMPRUNTÉS À DES LANGUES ÉTRANGÈRES

Les voyages, les guerres, les échanges entre les peuples ont introduit dans la langue française des mots venus de nombreux pays du monde.

Les plus fréquents sont anglais : *un tee-shirt, le football, un pull-over, un building…*
Mais il en existe bien d'autres : le *yaourt* (bulgare), le *sushi* (japonais), la *pintade* (portugais), le *bouquetin* (allemand), le *bazar* (arabe), le *thé* (chinois).

Fonctionnement du texte

DES MOTS ET DES EXPRESSIONS DE TEMPS ET DE LIEU

1 Des mots et expressions de temps

Certains mots et expressions servent à marquer la chronologie d'un récit, sa durée, le moment où se passent des événements.

il était une fois, autrefois, un jour, hier, demain, la veille, cette année-là, maintenant, tout à l'heure, avant, après, puis, ensuite, alors, enfin, toujours, déjà, tout à coup, et, soudain, quand, lorsque, etc.

2 Des mots et expressions de lieu

Certains mots et expressions servent à situer le récit ou l'action.

ici, là-bas, plus loin, loin de, sur, devant, derrière, dessus, à côté, dedans, dehors, etc.

DES MOTS DE LIAISON

et sert à relier deux mots ou groupes de mots	*J'ai des graines de citrouilles et des graines de tournesol.* *Dans la forêt, il y a des chênes, des bouleaux et des hêtres.*
mais sert à marquer une opposition, un changement	*La fillette va à l'école mais elle n'aime pas l'orthographe.* *Aujourd'hui il pleut mais demain il fera beau.*
ou permet un choix	*Préférez-vous le conte de Pinocchio ou celui de Blanche-Neige ?*
car sert à expliquer la cause d'une action	*Emma prend un parapluie car il pleut.*

DES MOTS POUR REPRENDRE D'AUTRES MOTS

Dans un texte, on peut reprendre des noms qui sont déjà connus. Ce procédé permet de suivre quelqu'un ou quelque chose dans ce texte.

On peut utiliser :

- **un pronom**

  Le chat *est monté sur le lit. Je l'ai regardé attentivement, il me fixait avec ses yeux de chat. Je lui ai demandé : « Qu'est-ce que tu as fait ? » Il s'est étiré...*

Dans ce texte, les pronoms *l', il, lui, tu* désignent *le chat.*

- **un groupe nominal**

– déterminant + nom

Un notaire *vendit une maison à M. Pierre. Le notaire était un homme malhonnête.*

Une sorcière *habitait la maison. Cette sorcière ne sortait que la nuit. Elle prenait son seau et ses balais.* (le seau et les balais de la sorcière)

– nom générique

L'élan *vit au Canada. Ce cervidé se nomme aussi orignal.*

- **une expression imagée**

  Cet homme *a mauvais caractère. C'est un ours mal léché.*

RECONNAÎTRE QUI PARLE ET À QUI DANS UN DIALOGUE

La 1re personne désigne celui ou celle qui parle en son nom propre *(je)* ou au nom de plusieurs personnes *(nous)*.

je → la sorcière
nous → la sorcière et le notaire

je → la sorcière
nous → la sorcière + M. Pierre

j' → M. Pierre
nous → M. Pierre et sa mère

La 2e personne désigne celui ou celle à qui on parle *(tu* ou *vous)*.

tu → M. Pierre
vous → les humains

tu → M. Pierre
vous → M. Pierre + le notaire

vous → la sorcière

M. Pierre vouvoie la sorcière. C'est un **vous** de politesse.

La 3e personne désigne celui, celle ou ce dont on parle.

Cette personne est absente de la situation de communication.
Elle ne parle pas.
Elle est représentée par :
– tous les groupes nominaux : *la sorcière,* etc. ;
– des pronoms : *il, ils, elle, elles, celui-ci, celles-là,* etc.

LE DIALOGUE

Le dialogue est une succession de prises de parole entre deux ou plusieurs personnages.

1 Les marques du dialogue

Dans la savane, un jour, les bêtes allèrent trouver le lion et lui dirent **:**
« Nous te proposons une solution.
— Quelle est cette solution **?**
— Eh bien, nous prendrons chaque jour une bête parmi nous que nous t'enverrons pour ton repas du matin. **»**
Le lion donna son accord.

- ouverture des **guillemets** : début de l'échange
- **tirets** : changement d'interlocuteur
- **verbe qui annonce** le dialogue
- **deux points** qui annoncent le dialogue
- ponctuation qui donne l'**intonation**
- fermeture des **guillemets** : fin de l'échange

Dans la littérature d'aujourd'hui, de nombreux dialogues ne sont pas introduits par des guillemets. Seuls les tirets sont employés pour marquer les prises de paroles des personnages.

2 Identifier les interlocuteurs

- Dans un dialogue court, on ne désigne pas toujours les interlocuteurs.
Il faut deviner qui parle en s'appuyant sur le sens du texte.

- Dans un dialogue long, il faut nommer les interlocuteurs pour savoir qui parle.

« Où est passé Damien ? demandent ***Colette et Dorothée****.*
– Cherchez-moi ! crie ***Damien****.*
– Et s'il avait explosé avec les éprouvettes ? lance ***Dorothée****.*
– Ou alors il est là et on ne le reconnaît plus ! suggère ***Colette****.*
– Papa ! hurle ***Robert****, Damien patine si vite qu'on ne le voit plus !*
– Damien ! Damien ! » appellent ***les trois enfants****.*

3 Les verbes de paroles

Ces verbes donnent des informations sur la manière de s'exprimer : ton neutre, faible et doux, fort, coléreux, désagréable, mécontent, agacé, inquiet, joyeux...
Ils évitent de répéter le verbe *dire*.

demander, répondre, questionner, répéter, déclarer, crier, hurler, ricaner, murmurer, chuchoter, grogner, gémir, pleurer, s'exclamer, s'écrier, etc.

4 La phrase incise

La phrase incise permet de dire qui parle et comment dans le dialogue. Elle se situe immédiatement après ou entre des paroles prononcées.

Elle est séparée des paroles prononcées par une ou deux virgules.
Le sujet est placé après le verbe.

« Il fait froid », grelotte Yasmine.
« Vous faites trop de bruit, déclare la maîtresse, parlez moins fort. »

L'EMPLOI DES TEMPS DANS LE RÉCIT

Pour raconter des faits passés, on utilise généralement deux systèmes de temps :
– l'imparfait et le passé composé ;
– l'imparfait et le passé simple.

1 Imparfait et passé composé

Tous les matins d'hiver, le trappeur allait derrière sa cabane chercher du bois pour le feu. Le froid pinçait dur. Quelquefois, des animaux sortaient du bois. Un jour, c'est un élan qu'il a trouvé là. L'élan est entré dans la cuisine

Verbes qui plantent le décor (deuxième plan du récit) : **imparfait**	Verbes qui évoquent l'événement (premier plan du récit) : **passé composé**
allait pinçait sortaient	a trouvé est entré

GRAMMAIRE CONJUGAISON ORTHOGRAPHE VOCABULAIRE FONCTIONNEMENT DU TEXTE

2 Imparfait et passé simple

L'enfant feuilletait tranquillement des livres. Il cherchait une histoire de monstres lorsque quelque chose lui tomba sur la tête. La bibliothécaire sursauta.

Verbes qui plantent le décor (deuxième plan du récit) : **imparfait**	Verbes qui évoquent l'événement (premier plan du récit) : **passé simple**
feuilletait cherchait	tomba sursauta

De nombreux récits sont écrits à l'imparfait + passé simple.

DES SIGNES DE PONCTUATION

- **Le point** marque la fin d'une phrase.
  La sorcière a bien ri.

- **Le point d'interrogation** signale une question.
  Est-ce que vous connaissez cette fable ?

- **Le point d'exclamation** marque l'étonnement, un sentiment (colère, peur...).
  Au loup ! Au loup !
  Le pauvre berger a eu si peur !

- **Les points de suspension :**

– signalent une hésitation, une angoisse.
J'avais oublié que... enfin... Je veux dire...

– signifient qu'une liste n'est pas terminée.
Il y a des chênes, des bouleaux, des sapins, des érables...

– laissent le lecteur deviner la suite.
Le magicien eut une idée géniale...

– font monter le suspense.
Et soudain... soudain... un grand bruit...

- **Les deux points :**

– annoncent des paroles prononcées.
La maîtresse a demandé :
« Est-ce que vous avez fini ? »

– introduisent une énumération, une explication.
Les oiseaux peuvent voler grâce à : un corps fuselé, des ailes aux longues plumes...

La virgule :

– sépare les termes d'une énumération.

Il y a des arbres dont on ne connaît pas bien les noms, des cèdres, des frênes, des chênes-lièges, des noisetiers...

– délimite, isole ou met en relief certains groupes dans la phrase.

Chaque matin, le garçon part en forêt.
Le garçon, qui voulait voyager au pays des arbres, les a apprivoisés.
Dans la savane, sous un baobab, pendant la nuit, une bande de lions rêvait.

Les guillemets marquent le début et la fin des paroles prononcées.

« Lève-toi, me dit la maîtresse, et épelle le mot chat ! »

Les tirets :

– marquent, dans un dialogue, qu'un deuxième personnage prend la parole ou qu'on lui répond.

« Tu viens à la pêche, oncle loup, dit le renard.
– Oui, car ma famille a grand faim !
– Nous allons à l'étang, j'ai tout préparé », reprend le loup.

– marquent des paroles prononcées (sans guillemets).

– Je peux bien vous le dire... la maison est hantée !
– Hantée ? Hantée par qui ? Une sorcière ?

LES CLASSES DE MOTS

Les mots qui ont en commun les mêmes propriétés appartiennent à la même classe.

Classes	Catégories/Exemples
Le nom	– nom commun : *un écureuil, un chat* – nom propre : *la Seine, Arthur*
Le déterminant	– article indéfini : *un, une, des* – article défini : *le, la, l', les* – déterminant possessif : *mon, ton, sa, mes, tes, ses…* – déterminant démonstratif : *ce, cet, cette, ces*
L'adjectif qualificatif	*un chat <u>blanc</u>, un enfant <u>rieur</u>*
Le verbe	*chanter, finir, prendre*
Le pronom personnel	*je, tu, il, elle, nous…* *le, la, les, lui…*
Les mots de liaison	– prépositions : *à, de, avec, pour, sans…* – mots et expressions de temps : *hier, ce matin…* – mots et expressions de lieu : *ici, là-bas, près…*
L'adverbe	*ils chantent <u>bien</u>*

facettes

CE2

CYCLE 3

FRANÇAIS

Lecture / Écriture

Grammaire • Conjugaison

Orthographe • Vocabulaire

Michèle SCHÖTTKE
conseillère pédagogique, chargée de mission départementale
« maîtrise de la langue », honoraire.

Avec le concours de François TOURNAIRE,
conseiller pédagogique.

Remerciements à Catherine TAUVERON,
professeur des universités en langue et littérature françaises
qui a assuré le suivi littéraire et scientifique de cet ouvrage.

HATIER

978-2-218-93556-5

SOMMAIRE

Récits à mystère et à suspense 68

Des contes d'hier dans des histoires d'aujourd'hui 98

Benjamin Rabier

Contes et fables de ruse

CE QUE TU VAS APPRENDRE DURANT CES SIX SEMAINES

LECTURE COMPRÉHENSION	Lire un conte et deux fables de ruse d'animaux.
FONCTIONNEMENT DU TEXTE	Comprendre le rôle des mots et des expressions de temps pour repérer l'ordre des événements dans un récit. Suivre les personnages dans un récit. Observer les marques du dialogue.
GRAMMAIRE	Identifier différents types de phrases.
CONJUGAISON	Différencier le passé, le présent, le futur. Identifier un verbe grâce à ses changements de forme.
ORTHOGRAPHE	Réviser des lettres et des sons.
VOCABULAIRE	Revoir l'ordre alphabétique. Utiliser un dictionnaire.
ATELIER D'ÉCRITURE	Écrire la suite d'un récit.

Benjamin Rabier (1864-1939),
page de garde d'un recueil de fables de La Fontaine.

La ruse du jaguar

Autrefois, près du village au bord du fleuve, vivait un jaguar très rusé. Quand un problème survenait dans la grande forêt, on faisait toujours appel à lui. Il arrangeait les histoires de famille et, en contrepartie, se faisait payer un bon prix. Tous les animaux des environs, le tapir, le tamanoir, le paresseux, le singe, le perroquet et même le serpent avaient eu affaire à lui. Sa réputation avait même atteint les oreilles des hommes.

Un jour qu'il dormait tranquillement sous une belle branche de parasolier, Talokoe, le chef du village au bord du fleuve, vint le trouver :

« Bonjour, jaguar !

– Bonjour, maître des hommes !

– Jaguar, mon ami, je viens te voir car depuis trois jours et trois nuits, mon fils Alima refuse obstinément de se nourrir.

– Grrr ! grogna le jaguar. C'est pour un caprice d'enfant que tu troubles ma sieste ?

– C'est qu'il est très affaibli, je crains le pire.

– Dis ce que tu attends de moi !

– Toi seul par ta ruse peux lui rendre l'appétit. Viens donc demain midi. Je te paierai un bon prix. »

Toute la nuit, le jaguar réfléchit au moyen de forcer le petit d'homme à retrouver le goût de manger. À force de penser et de penser encore, il finit par avoir une idée.

Aux aurores, il se tapit sur une branche au-dessus de la rivière et attendit. Il se dit : « C'est la première fois que je travaille pour un homme ! Mon salaire vaudra sûrement son pesant d'or… »

Un singe passa par là. Le jaguar lui sauta dessus et l'assomma d'un bon coup de patte. À midi, il apporta son gibier au village.

Je comprends

1. Quel est le titre du livre dans lequel on peut lire ce conte ?

2. Quel genre d'histoires contient ce livre ?

3. Quel mot introduit le conte ?

4. Où se passe l'histoire ?

5. Quels sont les personnages qui agissent ? Et ceux dont on parle ? Dis ce que tu apprends sur chacun d'eux.

6. Quel est le but de la visite du chef du village au jaguar ?

7. Combien de ruses le jaguar tente-t-il ?

8. Le problème d'Alima est-il alors résolu ?

9. Et le jaguar, que lui arrive-t-il ?

10. Qui est *le maître des hommes* (ligne 11) ?

Je discute

1. Pourquoi ce conte a-t-il pour titre : *La ruse du jaguar* ? En quoi consiste cette ruse ? N'y a-t-il pas une autre ruse ?

2. Expliquez le comportement de Talokoe.

Il entra dans la case de Talokoe et s'adressa en ces mots à son fils : « Alima, fils d'homme, si tu manges ce singe, tu deviendras aussi agile que lui ! » Alima dévora le singe. […]

Trois jours plus tard, le jaguar revint au village pour toucher son salaire. Il trouva de nouveau le chef Talokoe assis devant sa case en train de se lamenter.
« […] Ta ruse n'a pas marché, jaguar. Voilà trois jours qu'Alima ne veut plus rien avaler ! »

Le jaguar, qui n'avait jamais manqué une affaire de sa vie, s'en retourna dans la forêt. Il se tapit sur une branche durant toute la nuit. Au matin, il vit passer Maïpouri, le tapir. Il lui sauta dessus et l'assomma d'un bon coup de patte.

À midi, il rapporta son gibier au village. Il entra dans la case de Talokoe et s'adressa en ces mots à son fils : « Alima, fils d'homme, si tu manges ce tapir, tu deviendras aussi gourmand que lui ! »

Trois jours plus tard, en revenant au village pour toucher son salaire, le jaguar y trouva Talokoe fort réjoui.
« Merci mille fois, jaguar. Grâce à ta ruse, Alima a retrouvé l'appétit. Entre donc dans ma case, je vais te payer ! »

Les yeux du jaguar s'illuminèrent. Il entra dans la case où il faisait sombre. Il attendit. Mais rien ne se passa.

Il sortit alors la tête hors de la case, et reçut un bon coup de bâton derrière les oreilles.

Le soir même, au repas, Talokoe se pencha sur son fils et lui dit : « Alima, fils d'homme, si tu manges ce jaguar, tu deviendras aussi rusé que lui ! »

Yves-Marie Clément, *La ruse du jaguar*, Éd. Rageot-Hatier.

SI TU VEUX LIRE d'autres contes d'animaux exotiques :

- A. Luxereau, **La Malice de M. Araignée**, Éd. Gallimard.
- N. Nyssen, **Le Boa cantor**, Éd. Actes Sud.
- Q. Horiacio, **Contes de la forêt vierge**, Éd. Seuil jeunesse.

Je joue, je raconte

1. À deux, préparez le premier dialogue entre l'homme et le jaguar (lignes 10 à 19). La ponctuation va vous aider.
Attention ! Repérez le groupe de mots qui doit être supprimé en jouant (ligne 14).

2. Raconte le premier épisode.
- Relis le début du conte jusqu'à la ligne 31.
- Apprends la phrase prononcée par le jaguar (lignes 29-30).
- Raconte cet épisode à un camarade : *Autrefois… Un jour, le chef du village… Le jaguar eut une idée… Aux aurores, il… À midi, il… Il dit au fils du chef : « Alima… »*

Écris **un nouvel épisode de *La ruse du jaguar*. Relis l'épisode lignes 37 à 44. Remplace le tapir par un singe. Écris ton texte. Lis-le et corrige-le.**

Des mots et des expressions de temps

Un jour que le jaguar dormait tranquillement sous une belle branche de parasolier, le chef du village vint lui demander de sauver son fils Alima. Toute la nuit, le jaguar réfléchit au moyen de forcer le petit d'homme à manger. Aux aurores, il se tapit sur une branche et attendit. Un singe passa par là. Le jaguar l'assomma. À midi, il apporta son gibier au village. Alima dévora le singe. Trois jours plus tard, le jaguar revint pour toucher son salaire.

- Dans ce texte, repère les groupes de mots soulignés.
- – Quand commence cette histoire ? Est-ce un moment précis ?
- – Pendant combien de temps le jaguar réfléchit-il ?
- – À quel moment entre-t-il en action ?
- – À quel autre moment apporte-t-il le gibier au village ?
- – Après combien de temps revient-il pour toucher son salaire ?

> À quoi servent tous ces groupes de mots ?

MÉMO PAGE 23

EXERCICES

Est-ce que je sais faire ?

1 Entoure les mots ou groupes de mots qui indiquent les étapes du récit.

C'était un matin d'hiver glacial. Tout était gelé, recouvert de neige. Vers midi, Renart, affamé, errait au bord d'un chemin. Il entendit le roulement d'une charrette. Des marchands de poissons ! Il jura d'avoir sa part. Quelques instants plus tard, Renart faisait le mort au travers du chemin. Les marchands le ramassèrent et le jetèrent sur les paniers remplis de poissons… Ce soir, sa famille mangera à sa faim.

D'après *Le Roman de Renart.*

Je m'entraîne

2 Relève les mots et expressions de temps qui te permettent de suivre la vie des louveteaux.

À la fin de chaque hiver, un couple de loups cherche un endroit bien abrité pour la nichée prévue début avril. Après six semaines, la louve donne naissance à des louveteaux (entre 4 et 9). La mère allaite ses petits pendant environ deux mois. Une fois cette période passée, les adultes mâchent de la viande pour la donner aux jeunes. Au début de l'automne, les louveteaux chassent avec leur meute.

3* Écris les phrases dans l'ordre du temps écoulé.

1. Aujourd'hui, la chasse au loup est réglementée.
2. Depuis toujours, les loups vivaient dans la plupart des pays du monde.
3. Puis, au fil du temps, ils ont presque tous disparu, chassés pour leur fourrure.

Écris un texte de trois ou quatre lignes pour dire ce que tu fais chaque matin lorsque tu te lèves.

EXERCICES SUPPLÉMENTAIRES P. 33

GRAMMAIRE

La phrase

1. jaguar
2. jaguar le singe assomma
3. Le chef parla.
4. sur jaguar dormait
5. sauta sur
6. Bonjour, jaguar !
7. Le tapir assomma le jaguar.
8. Tu viens ?
9. L'enfant dévora le singe.
10. L'homme assomma jaguar.
11. Le singe chasse le jaguar.
12. Le jaguar repartit dans la forêt, tout triste.

> Lorsqu'on écrit, est-ce qu'on met les mots dans n'importe quel ordre ?

- Ces groupes de mots sont-ils tous des phrases ?
- Comment sont marqués le début et la fin de chaque phrase ?
- Combien comptes-tu de phrases formées correctement ?

Compare leur composition. Argumente tes choix.

MÉMO PAGE 2

Est-ce que je sais faire ?

1 Lis ce texte en marquant une pause à la fin de chaque phrase. Compte le nombre de phrases. Entoure les majuscules et les points.

Un renard affamé se promenait dans un verger. Soudain, il aperçut de belles grappes de raisin. Il eut tout de suite l'eau à la bouche. Il sauta aussi haut qu'il put mais il n'attrapa aucun raisin. Il essaya plusieurs fois sans résultat. À la fin, vexé, il tourna les talons. Il pensa que, de toute façon, ces raisins étaient trop verts. Ce que l'on ne peut avoir, on dit qu'on n'en veut pas.

Ésope, *Le Renart et les raisins.*

2 Retrouve les phrases de ce texte. Ajoute les majuscules et les points.

dans la forêt, Rose le puceron trouva un bouton il s'approcha et en fit le tour
lentement il donnait des petites tapes dessus le bouton n'était pas creux
il était tout neuf et en plus il était assez grand pour y installer plusieurs pièces
Rose allait enfin habiter un bouton c'était le rêve de tout puceron

D'après G. Kolebka, *L'Épicier rose et autres contes*, Le Livre de Poche Jeunesse, Éd. Hachette.

Je m'entraîne

3 Recopie seulement les groupes de mots qui sont des phrases.

1. école, classe de CE2, vacances terminées
2. La rentrée a été fixée au 4 septembre.
3. Livres cartables rangés les dans
4. Joue dans la cour.
5. Notre classe se trouve au premier étage de l'école.

4 Recopie ce texte avec des majuscules.

la terre tourne autour du soleil en 365 jours. ces jours constituent une année. chaque année est divisée en douze mois. onze mois comptent 30 ou 31 jours.
le mois de février compte seulement 28 jours. tous les quatre ans, il y a 29 jours en février. on dit alors que l'année est bissextile.

EXERCICES

5 Recopie ce texte en plaçant les points.

Un beau matin, l'oiseau prit son envol pour la première fois Son cœur s'emballa de plaisir Il monta très haut dans le ciel Le plus haut possible Il fit des cabrioles et des pirouettes Il frotta ses plumes aux rayons du soleil

Yves-Marie Clément, *Gaspard Rapace* dans *Le Roi des piranhas*, Éd. Hatier-Rageot.

6 Relis le texte *La ruse du jaguar* page 8 jusqu'à la ligne 19. Combien comptes-tu de phrases ?

7 Recopie seulement ce texte en ajoutant les majuscules et les points.

les hommes préhistoriques ont peu à peu amélioré leur nourriture les hommes chassaient les animaux sauvages les femmes et les enfants cueillaient des plantes et des fruits dans la nature on pense qu'ils mangeaient aussi du poisson

8 * Recopie seulement les phrases qui ont un sens.

Monsieur Breton tenait un restaurant à l'orée de la forêt. Passé aucune habitation.
La pluie fondait des mois et des mois.
Le froid était très dur pendant le long hiver canadien.
Parfois quelquefois animaux sortaient.
Un matin, c'est un élan bleu qui arriva.
L'élan dit qu'il avait les sabots fondus.
Il s'assit devant le feu. Au bout d'un long moment, il toussa.
– Je peux t'offrir un café ? proposa M. Breton.
Café but chaud élan.

D'après D. Pinkwater, *L'Élan bleu*, Castor Poche, Éd. Flammarion.

9 ** Reconstitue les trois phrases. Ajoute les majuscules et les points.

le · vivait · jaguar · du · fleuve · près

arrangeait · de · il · affaires · les · famille

se · bon · un · payer · prix · faisait · il

10 ** Reconstitue les deux phrases. Tu as plusieurs possibilités.

Autrefois · vivait
dans un château tout rose
une princesse insupportable
près d'une forêt hantée · , · , · , · .

le lendemain · sciait · et · elle
les pieds des tables · remplissait
Clémentine · Un jour · les armures
de poil à gratter · , · , · , · .

11 ** Lis ces deux longues phrases. Aide-toi de la ponctuation.

1. C'est une histoire, enfants, de plus loin encore que du temps du grand-père du père du grand-père de mon arrière grand-père, un temps où la forêt couvrait toutes les montagnes de la région, et, au pied d'une de ces montagnes, vivait un ogre que tout le monde craignait.
2. Une chèvre élevant seule ses trois chevreaux se cassa une jambe et elle pensa qu'il lui fallait aller se faire raccommoder à Saint Jean alors elle recommanda à ses petits de manger le miel du pot, le foin de la grange, de boire l'eau du puits mais de n'ouvrir à personne parce que le loup pourrait bien les manger.

Contes de tradition du Massif Central.

Écris de mémoire le premier paragraphe du conte *La ruse du jaguar*. Attention aux majuscules et aux points.

EXERCICES SUPPLÉMENTAIRES P. 33

Passé, présent, futur

Classe chaque phrase dans le tableau selon **le temps.**

Ce qui est déjà passé	Ce qui se passe maintenant	Ce qui se passera plus tard
...	...	...

MÉMO PAGE 10

Est-ce que je sais faire ?

1 Pour chaque phrase, indique s'il s'agit du passé, du présent ou du futur.

1. Au CE1, nous avons lu des contes merveilleux.
2. Les princes et les princesses étaient des personnages de ces contes.
3. Élise distribue les livres de français.
4. Bientôt nous commencerons nos séances de natation.
5. Quelques élèves ont apporté des calculettes.
6. Karim range son bureau.
7. La bibliothèque va ouvrir lundi.

Je m'entraîne

2 Classe les mots et groupes de mots dans le tableau selon le temps qu'ils indiquent.

autrefois – l'année dernière – demain – aujourd'hui – dans quelques jours – la semaine prochaine – avant hier – l'autre jour – en ce moment – maintenant

Passé	Présent	Futur
...	...	...

3 Dis pour chaque phrase si elle parle du passé, du présent ou du futur.

1. Autrefois, les jaguars arrangeaient les affaires des familles.
2. Un jour, un père est venu demander de l'aide pour son fils qui avait perdu l'appétit.
3. Aussitôt, le jaguar pense à l'argent et cherche des solutions.
4. Il apporte chaque jour une proie à l'enfant.
5. Une fois l'enfant guéri, le père donnera un bon salaire au jaguar.
6. Mais bientôt, l'enfant mangera le jaguar.

Écris trois phrases en employant un mot ou un groupe de mots de chaque série.

1. autrefois – il y a longtemps
2. de nos jours – aujourd'hui
3. dans quelques années – prochainement

EXERCICES SUPPLÉMENTAIRES P. 34

Les lettres et les sons

1. Le renard et la cigogne
2. Le chat et le rat
3. Le vieux chat et la jeune souris
4. Le coq et la perle

- Lis ces titres de fables à haute voix.
- Observe les mots soulignés. Quel est celui dont on entend toutes les lettres ?
- Observe le mot *rat* : quelles lettres vois-tu ? Quelles lettres entends-tu ? Quelle lettre est muette ?
- Observe le mot *souris* : quelles lettres vois-tu ? Quelles lettres forment le son [u] ? Quelle lettre est muette ?
- Suis la même démarche pour étudier les mots *renard, chat, vieux.*

MÉMO PAGE 17

EXERCICES

Est-ce que je sais faire ?

1 a. Lis le texte. Complète le tableau avec des mots du texte.

La fabrique de Nicheville est célèbre pour son biscuit au chocolat. Tout le monde ici raffole de ce dessert. La directrice de l'usine montre l'installation au détective et à son inséparable ami. Les voilà devant un grand réservoir de chocolat fondant et un immense tapis de gâteau blanc.

D'après J. Razzi, *Sherlock Heml'os*, Le Livre de Poche Jeunesse, Éd. Hachette.

Je vois i	
J'entends [i]	Je n'entends pas [i]
...	...

b. Relève tous les mots du texte qui ont une lettre finale muette.

Je m'entraîne

2 Lis ce texte. Trouve le jeu qu'a imaginé l'auteur. Classe les mots dans le tableau.

Sacha, grand canard blanc à gants blancs, s'affala dans sa matra.
– Ha la la, ça va pas ! lâcha Sacha blafard.
Balthazar, charmant chat afghan, marchand d'ananas, bavard, passant par là par hasard, lança :
– Ça va Sacha ?

Régine Détambel, *L'Arbre à palabres*, Castor Poche, Éd. Flammarion.

Je vois a	
J'entends [a]	Je n'entends pas [a]
...	...

3 Même consigne que l'exercice 2.

Or donc, Tom Condor, coco blond dort.
Gros dodo fort !
Ho ! Poltron ! Volons donc son stock d'or !
Volons son bol rococo, son lorgnon,
son pompon snob, son coq mongol,
son thon, son cochon de Hong Kong, son zoo !

Régine Détambel, *L'Arbre à palabres*, Castor Poche, Éd. Flammarion.

Je vois o	
J'entends [o] ou [ɔ]	Je n'entends ni [o] ni [ɔ]
...	...

EXERCICES SUPPLÉMENTAIRES P. 35

L'ordre alphabétique

> Rappelle ce qu'est l'alphabet et à quoi il sert. Essaie de dire les lettres dans l'ordre alphabétique. Compte-les. Nomme les voyelles puis les consonnes.

• Feuillette des dictionnaires. Comment les mots sont-ils classés ?
• Range ces mots dans l'ordre alphabétique : *jaguar, tapir, singe, perroquet, serpent.*
• Observe cet extrait de dictionnaire. Quelles sont les lettres communes à tous ces mots ?
• Pourquoi *tambourin* est-il placé après *tambour* ? Où placerais-tu *tapir* ?

> Explique comment tu t'y prends pour classer les mots qui ont plusieurs lettres communes.

tambour n.m. **1.** Instrument de musique fait d'une caisse cylindrique fermée par de la peau tendue sur laquelle on frappe avec des baguettes. *Mon oncle joue du tambour dans une fanfare.* **2. Sans tambour ni trompette,** sans bruit, en secret. *Elle est partie sans tambour ni trompette.* **3. Tambour battant,** avec vivacité. *L'affaire a été menée tambour battant.* SYN. **rondement.**

▸ **tambourin** n.m. Petit tambour muni de grelots ou de petites cymbales.

▸ **tambouriner** v. (conjug. 3). Frapper à coups répétés. *Tambouriner à la porte.*

tamis n.m. Instrument muni d'une grille à travers laquelle on fait passer une matière pour séparer les gros éléments des petits. *Passer du sable au tamis.* SYN. **crible.**
● Ce mot se termine par un **s.**

Larousse junior 2008, Éd. Larousse.

EXERCICES

Est-ce que je sais faire ?

1 Entoure la lettre qui permettra de ranger ces mots dans l'ordre alphabétique.

1. dormir – grogner – réfléchir – payer – sauter
2. attendre – assommer – allumer – apporter – agiter
3. chasser – chapeau – chandelle – chariot – chameau
4. habiter – habitude – habitation – habituel

Je m'entraîne

2 Écris les lettres manquantes.

■ b ■ d ■ f
g ■ ■ j k
l ■ ■ ■ p
q r ■ ■ ■
v ■ ■ ■ z

3 Écris les lettres de l'alphabet dans l'ordre alphabétique. Entoure les voyelles en rouge et les consonnes en bleu.

4* Classe les mots de chaque série dans l'ordre alphabétique.

1. lion – chacal – boa – hyène – gazelle
2. bateau – baleine – babouin – ballon
3. cacher – cachalot – cachot – cachette – cache-nez
4. paquet – paquebot – pâquerette – paquetage – Pâques

5 Classe ces mots dans l'ordre alphabétique. Entoure la lettre qui t'a permis de les classer.**

1. dialogue – difficile – différent – discours – dictée
2. hôtel – hotte – hôtelier – hot dog – hôtellerie
3. reposer – reportage – répondre – reposant – repositionner
4. ballon – balle – balluchon – ballotin – ballonner

Écris une comptine. Choisis une lettre de l'alphabet. Utilise-la le plus souvent possible dans ta comptine.

EXERCICES SUPPLÉMENTAIRES P. 35

Le renard et la cigogne

Je comprends

1. Quels renseignements te donne la couverture du livre ?
Quels animaux y reconnais-tu ?

2. Cherche des informations sur Jean de La Fontaine (dictionnaire, Internet).
Compare les informations que tu as relevées avec celles trouvées par d'autres élèves.

3. Quelle est l'idée du renard ?
Quelle ruse imagine-t-il ?

4. Quelle est l'idée de la cigogne ?
Quel est son but ? Est-il atteint ?

SI TU VEUX LIRE ou écouter d'autres fables de Jean de La Fontaine :

- **La Fontaine aux fables,** BD, Éd. Delcourt.
- **Le Héron,** Petite Collection Clé.
- **Le Loup et l'agneau et autres fables,** Radio France.
- **Le Rat des villes et le rat des champs,** Petits cailloux, Éd. Nathan.

Anouk, *Fables de La Fontaine en BD*, Éd. Calmann-Lévy.

Je discute

1. Êtes-vous d'accord avec la morale de La Fontaine ?

2. À votre avis, la cigogne est-elle l'unique victime du renard ?

Je lis, je raconte

Entraîne-toi à lire le texte de la dernière vignette. Prends un ton très sérieux.

Écris quelques phrases pour expliquer ce que tu as compris de la morale de cette fable.

Des noms pour reprendre d'autres noms

- Retrouve de mémoire les noms que La Fontaine a utilisés pour désigner *le renard* et *la cigogne*.
- Relis le texte pages 16 et 17. Complète ta liste.
- Quel est le rôle de ces mots ou groupes de mots ?

MÉMO PAGE 24

EXERCICES

Est-ce que je sais faire ?

1 Souligne en bleu les noms et groupes du nom qui désignent *le corbeau* et en vert ceux qui désignent *le renard*.

Un corbeau s'était perché sur un arbre pour manger un fromage. Un renard, qui passait par là, fut attiré par l'odeur du fromage.

Le gourmand frémit d'envie et dit à l'oiseau :
– Chantez pour moi, cher cousin, votre voix est si pure !
L'emplumé ouvrit le bec, desserra les doigts...
Et le fromage tomba aux pieds de l'animal trompeur.
Le glouton s'en saisit :
– Adieu, braillard ! Sois plus prudent à l'avenir !

D'après Ésope, *Le Corbeau et le Renard*.

Je m'entraîne

2 Relève en deux colonnes les noms ou groupes du nom qui désignent *le meneur de loups* et ceux qui désignent *les loups*.

Le meneur demande à faire manger ses bêtes qui sont immobilisées au pied de leur maître. La mère Ribaud apporte un grand plat de pâtée. L'odeur attire l'homme aux loups. Dans le froid, les bêtes affamées grondent. [...] Marie n'a pas peur, ces animaux l'intriguent. C'est la première fois qu'elle voit des loups.

D'après Cl. Seignolle et J. Kerguéno, *L'Homme aux sept loups*, Éd. Bayard Poche.

3* Remplace chaque nom souligné par un des groupes du nom suivants : *affreux animal – jeune fille – bestioles répugnantes*.

Un jour, une princesse perdit sa balle près d'une source. Une grenouille lui proposa son aide. La princesse refusa :
« Va-t-en grenouille ! cria-t-elle. Je déteste les grenouilles ! »
La princesse était rouge de colère.

4 Dans chaque texte, relève les groupes du nom qui désignent les noms surlignés.**

1. La tortue paria qu'elle gagnerait la course contre le lièvre. L'animal léger ne prit pas l'affaire au sérieux et se moqua de la commère. Notre lièvre s'amusa tant en chemin que la tortue arriva la première.
2. Une grenouille vit un bœuf qui lui sembla de belle taille. L'envieuse voulut égaler l'animal en grosseur. À s'enfler tant et tant, la chétive pécore en creva.
3. Entre les pattes d'un lion, un rat sortit de terre un peu à l'étourdie. Le roi des animaux fut généreux et laissa la vie à l'imprudent. À quelque temps de là, le lion fut pris dans des filets. Aussitôt, le rongeur reconnaissant accourut pour couper les mailles des rets. Et le fauve se libéra.

Écris de courtes phrases avec d'autres noms ou groupes du nom pour désigner *le renard* et *la cigogne*.

EXERCICES SUPPLÉMENTAIRES P. 33

GRAMMAIRE

Différents types de phrases

- Repère :
  - les phrases où les personnages posent une question ;
  - celles où la cigogne exprime sa colère ;
  - celles où le renard exprime sa joie, sa satisfaction ;
  - celles qui expliquent ou qui racontent.
- Observe la ponctuation de chaque phrase. Relis-la avec la bonne intonation.

> Combien de types de phrases as-tu repérés ?

MÉMO PAGE 2

ERCICES

Est-ce que je sais faire ?

1 Lis chaque phrase en prenant la bonne intonation. Inscris ensuite son numéro dans le tableau.

1. Les éléphants avaient décidé la bonne entente de tous les animaux.
2. Quelle bonne et généreuse idée ils avaient eue !
3. Ils devraient donc tous manger de l'herbe.
4. Les bêtes carnivores étaient inquiètes.
5. Comment allaient-elles se nourrir ?
6. Et comment allaient-elles nourrir leurs petits ?
7. Elles n'avaient jamais croqué la moindre feuille.
8. La renarde ne mangerait plus jamais de lièvres.
9. L'herbe, ce n'est vraiment pas bon !

D'après D. Inkiow, *Les Oreilles de l'éléphant*, *Le Chameau volant*, Éd. Hatier-Rageot.

Phrase déclarative (qui raconte)	**Phrase interrogative** (qui questionne)	**Phrase exclamative** (qui exprime un sentiment, une émotion)
1	...	...

EXERCICES

Je m'entraîne

2 Relève deux phrases déclaratives puis deux phrases interrogatives.

Une mygale velue trouve un jour une cruche.
Quelle jolie case elle ferait !
« Es-tu vide ? Quelqu'un t'habite-t-il ? »
La mygale s'aventure dans la cruche.
Un caméléon tout blanc arrive à son tour.
« Est-ce qu'il y a quelqu'un ici ? »
Et le caméléon s'installe avec la mygale dans la cruche.

D'après *La Cruche cassée*, tradition africaine.

3 Relève deux phrases déclaratives puis deux phrases exclamatives.

La lune apparaît derrière les arbres. Comme elle est ronde ce soir ! C'est la pleine lune. Demain, un petit quartier sombre se formera. Dans une semaine, un quartier entier ne sera pas éclairé. Que le mouvement des astres est passionnant ! Quel spectacle, cette pluie d'étoiles ! Les astronomes font souvent de nouvelles découvertes dans le ciel.

4* Indique le type de chaque phrase : déclarative, interrogative ou exclamative.

1. Il y a très longtemps, peu d'enfants allaient à l'école.
2. Sais-tu depuis quand l'école est obligatoire ?
3. Elle est obligatoire depuis environ 120 ans.
4. Chaque village devait avoir « une maison d'école ».
5. Quel changement pour les enfants de 6 à 12 ans !
6. Mais qu'allaient-ils faire à l'école ?
7. Ils allaient apprendre à lire, écrire, compter.

5* Même consigne que pour l'exercice 4.

1. Les rapaces sont des oiseaux protégés.
2. Les rapaces sont-ils utiles ?
3. Comme les rapaces sont élégants lorsqu'ils planent dans les airs !
4. Il est interdit de tuer les rapaces.
5. Les chasseurs respectent-ils cette règle ?
6. Certains rapaces aiment se nourrir de serpents.

6* Ponctue la fin de chaque phrase.

1. Renard joue de mauvais tours ☐
2. Connais-tu l'histoire du corbeau ☐
3. Quelle belle vengeance ☐
4. Que cette fable est amusante ☐
5. Quel personnage préfères-tu ☐
6. C'est une fable de La Fontaine ☐
7. Le lièvre fait une course avec la tortue ☐
8. Est-ce que la tortue va gagner ☐

7 On a mélangé la ponctuation. À toi de la retrouver !**

« Bonjour, Petit Chaperon Rouge ?
Où vas-tu de si bonne heure !
– Je vais chez ma grand-mère ?
– Et où habite-t-elle.
– Elle habite près de la forêt ?
– Tu vas me montrer le chemin. »
Le loup arriva le premier !
Et qu'arriva-t-il au Petit Chaperon Rouge.

8 Entraîne-toi à lire ces phrases en chuchotant, en soupirant, en ricanant, en grognant.

1. Ce brouet clair est immangeable.
2. Dame cigogne est aussi rusée que moi !
3. Il me faut à jeun retourner au logis !
4. Que va me faire manger cet oiseau stupide ?
5. Le traître sera-t-il puni ?
6. La morale de cette fable ne me plaît pas.

Écris une réponse pour cette question.

Comment la cigogne se venge-t-elle du renard ?

EXERCICES SUPPLÉMENTAIRES P. 34

Les changements de formes du verbe (1)

1. La cigogne prépare un vase à long col pour la soupe.
2. Elle rend le renard ridicule.
3. Le renard revient honteux et confus à son terrier.

> Rappelle-toi : tu as appris à ne pas confondre le passé, le présent et le futur.

• Lis ces phrases en commençant par *Hier*, *Il y a longtemps*, puis par *La semaine prochaine*, *Bientôt*. Quelles remarques fais-tu ?

> Dans une phrase, quel est le seul mot qui change avec le temps ?

MÉMO PAGE 10

EXERCICES

Est-ce que je sais faire ?

1 Relis ce texte en commençant par *Hier*, puis par *La nuit prochaine*. Souligne les verbes.

Dans une cage, le chevalier choisit un faucon. Il le fait se percher sur son poing droit. Il lui cache la tête à l'aide d'un capuchon. Le chevalier enfourche sa monture et part au galop. Arrivé sur le lieu de chasse, l'homme ôte le capuchon. L'oiseau observe un moment en remuant la tête. Puis il fixe un point avec son œil perçant, s'envole et plonge au loin sur un lièvre. Le chasseur siffle et le faucon revient avec sa proie.

Je m'entraîne

2 Recopie seulement les phrases qui ont un verbe.

1. Le renard et la cigogne : une fable.
2. La fable se termine par une morale.
3. Des personnages malicieux et rusés.
4. La Fontaine observe les animaux.
5. Cet auteur a écrit des centaines de fables.

3 Surligne d'une même couleur les différentes formes de chaque verbe conjugué.

1. Un cheval vit sur une île. Il pense à la vie des chevaux auprès des hommes. Il veut les aider à avoir une vie moins dure.
2. Un cheval vivait sur une île. Il pensait à la vie des chevaux auprès des hommes. Il voulait les aider à avoir une vie moins dure.
3. Un cheval vivra sur une île. Il pensera à la vie des chevaux auprès des hommes. Il voudra les aider à avoir une vie moins dure.

4 ** Souligne les verbes.

LE TAMANOIR

Le tamanoir se nourrit de fourmis. Il déroule sa très longue langue en forme de cône. Il la plonge dans la fourmilière. À cause de sa salive collante, de nombreuses fourmis restent prisonnières de sa langue. Ensuite, il enroule sa langue et il avale ses proies. Le tamanoir s'appelle aussi le grand fourmilier.

EXERCICES SUPPLÉMENTAIRES P. 34

L'écriture des sons [s] et [z]

1. **Hélas**, le renard **sert** la **soupe** dans une **assiette**. La **cigogne** perd **patience** et, dans un **silence glacial, pense** à la **leçon** qu'elle a **reçue** et à une **possible vengeance**.

2. Sur la table de la commère, un **vase** à long col **emprisonne** une **douzaine d'oiseaux** bien **cuisinés**. Voilà la **deuxième ruse** !

3. Ces‿animaux ne sont pas de vrais‿amis. Chez‿eux, attention aux‿apparences !

• Quel est le son commun à tous les mots en gras de la série 1 ?
– Observe les lettres qui encadrent ***s***. Puis celles qui suivent ***c***. Fais des remarques.
– Quelles lettres forment [si] dans le mot *patience* ? Connais-tu d'autres mots où [s] s'écrit avec un ***t*** ?
• Quelles lettres forment le son [z] dans les mots en gras de la série 2 ? Note-les. Observe les lettres qui encadrent ***s***. Fais des remarques.
• Lis les phrases de la série 3. Quel son entends-tu lorsque tu fais la liaison ?

MÉMO PAGE 17

EXERCICES

Je m'entraîne

1 Classe ces mots dans le tableau.

gazelle – mésange – zèbre – désert – lézard – gazouillis – hasard – oiseau

J'entends [z]	
Je vois *s*	Je vois *z*
...	...

2 Classe ces mots dans le tableau.

cygne – singe – garçon – monstre – grimace – acrobatie – ogresse – potion – limaçon – carrosse – hélas – punition – sorcière – ours

J'entends [s]			
Je vois *s*	Je vois *ss*	Je vois *c* ou *ç*	Je vois *t*
...	...	...	...

3 Complète avec *s* ou *ss*.

1. Un cha...eur ...achant cha...er partit ...ans ...on chien.
2. ...ix chats a...is ...ur ...ix murs, pi...tent ...ix ...ouris qui se gli...ent ...ous ...ix lits.
3. Les chau...ettes de la duche...e ...ont pre...que ...èches.

4 Complète avec *c* ou *ç*.

1. Les gla...ons rafraîchissent les boissons.
2. Les gla...iers fondent partout sur la terre.
3. La lima...e sort par temps humide.
4. Le colima...on est une espèce d'escargot.
5. Les Fran...ais ont gagné le match.

5* À une lettre près ! Choisis le bon mot.

1. Le seigneur a invité son (coussin/cousin).
2. Ils ont pêché de gros (poissons/poisons) dans l'étang. Ils ont aperçu un loup.
3. Rentrés au château, ils s'installent devant une table (base/basse) et se régalent de (déserts/desserts) sucrés au miel.

6 Dans chaque série, barre le mot intrus.**

1. histoire – sire – vase – assiette – festin
2. Poucet – citrouille – conte – Cendrillon
3. récréation – opération – addition – nous partions
4. scarabée – science – piscine – scène – scintiller

EXERCICES SUPPLÉMENTAIRES P. 35

Le dictionnaire

article – mot défini – classe grammaticale

rabougri adj. *La plante est rabougrie,* mal développée.

rabrouer v. (conjug. 1) *Luc rabroue toujours sa petite sœur,* il lui parle méchamment, lui répond durement. → **rudoyer ;** fam. **rembarrer.**

racaille n. f. Ensemble de gens malhonnêtes, peu recommandables. *Il fréquente la racaille.*

raccommoder v. (conjug. 1) 1. Réparer en cousant. *Il faudrait raccommoder ces chaussettes trouées.* → **repriser.** 2. Familier. *Anne et Flora s'étaient fâchées mais elles se sont raccommodées,* elles se sont réconciliées.
▸ **raccommodage** n. m. Réparation de vêtements. *Mamie fait du raccommodage.*

raccompagner v. (conjug. 1) *Mon père a raccompagné Julie en voiture,* il l'a emmenée jusque chez elle.

raccorder v. (conjug. 1) Relier. *Le plombier raccorde les deux tuyaux,* il les fait communiquer. — *La route se raccorde à l'autoroute après le pont,* elle la rejoint.
▸ **raccord** n. m. 1. Pièce qui relie deux éléments. *Le plombier place un raccord entre les deux tuyaux.* 2. *Le peintre a fait un raccord sur le mur,* il a remis de la peinture là où il en manquait.

raccord

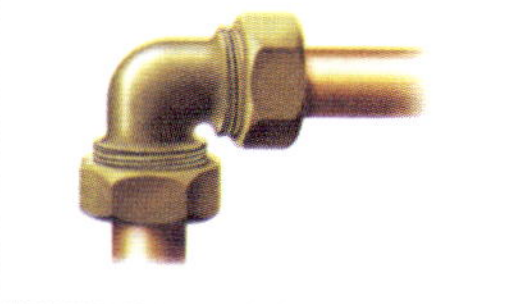

▸ **raccordement** n. m. *Les wagons sont sur une voie de raccordement,* une voie ferrée qui en relie deux autres.

raccourcir v. (conjug. 2) 1. Rendre plus court. *Ma jupe est trop longue, il faut la raccourcir.* ‖ contr. **rallonger** ‖ 2. Devenir plus court. *En automne, les jours raccourcissent.* → **diminuer.**
▸ **raccourci** n. m. Chemin plus court que le chemin ordinaire. *Prenons ce raccourci.*

raccrocher v. (conjug. 1) 1. Accrocher de nouveau. *Raccroche ce manteau qui est tombé.* 2. Mettre fin à une conversation téléphonique en reposant le combiné. *Il lui dit au revoir et raccrocha.* ‖ contr. **décrocher** ‖ 3. *Anne a failli tomber mais elle s'est raccrochée à mon bras,* elle s'est retenue à mon bras. → se **rattraper.**

race n. f. 1. Groupe d'êtres humains qui ont certains caractères physiques communs comme la couleur de la peau, la forme du squelette, etc. *Les Chinois sont de race jaune.* 2. Catégorie. *Il y a de nombreuses races de chats.* → **espèce.** *C'est un chien de race,* un chien qui a un pedigree.
▸ **racé** adj. *Un animal racé,* c'est un animal qui a les qualités de sa race. *Une jument racée.*
▷ ANTIRACISTE, RACIAL, RACISME, RACISTE.

rachat n. m. Achat de quelque chose que l'on a déjà vendu. *Le promoteur vend l'immeuble avec faculté de rachat.* → aussi **racheter.**

racheter v. (conjug. 5) 1. Acheter de nouveau. *Rachète du pain, il n'y en a pas assez.* 2. Acheter à quelqu'un ce qu'il a lui-même acheté. *Je lui ai racheté sa voiture.* 3. *Racheter ses erreurs,* c'est les réparer et les faire oublier. — *Anne s'est rachetée par des gentillesses.*

rachitique adj. Qui a le squelette mal formé, mal développé. *Un enfant rachitique.*

racial adj. Relatif à la race. *Des émeutes raciales ont éclaté dans le sud du pays,* des émeutes entre des personnes de races différentes. — Au masc. pl. *raciaux.*

racine n. f. 1. Partie d'un arbre ou d'une plante qui s'enfonce dans la terre. *Les carottes sont des racines.* 2. Partie d'une dent qui s'enfonce dans la gencive. *Les molaires ont trois racines.* 3. *La racine carrée d'un nombre,* c'est le nombre dont le carré est égal à ce nombre. *4 est la racine carrée de 16* ($\sqrt{16} = 4$). 4. *« Bataille » et « combat » ont la même racine : « battre »,* ils viennent du même mot.
▷ DÉRACINER, ENRACINÉ.

racisme n. m. Croyance en la supériorité d'une race sur les autres qui conduit à mépriser les races différentes de la sienne. → aussi **apartheid** et **ségrégation.**
▸ **raciste** n. m. et f. Personne qui n'aime pas les personnes des autres races. *C'est une raciste.* — Adj. *Il a des idées racistes.* → aussi **antisémite.** ‖ contr. **antiraciste** ‖

racket [rakɛt] n. m. Ce mot vient de l'anglais. *Faire du racket,* c'est extorquer de l'argent ou des objets aux gens en les menaçant. ◊ homonyme : raquette.
▸ **racketter** v. (conjug. 1) *Racketter quelqu'un,* c'est lui extorquer de l'argent, les vêtements ou les objets de valeur qu'il porte sur lui en le menaçant. *Certains élèves du collège rackettent les plus jeunes à la récréation.*

racler v. (conjug. 1) Frotter vigoureusement avec quelque chose de dur. → **gratter.** *Il faut racler le fond de la casserole.* → **récurer.**

▸ **raclette** n. f. Plat suisse fait de fromage que l'on chauffe et dont on racle au fur et à mesure la partie ramollie pour la manger.

racoler v. (conjug. 1) Attirer par tous les moyens. *Le marchand de fruits racole des clients en leur offrant des fraises.*

raconter v. (conjug. 1) *Raconter quelque chose,* c'est en faire le récit. *Mamie nous a raconté l'histoire de Boucle d'or. Raconte-moi ce qui s'est passé.*
▸ **racontar** n. m. Chose méchante, souvent fausse, que l'on dit au sujet de quelqu'un. → **cancan, potin, ragot.** *Il ne faut pas croire ce qu'elle dit, ce ne sont que des racontars.*

racorni adj. Devenu dur comme de la corne. *Cette viande est immangeable, elle est toute racornie.*

radar n. m. Appareil qui permet de savoir où se trouve un objet que l'on ne voit pas. *La position des avions dans le ciel est contrôlée par des radars. Sur les routes, la vitesse des voitures peut être surveillée par radar.*

radar

Le Robert Junior, Éd. Le Robert, 2003.

- Observe les deux mots écrits : l'un en haut de la page de gauche et l'autre en haut de la page de droite. Quel est leur rôle ?
- Combien de mots sont encadrés par les **mots repères** *rabougri* et *radar* ? Comment sont présentés tous ces mots ? Quelles sont leurs lettres communes ?
- Quels sont les deux mots qui ont neuf lettres communes ?
- Quels renseignements trouve-t-on dans **l'article** *raconter* ?

MÉMO PAGE 18

EXERCICES

Je m'entraîne

1 Cherche dans un dictionnaire les mots repères qui encadrent chacun de ces noms.

fable – conte – histoire – récit – album

2 Dans un dictionnaire, cherche trois mots placés :

1. entre *glouton* et *goinfre*
2. entre *cigogne* et *cirage*
3. entre *repas* et *répéter*
4. entre *persil* et *personnel*
5. entre *international* et *interroger*

3* Dans un dictionnaire, trouve le mot qui vient juste avant et celui qui vient juste après chacun des mots suivants.

lièvre – lion – délivrer – bondir

Écris ces mots en remettant les lettres dans l'ordre. Emploie-les dans une phrase.

eivntir – oigncge – denrar

EXERCICES SUPPLÉMENTAIRES P. 35

La queue du loup

Avant Noël, au début d'une belle nuit étoilée et glaciale, Renart* emmène Ysengrin à la pêche aux anguilles.

Le loup a chassé tout le jour sans rien prendre. Il meurt de faim. À travers les bois enneigés, les deux compères se dirigent vers un étang. La glace est si épaisse qu'on pourrait, sans crainte, y former des rondes joyeuses.

Assez près du bord, les paysans ont creusé un trou qu'ils entretiennent chaque jour avec soin, tant le froid est dur. Ils ont laissé un seau à côté du trou. Il leur sert à puiser de l'eau et à faire boire leurs bêtes. Renart s'avance :

« Approchez, bel oncle. Voilà l'engin que j'utilise pour pêcher des douzaines de barbeaux, tanches et anguilles, dit le goupil.

– Quelle idée ingénieuse, cher neveu ! s'exclame Ysengrin.

– Il suffit de tenir le seau plongé dans l'eau et de le retirer lorsqu'on sent, au poids, qu'il est garni de poissons, explique Renart.

– Prenez l'engin et attachez-le à ma queue, demande le loup. Et surtout, serrez bien le nœud.

– C'est merveille comme vous comprenez vite ! Je vais faire comme vous le souhaitez. »

* *Renard* s'écrivait *Renart* autrefois.

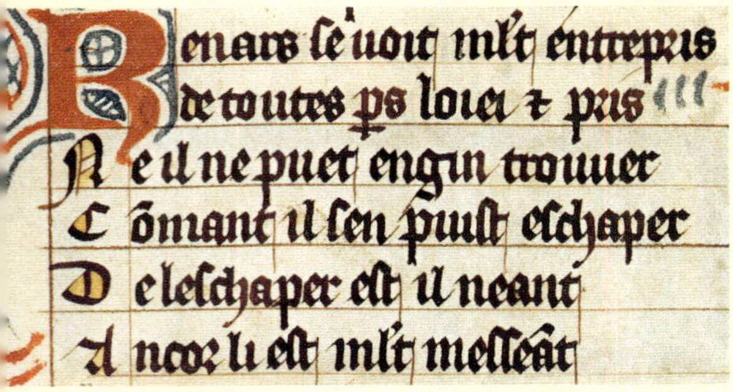

Manuscrit d'origine du *Roman de Renart*.

Renart attache solidement le seau. Ysengrin s'assoit sur la glace, plonge le seau dans l'eau et attend avec patience. Goupil se place un peu à l'écart, sous un buisson. Il fait semblant de dormir tout en guettant son compère du coin d'un œil rieur.

L'autre sent peu à peu le seau devenir lourd. Il se félicite et pense au festin d'anguilles qui va calmer sa faim, celle de dame Hersent et de leurs louveteaux.

Je comprends

1. Quel est le titre de l'œuvre d'où est extrait ce texte ?

2. Qui en est l'auteur ? Argumente ta réponse.

3. Peux-tu lire la première lettre et quelques mots du manuscrit d'origine ? Fais des remarques.

4. Qui sont les personnages de ce récit ? Nomme-les.

5. Quels groupes de mots indiquent quand se passe l'histoire ?

6. Quels groupes de mots indiquent où se passe l'histoire ?

7. Quel est le but du loup ? Pourquoi ? Est-ce qu'il l'atteint ?

8. Quel est le but du renard ? Réussit-il ?

9. La situation du loup est-elle meilleure à la fin de l'histoire ?

En réalité, c'est la glace qui emprisonne peu à peu sa queue. Ysengrin se décide enfin à tirer, mais ses efforts restent inutiles. Il se démène à s'en déchirer la peau, rien à faire. Il appelle Renart :
« À mon secours, cher neveu. J'ai pris tant de poissons que je ne puis les soulever !
– Comment bel oncle, vous êtes encore là ? Allons, hâtez-vous ! Prenez ces poissons et partons ! s'énerve le goupil.
– Aidez-moi ! gémit le loup, ils sont si lourds !
– Ah ! reprend Renart en riant, à qui la faute ? Tout vouloir fait tout perdre. Vous vous êtes montré trop gourmand, voilà tout ! »

La nuit passe, le jour se lève, le soleil paraît. Au loin, dans la forêt sonne un cor de chasse. C'est le châtelain qui prépare ses valets et ses chiens ! Renart détale et prend le chemin de sa tanière. Le traître abandonne le pêcheur d'anguilles.

Ysengrin tire de droite et de gauche. Il souffre cruellement sans pouvoir se dégager. Hélas ! c'est trop tard. Un garçon l'aperçoit, bloqué par la glace.
« Au loup ! Au loup ! » crie-t-il.

Le châtelain arrive, descend de cheval et approche, l'épée au poing, pour fendre Ysengrin en deux. Mais il manque son coup et tombe sur la tête. Relevé à grand-peine, il frappe une deuxième fois. La lame dévie et s'abat sur la queue qu'elle emporte tout entière.

Le loup surmonte une douleur terrible pour s'élancer au milieu des gens et des chiens. Il entre au bois, plaignant sa longue et riche queue laissée en gage et jurant de tirer vengeance du Renart, qu'il soupçonne de l'avoir dupé.

D'après le *Roman de Renart,* écrit par de nombreux auteurs anonymes du Moyen Âge.

SI TU VEUX LIRE d'autres mésaventures du loup :
- J. Muzi, **Dix-neuf fables du méchant loup,** Éd. Flammarion.
- **Dix contes du loup,** Éd. Nathan.
- G. de Pennart, **Le loup est revenu,** Éd. L'École des Loisirs.
- P. Corentin, **L'Ogre, le loup, la petite fille et le gâteau,** Éd. L'École des Loisirs.

10. Qui désigne : *bel oncle* (lignes 11 et 38) ; *le goupil* (ligne 12) ; *cher neveu* (lignes 13 et 36) ; *son compère* (ligne 24) ; *le traître* (ligne 48) ; *le pêcheur d'anguilles* (ligne 48) ? Quel est le rôle de ces groupes de mots ?

Je discute

Que pensez-vous du comportement de chaque personnage ?

Je dis, je joue

À deux, préparez le dialogue (lignes 11 à 19). Repérez les groupes de mots qui doivent être supprimés lorsque vous jouez.

Écris ce que tu as compris de la ruse du renard.

3 FONCTIONNEMENT DU TEXTE

Le dialogue (1) : ponctuation et verbes de paroles

Le renard s'avance :
« Approchez, bel oncle. Voilà l'engin que j'utilise pour pêcher des douzaines de barbeaux, tanches et anguilles, dit le goupil.
– Quelle idée ingénieuse, cher neveu ! s'exclame Ysengrin.
– Il suffit de tenir le seau plongé dans l'eau et de le retirer lorsqu'on sent, au poids, qu'il est garni de poissons, explique Renard.
– Prenez l'engin et attachez-le à ma queue, demande le loup. »

- Repère le signe de ponctuation qui annonce que le renard prend la parole.
- Repère les signes de ponctuation qui marquent le début et la fin de l'échange.
- Repère celui qui indique qu'un deuxième personnage parle.
- Pour chaque échange, lis seulement les paroles prononcées.
- Quel est le rôle des **verbes de paroles** soulignés ?

MÉMO PAGES 26 ET 27

EXERCICES

Est-ce que je sais faire ?

1 Entoure toutes les marques du dialogue que tu reconnais. Surligne en vert les paroles prononcées, en jaune les verbes de paroles. Souligne le nom des personnages qui parlent.

Quatre enfants déballent leurs cadeaux de Noël. Damien est le plus jeune...

« Oh ! Oh ! dit Damien. Il me tarde de voir mon cadeau...
– Regardez, s'écrie Robert, le grand frère. J'ai un équipement complet de hockey !
– Et moi, annonce Colette, la grande sœur, une trousse à maquillage !
– La boîte du parfait petit chimiste ! claironne Dorothée, l'autre grande sœur.
– Moi, j'ai un ours, dit Damien, un ours en peluche ! »

R. Wells, *Le Sac à disparaître*, traduit par Marie-Raymond Farré, Éd. Gallimard pour la traduction française.

Je m'entraîne

2 Ponctue correctement le dialogue. Souligne les verbes de paroles. Entoure le nom des personnages qui parlent.

Une petite fille veut ensorceler ses parents.

Léna écouta la fée qui lui dit
Viens t'assoir, mon enfant, et parle.
C'est mes parents, ils ne veulent pas m'obéir.
Ça ! C'est trop fort, observa la fée. Et qu'attends-tu de moi ?
C'est parce qu'ils sont plus nombreux que moi, poursuivit la fillette, toujours à deux contre un.
Je n'y peux pas grand chose, murmura la fée.

D'après M. Eude, *Des parents sur mesure*, Le Livre de poche jeunesse, Éd. Hachette.

3 Pour chaque réplique, écris qui parle : *Nasreddine* ou *son voisin* ?

Nasreddine jette du sel autour de sa maison.

« Mais que fais-tu, Nasreddine, avec tout ce sel ?
– J'en mets autour de ma maison pour éloigner les tigres.
– Mais il n'y a pas de tigres ici.
– Eh bien, c'est la preuve que le sel a fait son effet. »

Écris un court dialogue entre un chat et une souris. Pense à la ponctuation.

EXERCICES SUPPLÉMENTAIRES P. 33

Des phrases interrogatives

1

Le renard est un traître ?
Est-ce que le renard est un traître ?
Le renard est-il un traître ?

Que veut le renard ?
Où sont installés les deux compères ?
Qui a sa queue prise dans la glace ?

2

Qui décoiffe la mer
avec des mains qu'on ne voit pas ?
Qui roule sa chanson
dans la gorge des torrents ?
Qui n'est jamais si lourd
que quand un oiseau meurt ?
Le vent, la pierre et le silence.
Qui est ronde comme une joue
et plus lourde que la peine ?
Qui habille le monde
quand il se fait bien tard ?
Qui souffle chaque soir
la bougie du soleil ?
La pierre, le silence et le vent.

J. P. Siméon, *À l'aube du buisson*,
Poèmes pour grandir, Cheyne Éditeur.

- Dans les phrases de la série 1, observe :
  – les signes de ponctuation ;
  – l'ordre des mots.
- Repère les mots interrogatifs.
- Lis le poème de l'encadré 2. Comment est-il construit ?
- Relis les trois premières questions. Comment le poète y répond-il ?
- Relis la deuxième partie du poème. Compare la réponse avec celle que tu as déjà lue. Pourquoi l'ordre des mots a-t-il changé ?
- Donne un titre à ce poème.

> Explique les différentes manières de construire des **phrases interrogatives**.

MÉMO PAGE 2 2

EXERCICES

Est-ce que je sais faire ?

1 Lis ces poèmes. Surligne tout ce qui marque l'interrogation.

Dites-moi Zoù

Où sont les porteurs d'eau ?
où sont les petits savoyards ?
un jour on demandera où sont les mécanos
les motards les chauffards

ils seront tous partis
dans le passé

R. Queneau, « Dites-moi Zoù » in *Courir les rues*,
Éd. Gallimard.

Quelle ménagère tire à cette heure,
par un treuil rouillé et criard, des pleins
seaux de son puits ?
C'est l'âne qui remonte et jette toute sa voix
dehors et braie qu'il s'en fiche, qu'il s'en fiche.

J. Renard, *Histoires naturelles*, Éd. Hachette.

Le ver luisant

Si tu étais un ver luisant,
Comment ferais-tu pour dormir ?

P. Keineg, *Oiseau de Bretagne,*
oiseau d'Amérique, Éd. Obsidiane.

EXERCICES

Je m'entraîne

2 Recopie seulement les phrases interrogatives.

1. Quels sont tes jeux préférés ?
2. Autrefois, les enfants jouaient au cerceau, à la main chaude, à colin-maillard, aux billes...
3. Certains jeux ont disparu.
4. Qui pourrait s'en souvenir et te renseigner ?

3 Recopie ces phrases interrogatives. Entoure tout ce qui marque l'interrogation.

1. Est-ce que l'on a découvert toutes les planètes ?
2. La Lune est-elle habitée ?
3. Comment la lune est-elle éclairée ?
4. Quel est le nom du savant qui a démontré que la Terre tournait autour du Soleil ?
5. Quand a-t-on découvert que la Terre était ronde ?
6. Qui a découvert que la Terre était ronde ?
7. Pourquoi la vie n'est-elle pas possible sur la planète Mars ?
8. Des hommes sont-ils déjà allés sur la Lune ?

4 * Écris les phrases interrogatives d'une autre façon.

1. Le château est hanté ?
2. Un fantôme se cache-t-il le jour ?
3. Est-ce que tu as peur des fantômes ?
4. Les chaînes des fantômes font du bruit ?
5. Les fantômes existent-ils ?

5 * Même consigne que l'exercice 4.

1. Sais-tu de quoi se nourrissent les lions ?
2. La gazelle craint les lions ?
3. Est-ce que le lion est le roi de la savane ?
4. Les jeunes zèbres sont des proies faciles ?
5. Est-ce que les gnous se déplacent beaucoup ?

Des lions attaquant un gnou, au Kenya.

6 ** Écris une question correspondant à chaque réponse.

1. Les personnages de cette fable sont le loup et le renard.
2. Ils vont pêcher des anguilles.
3. Le renard dit au loup de plonger sa queue dans l'eau.
4. Oui, le renard est cruel.
5. Le loup se sauve dans le bois.

7 ** Même consigne que l'exercice 6.

1. Je vais à l'école à pied.
2. Je pleure parce que j'ai froid.
3. Je prends trois BD.
4. Je ferai du vélo mercredi.
5. Ce livre est à moi.

8 ** Pose des questions en employant ces mots interrogatifs. Pense aux signes de ponctuation.

qui – où – comment – quel

Écris trois questions pour demander à ton voisin quels sont ses loisirs préférés. À ton tour, réponds par écrit aux questions qu'il te pose.

EXERCICES SUPPLÉMENTAIRES P. 34

Les changements de formes du verbe (2)

1

Le renard est un animal commun.
Il a un instinct de chasseur.
Il chasse la nuit.
Il suit ses proies sans bruit et **il** bondit sur elles.

2

Les renards sont peu aimés.
Ils ont très mauvaise réputation.
Ils chassent même dans les poulaillers.
Ils suivent les volailles et **ils** bondissent sur elles.

> Rappelle-toi : quel est le seul mot d'une phrase qui change avec le temps ?

- Observe les verbes soulignés. Repère les différentes formes que prend un même verbe. Explique les différences.
- Quels mots commandent ces verbes ? Qui désignent les pronoms en gras ?
- Relis les textes comme si l'on parlait d'une renarde, puis de plusieurs renardes. Que remarques-tu ?

MÉMO PAGE 10

EXERCICES

Est-ce que je sais faire ?

1 Souligne les verbes. Entoure les mots ou groupes de mots qui les commandent. Qui est désigné par *il*, *ils*, *elles* ?

1. Les enfants de Sparte (en Grèce) apprenaient la discipline. Ils devaient obéir, supporter la fatigue. Ils dormaient sur des paillasses qu'ils préparaient eux-mêmes. Un maître leur enseignait à lire et à écrire. Il était très sévère mais il était juste.

2. Pendant plusieurs jours, le paysan réclame au berger des bœufs pour labourer sa terre. Quand il les obtient enfin, il rentre chez lui avec ses bêtes. Au matin, elles ont disparu. Quand il les retrouve, elles n'ont plus de harnais : le chacal l'a grignoté...

Je m'entraîne

2 Souligne les verbes. Entoure les mots qui les commandent.

1. a. Le mammouth vivait il y a 100 000 ans.
b. Les mammouths vivaient il y a 100 000 ans.
2. a. Il était énorme et très puissant.
b. Ils étaient énormes et très puissants.
3. a. Il ne mangeait que de l'herbe.
b. Ils ne mangeaient que de l'herbe.
4. a. L'homme chassait le mammouth.
b. Les hommes chassaient le mammouth.
5. a. Cet animal a disparu.
b. Ces animaux ont disparu.

3 Complète avec le pronom qui convient.**

Les pucerons attirent les fourmis car ... produisent du miellat, un liquide sucré dont ... sont friandes. Les fourmis forment un cordon autour des pucerons : ... les protègent des coccinelles. Tout en préservant leur plat préféré, ... sauvent les pucerons. ... échappent ainsi aux coccinelles qui les apprécient beaucoup.

Écris une rencontre entre un renard et deux mésanges. Emploie *il* ou *elles* pour éviter les répétitions.

EXERCICES SUPPLÉMENTAIRES P. 34

Les valeurs de la lettre c

1

Qui caquette ici ?
Ce coquet cacatoès
Ces coqs coquins
Ou ce coucou coi ?
Que ça cesse !

Sur une souche
sèche, Sacha
le chasseur
sèche
ses chaussettes

Si six scies scient
six cyprès
six cent six scies scient
six cent six cyprès

J. H. Malineau, *Le grand Livre des virelangues*, Éd. Albin Michel.

2

Le cocker a acheté un ticket pour entendre l'orchestre et la chorale au palais de l'orchidée.

• Repère tous les mots contenant la lettre *c*. Classe-les dans le tableau. Attention aux pièges.

Je vois *c* ou *ç*			
J'entends [k]	J'entends [ʃ]	J'entends [s]	Cette lettre est muette
...	...	...	...

• À deux, cherchez des mots contenant la lettre *c* dans le texte de lecture pages 24 et 25. Classez-les dans le tableau.

> Cite toutes les valeurs de la lettre *c* que tu as retenues.

MÉMO PAGE 17

Je m'entraîne

1 Relève les mots où l'on entend [k].

cuisiner – un balcon – reculer – un cyclone – accrocher – un glaçon – écouter – la cigogne – réciter – une corne – réclamer – il a aperçu – François – l'encre – le pouce

2 Relève les mots où l'on entend [ʃ].

le chemin – un chronomètre – la bouche – chasser – acheter – du mercurochrome – un technicien – un Chinois – une vache – du varech – un château – un chrysanthème – chahuter – une manche – une chronique

3 * Classe les mots dans le tableau.

un accroc – le bec – un banc – un porc – l'estomac – un lac – franc – avec – un arc – du troc – un croc – un tronc – un fennec

J'entends [k]	La lettre *c* est muette
...	...

**4 ** Classe les mots dans le tableau.
Entoure la lettre qui t'a permis de les classer.**

une piscine – un scanner – la scène – sculpter – une scie – un ascenseur – un scooter – une escalade – descendre – un scarabée – la science

J'entends [s]	J'entends [sk]
...	...

**5 ** Relève les mots où l'on entend [ks].
Entoure la lettre qui t'a permis de les repérer.**

un accident – accompagner – acheter – une accusation – le succès – acclamer – accélérer – un accent

Écris deux virelangues en imitant ceux que tu as observés plus haut.

EXERCICES SUPPLÉMENTAIRES P. 35

L'article de dictionnaire

glace n.f. **1.** Eau qui s'est solidifiée en gelant. *La route est couverte de glace.* **SYN. verglas.** **2. Briser la glace,** faire cesser la gêne, le silence dans une réunion où les personnes n'osent pas se parler. *À mon anniversaire, Julie a brisé la glace en racontant une histoire drôle.* **3.** Crème aromatisée et congelée. *Un cornet de glace au chocolat.* **SYN. crème glacée.** **4.** Plaque de verre transparente, dans un véhicule. *Relève la glace arrière si tu as froid.* **SYN. vitre.** **5.** Plaque de verre traitée pour refléter les images. *Il y a de la buée sur la glace de la salle de bains.* **SYN. miroir.**

Larousse Junior, 2008.

glace (nom féminin)
1. Eau gelée. *L'étang est couvert de **glace**.* 2. Crème aromatisée servie gelée. *Une **glace** à la pistache.* 3. Synonyme de miroir. *Xavier se coiffe devant la **glace**.* 4. Synonyme de vitre. *Remonte la **glace**, il y a trop d'air.* • **Briser la glace** : faire cesser la gêne. *Il a suffi d'une blague pour **briser la glace**.* • **Rester de glace** : rester impassible, comme si l'on ne ressentait rien. ⊙ Famille du mot : glacé, glacer, glaciaire, glacial, glaciation, glacier, glacière, glaçon.

Hachette Junior, 2008.

glace n.f. SENS 1. *Le lac est couvert de **glace**,* l'eau a gelé. SENS 2. *M. Nivel a un visage **de glace**,* qui n'exprime aucun sentiment (= impassible, immobile). SENS 3. *Je me regarde dans la **glace**,* dans le miroir. SENS 4. *Baisse les **glaces** de la voiture,* les vitres. SENS 5. *Au dessert, j'ai mangé une bonne **glace**,* une crème glacée.

Maxi-débutant, Larousse 2008.

- Dans ces **articles** de dictionnaire, qu'est-ce qui facilite le repérage du mot défini *glace* ? Quelles sont les ressemblances et les différences ?
- Que repères-tu à droite du mot *glace* ?
Essaie d'interpréter les informations qui te sont données. Sont-elles utiles ?
- À quoi correspondent les numéros ?
- Quel est le rôle des phrases en italique ?
- Retrouve le mot *glace* page 24 ligne 5. Quel sens lui donnes-tu ?

MÉMO PAGE 18

EXERCICES

Est-ce que je sais faire ?

1 **a. Cherche les noms *orange*, *pomme* et *kiwi* dans un dictionnaire. Combien de sens a chaque nom ?**
b. Écris le nom qui est commun aux trois définitions.

2 **Même consigne pour *coucou*, *grue* et *frégate*.**

Je m'entraîne

3 **Cherche ces mots dans un dictionnaire. Relève leur classe grammaticale.**

Ex. : *apprendre* : verbe (v. ou v. 3e groupe)

oiseau – voler – chasser – malin – peureux – anguille – étang – honteux – queue – sot – souffrir – tremper – trou – casser – gémir

4* **Dans chaque phrase, retrouve le sens du mot *histoire*.**

de beaux récits – les événements passés – sans ennuis – des mensonges

1. Je ne te crois pas, ce sont des **histoires**.
2. J'aime bien écouter des **histoires**.
3. Leur voyage s'est passé sans **histoires**.
4. On étudie l'**histoire** de France.

5** **Dans un dictionnaire, trouve le nom qui peut définir trois mots de chaque série. Retrouve l'intrus.**

1. chêne – hêtre – rose – bouleau
2. pétunia – chrysanthème – géranium – cèpe
3. losange – carré – triangle – rectangle

6** **Retrouve l'animal caché derrière chaque devinette. Vérifie dans ton dictionnaire.**

1. Mon corps est couvert de plumes, je vole.
2. J'ai de longues oreilles, je suis têtu.
3. Je nage. Dans l'eau, je suis heureux.
4. Je bêle, mon poil est épais et frisé.
5. J'ai deux bosses et je vis dans le désert.

EXERCICES SUPPLÉMENTAIRES P. 35

Écrire la suite d'un récit

Je prépare mon travail

• Résume le texte *La queue du loup*.
Quelle est l'intention du loup après qu'il a perdu sa queue ?
• Décris la scène ci-dessus :
– Où se passe-t-elle ? À quel moment ?
– Que pensent les personnages l'un de l'autre ?
• Imagine ce qu'ils vont se dire.

J'écris la suite du récit

Les règles que tu dois respecter

1. Situer la rencontre dans le temps et dans un lieu.
2. Respecter les marques du dialogue.
3. Employer des verbes de paroles et dire qui parle.
4. Écrire au présent.
5. Conclure par le début d'une nouvelle aventure des deux compères.

POUR T'AIDER

Des expressions de temps et de lieu
– un matin, un soir, ce jour-là, ce matin-là, ce soir-là, vers midi
– dans le bois, sur le chemin, derrière les arbres, dans la forêt glaciale, sous les chênes

Des verbes de paroles
– Pour le loup : s'expliquer, menacer, s'énerver, gronder, hurler, gémir, se venger
– Pour le renard : se moquer, railler, ricaner, rire, se plaindre, s'étonner, s'excuser, expliquer, proposer

FONCTIONNEMENT DU TEXTE

1 Relève les mots ou groupes de mots qui indiquent le temps.

Il y avait des siècles que personne n'osait plus se rendre au château du baron Paul Henri Draculasse. Seuls les facteurs étaient obligés d'y aller. Le baron recevait jour après jour des tonnes de courrier. Ce matin-là, le baron reçut un sac entier de cartes postales. Un facteur se présenterait à la porte du château à la tombée de la nuit pour lui remettre la lettre en mains propres. Hans était le plus téméraire des facteurs de Grossenshoukrouteu. Il se porta volontaire.

D'après Y. M. Clément,
Un vampire à l'école, Rageot romans, Éd. Rageot.

2* Remets ce texte en ordre en t'appuyant sur les indicateurs de temps. Dis combien de temps a duré la chasse.

☐ À midi, épuisé, il se coucha à l'ombre, près d'un point d'eau.
☐ Juste au soleil couchant, il bondit sur le groupe.
☐ En fin d'après-midi, les antilopes s'approchèrent de l'eau avec méfiance.
☐ Depuis le matin, le lion pistait un groupe d'antilopes.
☐ Ce soir-là, le lion dormit sur un rocher, le ventre plein.
☐ Cela faisait quatre longs jours que le lion n'avait rien mangé.

3 Relève en deux colonnes les groupes nominaux qui reprennent les groupes soulignés.

La tortue et le lièvre font une course.
La tortue s'applique pendant que l'animal aux longues pattes fait des bonds autour d'elle. Le lièvre raille la tortue :
« Regardez cette savate ! Elle pense qu'elle va gagner contre un super champion ! »
La dame lente mais efficace continue tranquillement sa route. Le moqueur court en tous sens, bondit autour de la tortue puis s'accorde une bonne sieste. À son réveil, la traînarde a franchi la ligne d'arrivée. Le fanfaron file sans rien dire, les oreilles basses.

4 Entoure la ponctuation du dialogue. Souligne de trois couleurs différentes :
– les paroles des personnages ;
– le nom de celui qui parle ;
– les verbes de paroles.

« Peux-tu me prêter ta corde à linge ? demande Ali, le voisin.
– Malheureusement, elle n'est pas disponible, s'excuse Nasreddine.
– Je viens de passer devant et je n'ai vu aucun vêtement suspendu, s'étonne le voisin.
– J'y fais sécher de la farine, explique Nasreddine.
– Sois honnête, as-tu jamais vu quelqu'un faire sécher de la farine sur une corde à linge ? s'emporte Ali.
– Oui ! réplique Nasreddine, celui qui ne veut pas prêter sa corde à linge ! »

D'après J. Darwiche, *Sagesses et malices de Nasreddine, le fou qui était sage*, Éd. Albin Michel.

GRAMMAIRE

1 Ponctue le texte pour former des phrases. Vérifie page 11 du manuel.

le loup a chassé tout le jour sans rien prendre il meurt de faim à travers les bois enneigés les deux compères se dirigent vers un étang

2 Sépare les mots pour retrouver les phrases. Ajoute les majuscules et les points.

levieuxroiappellesestroisfils
illeurdemandedepartirchercherlemerleblanc
cetoiseaualepouvoirderedonnerlajeunesse
lestroisfilspartentàtraverslerоyaume

3 Choisis la ponctuation de chaque phrase : . ? !

1. Comme ce déguisement est drôle ☐
2. Est-ce que Lola va à un bal masqué ☐
3. Karim a choisi un costume de clown ☐
4. Qui reconnaîtra cette fée ☐
5. Que les monstres sont effrayants ☐
6. La classe de CP a préparé des crêpes ☐
7. Avez-vous pensé aux confettis ☐

4* Ponctue correctement le texte. Tu as parfois plusieurs solutions. N'oublie pas les majuscules.

la sorcière affreuse et vieille voulait rajeunir ☐ et que lui fallait-il pour rajeunir ☐ une petite fille en N avec de la sauce tomate ☐
Nadia, la fille de l'épicier, sortit dans la rue ☐
– bonjour, ma petite Nadia ☐
– bonjour, Madame ☐
– veux-tu me rendre un service ☐
– lequel ☐
– va me chercher de la sauce tomate chez ton papa s'il te plaît, rends-moi service je suis si fatiguée ☐

D'après P. Gripari, *La Sorcière de la rue Mouffetard*, Éd. La Table Ronde.

CONJUGAISON

1 Classe les verbes soulignés dans le tableau selon le temps.

La cigale a chanté. L'été brûle ses ailes. Bientôt elle pondra des œufs. Les œufs deviendront des larves. Pour le moment, la cigale profite du soleil. Elle est née au printemps dernier. Dès le début de l'automne, elle s'endormira.
Sur le tronc d'arbre, la cigale ressemble à de l'écorce. Autrefois, les cigales étaient plus nombreuses.
Les produits chimiques les détruiront-ils toutes ?

passé	présent	futur
...	...	...

2 Souligne les verbes. Entoure les mots qui les commandent.

Vers 1900, à la campagne...

1. a. L'écolier portait des sabots.
   b. Les écoliers portaient des sabots.
2. a. Il allumait le poêle de la classe.
   b. Ils allumaient le poêle de la classe.
3. a. Le maître était très sévère.
   b. Les maîtres étaient très sévères.
4. a. Un grand aidait les petits.
   b. Les grands aidaient les petits.
5. a. L'écolier récitait tout par cœur.
   b. Les écoliers récitaient tout par cœur.

3 Récris les phrases en remplaçant les mots soulignés par *une lionne* et *les autres animaux*.**

Un lion habitait une contrée fertile. Il régnait sur les autres bêtes de la savane. Un jour, elles firent une réunion. Elles ne profitaient ni des prés, ni de la rivière car elles avaient peur. Alors, elles décidèrent de résister au lion.

ORTHOGRAPHE

1 Pour chaque mot, écris le nombre de lettres que tu vois et le nombre de sons que tu entends.

Ex. : loto → 4 lettres et 4 sons

rat – hibou – canard – stylo – domino – noix – lotus – coq – blanc – lit

2* Complète le tableau avec des mots du texte.

L'empereur Ernest, éminent éléphant en écharpe écossaise, examinait l'échiquier d'ébène. L'empereur enrageait. L'éclatante Ève, en élégant costume écru, s'esclaffait.
– Échec ! s'exclama-t-elle.
– Échec, en effet ! émit en écho l'écureuil ébouriffé d'Ernest. [...]
– Espèce d'endive encrassée ! Énergumène ! Échalas ! Escogriffe ! Espionne ! [...]
Et – c'est écœurant – l'éblouissante Ève l'écrasa encore effrontément.

R. Détambel, *L'Arbre à palabres*, Castor Poche, Éd. Flammarion.

J'entends [e]	J'entends [ɛ]
...	...

3 Complète les mots pour faire le son [s].

1. ***s*** ou ***ss*** : une a...iette, une pa...oire, du cri...tal, une ca...erole, le ...ol, une li...te, du ...ucre, a...tiquer, une boi...on
2. ***c*** ou ***ç*** : nous per...ons, le ...inéma, ...ent, une pin...e, une ré...itation, une balan...oire, mer...i, un ...itron, il a aper...u, une far...e

4 Complète les mots avec *s* ou *z* pour obtenir [z]. Aide-toi d'un dictionnaire.

du ga...on, une ca...e, un ...oo, un cui...inier, ga...ouiller, un ...ébu, po...er, la mu...ique, l'a...ur, la bi...e

5 Dans un dictionnaire, relève dix mots commençant par la lettre *z*.

6 Classe les mots dans le tableau.

un écho – un chacal – la Chine – un match – du cacao – du tabac – une cerise – un chœur– un sceau – le climat – un marchand – descendre – la cheminée – un accident – un schéma – un pachyderme – une coccinelle – un tricycle – un berceau

Je vois la lettre *c*			
J'entends [k]	J'entends [ʃ]	J'entends [s]	Cette lettre est muette
...	...	...	...

VOCABULAIRE

1 Classe ces noms d'insectes dans l'ordre alphabétique.

criquet – guêpe – scarabée – abeille – bourdon – sauterelle – libellule – coccinelle – papillon

2 Classe chaque série de mots dans l'ordre alphabétique.

1. bavoir – bateau – barreau – ballon – base
2. mouton – moule – mouvement – mousse – mouche

3* Dans un dictionnaire, relève les mots définis entre *renard* et *renne*.

**4* Dans un dictionnaire, cherche les mots *table* et *ligne*.
Relève des phrases exemples qui illustrent leurs différents sens.**

Légendes et créatures imaginaires

CE QUE TU VAS APPRENDRE DURANT CES SIX SEMAINES

LECTURE COMPRÉHENSION — Lire des légendes sur des créatures imaginaires et fabuleuses venues de temps très lointains.

FONCTIONNEMENT DU TEXTE — Suivre l'ordre des événements dans un récit. Comprendre le rôle des mots et expressions de lieu.

GRAMMAIRE — Distinguer les phrases affirmatives et négatives. Identifier le sujet du verbe. Comprendre comment le verbe s'accorde avec le sujet.

CONJUGAISON — Distinguer l'infinitif d'un verbe de ses formes conjuguées. Classer les verbes en trois groupes.

ORTHOGRAPHE — Revoir le son [j], l'emploi de **m** devant **m**, **b**, **p**. Revoir quelques difficultés du code.

VOCABULAIRE — Comprendre des mots et des expressions imagés, des expressions toutes faites. Apprendre que certains mots ont plusieurs sens.

ATELIER D'ÉCRITURE — Récrire une scène en changeant de point de vue.

Les contes de Terremer,
film d'animation de Goro Miyazaki, 2006.

Le jeune yéti et le feu

Le yéti vit dans les montagnes de l'Himalaya, en Asie, à la limite du monde des hommes. De nombreux villageois affirment l'avoir vu. Des savants ont étudié d'étranges empreintes… mais nul n'a jamais pu le capturer !
Yeren, un jeune yéti, a échappé à ses parents pour suivre les hommes. Ces hommes qui sont maintenant là, tout proches…

La nuit est tombée. Yeren observe la lumière des feux au milieu du campement. C'est la première fois que le jeune yéti voit des étoiles rouges posées sur le sol : c'est sûr, ces lueurs ont quelque chose de magique. Les feux finissent par s'éteindre un à un, les Remuants cessent de remuer, et bientôt un silence glacé s'étend sur le camp. Seul un dernier foyer brûle. Yeren attend, pour repartir, qu'il meure à son tour, mais le feu dure, dure. Est-ce parce que deux créatures le couvent du regard, assises auprès de lui ? Le yéti remarque qu'à chaque fois que l'une d'elles jette une bûche dedans, les langues rouges se redressent et crachent un pétillement d'étincelles. Ainsi donc, les Remuants sont les maîtres de la lumière ! Il décide de demeurer jusqu'au matin afin de voir comment ils vont la faire grandir pour ramener le jour. Il incline un rocher de façon à y appuyer sa tête, s'installe pour la nuit. Il croise les bras derrière sa nuque, pousse un profond soupir.

Les deux gardes sursautent.

– Tu as entendu ? dit l'un.

– Un loup qui rôde, suggère le second.

Il saisit un morceau de bois, l'allume au brasier, le fait tournoyer puis le lance dans la nuit. La flamme décrit une courbe ronflante, tombe derrière un rocher.

– Tu vois quelque chose ?

– Rien.

Je comprends

1. De quel livre est extrait ce texte ?
2. Lis les renseignements donnés sur le yéti. À ton avis, qui est l'*Abominable gosse des neiges* ?
3. Où se passe cet épisode ? Situe l'Himalaya sur un planisphère.
4. Quand commence cet épisode ? Quand se termine-t-il ?
5. Quels personnages agissent dans ce texte ?
6. Qui sont les Remuants pour le yéti ? Pourquoi les nomme-t-on ainsi ?
7. Quels mots ou groupes de mots désignent ce que Yeren a découvert cette nuit-là (lignes 2, 9, 25, 38, 46) ?
8. Qu'est-ce qui effraie les hommes ? À quels rôdeurs pensent-ils (lignes 17 et 30) ?
9. Pourquoi disent-ils *le yéti* et non *un yéti* ?
10. Relève huit mots qui te font penser au feu.

Yeren tourne autour de la torche, sautillant, puis il ose approcher la main. C'est chaud comme l'air de l'été sur le plateau. Il empoigne la lumière à pleines mains, pousse un hurlement de douleur qui jette les Remuants hors de leurs tentes.

– Qui est-ce qui a pu crier comme ça ? s'interrogent les hommes en scrutant la nuit.

– Le yéti, dit l'un d'eux. Il doit être énorme.

– Incroyable, regardez là-bas. On dirait une flamme qui s'enfuit.

– C'est peut-être un fauve qui a pris le brandon dans sa gueule.

– Je croyais que les animaux avaient peur du feu. J'ai vraiment hâte d'être au matin pour quitter cette contrée.

Yeren court avec la torche. Il sait que la lumière, même au plus chaud du jour, ne brûle pas autant : ce qu'il tient est donc autre chose.

Flap ! Flap ! Flap ! La langue rouge bat de l'aile comme un oiseau blessé. Yeren croit qu'elle va mourir ; il souffle dessus pour lui rendre la vie, ainsi que l'ont fait les siens sur le corps de Tchoutchounaa – son frère – brisé par une avalanche. Le résultat est plus heureux que pour Tchoutchounaa : le tison redevient incandescent, le lumignon rouge fait craquer la croûte noire qui le recouvrait déjà. Fff ! Fff ! Fff ! Las, le brandon finit tout de même par s'éteindre. Yeren le tourne dans tous les sens, le lance en l'air dans l'espoir de le voir s'embraser et s'envoler, parce qu'il lui semble bien que les étoiles sont des éperviers de feu. La branchette retombe – plop ! – comme un vulgaire morceau de bois. Le jeune yéti s'accroupit pour la regarder, la secoue, pousse une lamentation déchirante qui achève de semer la panique dans le campement.

Vient le matin sans que Yeren sache exactement comment l'aube est née.

A. Surget, *L'Abominable Gosse des neiges*, Éd. Rageot, Éd. Hatier.

SI TU VEUX LIRE
d'autres histoires de créatures imaginaires :

- S. Pernusch, **Un fantôme en classe verte**, Cascade, Éd. Rageot.
- E. Brisou-Pellen, **Mon extraterrestre préféré**, Cascade, Éd. Rageot.
- A. Chauvel, **Octave et le cachalot**, BD, Éd. Delcourt.
- Hergé, **Tintin au Tibet**, Éd. Casterman.

Je discute

1. Sur quelles connaissances Yeren s'appuie-t-il pour agir et raisonner ?
2. Partages-tu l'idée de Yeren que l'homme fait naître le jour ? Pourquoi ?
3. Pourquoi le jeune yéti est-il si triste après la mort de la flamme ? Qu'espérait-il ?
4. Qu'a-t-il certainement appris au cours de cette nuit-là ? Qu'ignore-t-il toujours ?

Je dis, je joue

Avec deux camarades, préparez puis jouez le passage lignes 15 à 35.
Ce passage est à plusieurs voix :
– la voix du narrateur (celui qui raconte) ;
– les voix des hommes.

Écris **comment Yeren s'y prend pour ranimer la flamme par deux fois.**

L'ordre des événements dans un récit (1)

• De mémoire, retrouve les étapes importantes du texte pages 38-39.
Utilise des mots et des expressions de temps pour dire :
- ce qui se passe au début ;
- quel événement déclenche l'action ;
- quels ennuis a Yeren avec la torche ;
- ce qui se passe à la fin.

MÉMO PAGE 23 1

EXERCICES

Est-ce que je sais faire ?

1 Relie chaque début de conte à sa fin possible. Relève tous les mots et expressions de temps.

Il était une fois une pauvre veuve qui vivait toute seule dans une petite chaumière et qui avait deux rosiers.	Deux colombes leur piquèrent alors les yeux. Elles furent ainsi punies de leur méchanceté et de leur fausseté.
Il était une fois une fille paresseuse qui ne voulait pas filer le lin.	Après la mort de sa femme, le père de Cendrillon se remaria : son épouse amena avec elle ses deux méchantes filles.
Chaque jour, la femme demandait plus au poisson merveilleux… cela causa finalement sa perte.	Enfin, la jeune fille épousa le roi et put cesser l'odieux filage du lin.
À partir de ce jour-là, les deux rosiers de sa chaumière fleurirent chaque année.	Il y avait une fois, au temps jadis, un pêcheur et sa femme. Il pêcha un jour un turbot magique.

Je m'entraîne

2 Lis les phrases. Récris-les dans l'ordre du récit.

a. Finalement, il empoigne la lumière et pousse un hurlement de douleur.
b. Tout d'abord, Yeren tourne autour de la torche en sautillant.
c. Puis il approche sa main du tison.
d. Ensuite, il s'accroupit et observe le tison rouge.

3* Lis ces phrases. Remets-les dans l'ordre des événements. Commence par la phrase d.

a. Mais à chaque instant, il devait échapper au danger : les pièges à souris, le chat, la cuisinière.
b. Quelque temps plus tard, le rat des villes invita à son tour le rat des champs dans la maison qu'il occupait.
c. Finalement, le rat des champs préféra rentrer chez lui.
d. Un jour, le rat des champs invita son cousin le rat des villes.
e. En arrivant à la campagne, le rat des villes trouva le dîner bien maigre.
f. Et dans cette maison, le rat des champs fut ébloui par tant de nourriture.

D'après Ésope, *Le rat des villes et le rat des champs*.

Écris le début d'un conte. Emploie les mots et expressions de temps proposés.

il y a très longtemps – après – un jour

EXERCICES SUPPLÉMENTAIRES P. 63

Les phrases affirmatives et négatives

1. Le yéti rôde près du campement.	4. Le yéti **ne** rôde **pas** près du campement
2. Le yéti existe encore.	5. Le yéti **n'**existe **plus**.
3. On voit souvent le yéti.	6. On **ne** voit **jamais** le yéti.

> Rappelle-toi : tu connais ce type de phrases.

• Lis les phrases 1 à 3. Elles sont de **forme affirmative.**
Repère les mots que l'on a ajoutés ou changés dans les phrases 4 à 6.
– Où sont-ils placés par rapport au verbe ?
– Lequel de ces mots est toujours présent dans les phrases de **forme négative** ?
• Quels mots remplacent *encore* et *souvent* ?

> Essaie d'expliquer ce que *ne ... pas, n' ... plus, ne ... jamais* changent au sens des phrases.

MÉMO PAGE 3

EXERCICES

Est-ce que je sais faire ?

1 Souligne les phrases ou les parties de phrases de forme négative. Entoure les mots de la négation qui encadrent les verbes.

Un samedi matin, la mère de Georges Bouillon dit à son fils :
« Je vais faire des courses au village. Sois sage et ne fais pas de bêtises. »
Voilà exactement ce qu'il ne faut pas dire à un petit garçon. [...]
« Et à onze heures, n'oublie pas de donner sa potion à Grandma. » [...]
Quand les parents de Georges étaient à la maison, Grandma ne se montrait jamais aussi capricieuse. Mais quand elle restait seule avec lui, elle le rudoyait sans cesse.
« Tu sais ce qui ne va pas, chez toi ? dit la vieille femme [...]
tu grandis trop vite. [...]
– Mais je n'y peux rien, Grandma, répliqua Georges.
– Si, tu peux, coupa-t-elle. Grandir est une sale manie des enfants.
– Mais on doit grandir, Grandma. Si on ne grandit pas, on ne devient jamais une grande personne. »

R. Dahl, *La Potion magique de Georges Bouillon*, traduit par Marie-Raymond Farré, Folio Junior, Éd. Gallimard. © Roald Dahl Nominee Ltd, 1981.

Je m'entraîne

2 Classe en deux colonnes les phrases de forme affirmative et celles de forme négative. Entoure les mots qui marquent la négation.

1. Les hommes sont allés sur la Lune.
2. Ils ne se poseront jamais sur Vénus : trop chaude !
3. Le robot Gubble explore la planète Mars.
4. Saturne est entourée de milliers d'anneaux.
5. L'homme n'ira jamais sur Jupiter.

3 Dans ces phrases, entoure les mots qui marquent la négation.

1. Le yéti ne vit pas dans la plaine.
2. Il ne passe pas pour être méchant.
3. D'après ses traces, il n'aurait pas les pieds à l'endroit !
4. Malgré plusieurs expéditions, aucun yéti n'a jamais été capturé.
5. Depuis 1988, on n'a plus signalé d'apparitions du yéti.

EXERCICES

4 Écris ces phrases à la forme négative. Tu obtiendras des informations justes.

Il existe d'autres créatures proches du yéti.

1. Bigfoot (« grand pied » en anglais) vit en Chine.
2. Il aime être dérangé.
3. Son collègue, le Sasquatch canadien (« l'homme velu »), a meilleure réputation.
4. Il accepte les bûcherons sur son territoire.

5 * Écris ces phrases à la forme négative.

1. Gabin aime les mathématiques.
2. Il sait encore faire des additions.
3. Il apprend sérieusement ses tables.
4. Il comprend les problèmes.
5. Cette année, il oubliera encore son cartable.

6 * Écris ces phrases à la forme négative. Utilise *ne ... pas* ou *ne ... plus*. Pense à *n'*.

1. Yeren connaît le feu.
2. Il compare le feu à la lune.
3. Il saisit la torche dans sa main.
4. La lumière du jour chauffe encore.
5. Le brandon brûle toute la nuit.
6. Yeren espère encore ranimer la flamme.

7 * Écris les phrases à la forme affirmative pour obtenir des informations justes.

1. Les hérissons ne dorment pas le jour.
2. Ils ne chassent pas la nuit.
3. Ils ne sont plus les amis des jardiniers.
4. Ce ne sont pas des animaux utiles.
5. Ils ne se font jamais écraser sur la route.

8 * Complète les négations pour passer du langage oral au langage écrit.

Chloé écrit son journal intime qu'elle a nommé « Je- me-parle ». Elle vient de perdre sa tortue Zéphira...

C'est si triste, mon Je-me-parle, que je préfère pas en parler. Zéphira, je t'oublierai jamais.
Papa a proposé de m'en offrir une autre.
Ma Zéphira est pas un chou-fleur qu'on change.
J'aurai plus jamais de tortue.
J'ai pas répondu et je suis sortie.

D'après S. Pernusch, *Mon Je-me-parle*, Éd. Casterman.

9 ** a. Réponds aux questions par des phrases négatives. Écris les phrases que tu obtiens.

1. Veux-tu du dessert ?
2. Est-ce que tu manges souvent des fruits ?
3. Désires-tu quelque chose d'autre ?
4. Achètes-tu parfois des sucreries ?
5. Est-ce que tu joues encore avec Lucie ?

b. Entoure les mots de négation.

10 ** Reproduis le tableau et renseigne-le. Tu as un exemple.

1. Les Oulhamr n'avaient plus de feu.
2. Il était mort !
3. Le feu n'avait jamais manqué dans la tribu.
4. Toute joie venait de lui.
5. Qu'allaient devenir les Oulhamr sans sa protection ?
6. Le jeune Naoh partit chercher le feu.
7. Un jour, il revint avec la chaude bête rouge.
8. De joie, la horde faillit étouffer le héros.
9. Le chef ne dit rien.
10. Il ne bougea pas.
11. Pourquoi n'avait-il pas cru en Naoh ?

D'après J. H. Rosny, *La Guerre du feu*, Le Livre de Poche Jeunesse, Éd. Hachette.

n° des phrases	type de phrase : déclarative, interrogative, exclamative, impérative	forme de phrase : affirmative, négative
1	déclarative	négative

Écris des règles de vie « à l'envers » pour la classe. Les phrases doivent commencer par *Il faut* ou *Il ne faut pas*. Souligne les phrases négatives.

Ex. : Il faut jeter les papiers sur le sol.
Il ne faut pas ranger son casier.

EXERCICES SUPPLÉMENTAIRES P. 63-64

Les changements de formes du verbe (3)

Les hommes sont inquiets. Ils échangent leurs impressions : loup ou yéti ? Ils hésitent.

> Rappelle-toi : que sais-tu des changements de formes du verbe ?

• Dans chaque bulle, repère qui parle et à qui. Quel **pronom** commande chaque verbe ? Qu'est-ce que cela entraîne ?

• Dans les phrases sous les dessins, quel groupe de mots représente *ils* ?

> Explique les changements de formes du verbe selon **la personne**.

MÉMO PAGE 10

EXERCICES

Est-ce que je sais faire ?

1 Lis le texte. Surligne les verbes. Entoure les pronoms ou autres groupes de mots qui les commandent.

Des dizaines d'épiciers aux noms étranges se retrouvent à la nuit tombée...

« Bonsoir, Tomato Ketchup. Tu as vu comme la lune est brillante ce soir ?
– Oui, Daquilo, j'ai vu la lune. Nous allons bien jouer. »
Le Grand Goûter s'approcha, il demanda :
« Nous allons jouer à l'épicier rose ? Génial !
– Je suis d'accord que c'est super bien, répondit Daquilo. Mais vous êtes drôles, les Goûter. Vous êtes jeunes et vous jouez à l'épicier rose pendant des heures. Mais ce jeu fatigue des camarades un peu âgés. Ils ne peuvent pas suivre. »

D'après G. Kolebka, *L'Épicier rose et autres contes de la même couleur*, Éd. Hachette.

Je m'entraîne

2* Souligne les verbes et entoure leur sujet.

1. Les cigales chantent tout l'été. Vous chantez avec elles ?
2. Les fourmis aiment le sucre. Nous aimons ces petits insectes.
3. Les fourmis vivent sous terre. La cigale vit sur les troncs d'arbre.
4. Vous connaissez cette fable ? Moi, je la connais bien.

3* Ajoute les pronoms qui manquent.

1. ... m'appelle Petit Féroce. ... ai les cheveux noirs. ... habite avec ma famille dans une grotte.
2. « Toi, ... surveilles, dit Petit Féroce à son ronronge apprivoisé, et si un Marmicreux s'approche, ... nous préviens. ... restes là et ... mords tous les Marmicreux que tu vois. »

P. Thiès, *Petit Féroce deviendra grand*, Éd. Rageot.

Récris le texte 2 de l'exercice 3 comme si Petit Féroce parlait à plusieurs ronronges.

EXERCICES SUPPLÉMENTAIRES P. 64

Le son [j]

1

Poules mouillées
Pattes souillées
Sur le palier
Essuyez vos pieds
Avant d'entrer
Au poulailler

© F. Bobe.

2

Avril
brille
de mille
jonquilles
dans la prairie

3

Dès le réveil, l'abeille
se pose sur une feuille
de fenouil
entre le portail
et la muraille
vers la citrouille

- Dans les textes 1 et 2, quelles lettres produisent le son [j] ?
- Lis ces mots : *tranquille, illustration, village.* Comment se prononce ici l'ensemble des lettres *ill* ?
- La lettre *y* se prononce-t-elle toujours [j] comme dans le texte 1 ? Cherche des exemples.
- Dans le texte 3, quels sons produisent les lettres en rouge ?

MÉMO PAGE 17

EXERCICES

Est-ce que je sais faire ?

1 Cherche dans le texte de lecture pages 38 et 39 des mots contenant le son [j] et classe-les dans le tableau. Trouve d'autres mots et classe-les.

J'entends [j]			
Je vois *i*	Je vois *ll*	Je vois *y*	Je vois *a + il, e + il, eu + il, ou + il*
...	...	...	...

Je m'entraîne

2 Relève les mots dans lesquels tu entends [j].

illuminer – ville – bille – mille – famille – grillade – papillon – briller – cheville – tranquillité

3 Classe les mots dans le tableau.

joyeux – Ulysse – cygne – nettoyer – rythme – yaourt – voyelle – pays – lys – rayon

Je vois *y*	
J'entends [j]	J'entends [i]
...	...

4 Cherche des mots de la même famille que ces mots et contenant le son [j]. Aide-toi d'un dictionnaire.

travail – gentil – grille – fier – balayer

5 Complète les mots comme il convient. Vérifie dans un dictionnaire si tu hésites.

1. *euil* ou *euille* → un faut... – un portef... – l'écur... – un millef... – le s... de la porte
2. *eil* ou *eille* → une merv... – un rév... – une corb... – un cons... – une bout...
3. *ail* ou *aille* → la vol... – un port... – un dét... – la ferr... – un trav...

Écris les trois mots. Imagine une phrase avec chacun d'eux.

e e v i l l r e   i e a r t v l l a   e s l o i l

EXERCICES SUPPLÉMENTAIRES P. 65

Des mots et des expressions imagés

Un jeune yéti découvre le feu…

Dans la nuit, les feux de camp ressemblent à **des étoiles posées sur le sol**. Parfois, **les langues rouges se redressent et crachent des étincelles**. Le jeune yéti empoigne **la lumière** et pousse un hurlement de douleur. **La langue rouge bat de l'aile comme un oiseau blessé.** Elle va mourir. Désespéré le yéti lance la torche en l'air. Il veut la voir s'embraser et s'envoler parce qu'**il lui semble que les étoiles sont des éperviers de feu**.

- Comment le jeune yéti voit-il le feu de camp qui brûle au sol ?
- Quelle comparaison fait-il pour dire que la torche est en train de s'éteindre ?
- À quel oiseau magique lui font penser les étoiles ? Cherche *épervier* dans un dictionnaire.
- Retrouve dans le texte de lecture pages 38 et 39 les expressions *étoiles rouges, langues rouges, oiseau blessé, Remuants*. Traduis-les en langage humain.

MÉMO PAGE 18 1

Est-ce que je sais faire ?

1 Relève les images trouvées par cet auteur. Explique-les. Tu peux faire des dessins.

LA PLUIE

Des gouttes sont tombées
En forme de pointillés
Je nage comme une sardine

L'averse qui a suivi
Dessine des lignes de pluie
Je sors de la piscine

Tant d'eau descend du ciel
On dirait des ficelles
J'enfile vite mon jean

Au secours tout déborde !
Maman, il pleut des cordes
Et moi je dégouline

M. Boucher, *Faire la pluie et le beau temps*, Éd. Actes Sud.

Je m'entraîne

2 Attribue à chaque animal l'image qui lui correspond : *le ver – les grenouilles – les hirondelles – l'escargot.*

1. Il ne sait marcher que sur la langue.
2. En voilà un qui s'étire et s'allonge comme une belle nouille.
3. Elles se posent, presse-papier de bronze, sur les feuilles de nénuphar.
4. Elles pointillent l'air de petits cris. Elles tracent une raie droite, posent une virgule au bout et brusquement vont à la ligne.

3 Souligne les mots et expressions imagés.

Le froid pince dur. La bise mord le visage. Sur le sol, un tapis blanc recouvre tout. La neige enveloppe les sapins comme un manteau. Des flocons tourbillonnent tel un duvet d'oie très doux. Le paysage ressemble à un énorme paquet de coton.

Invente quelques « images » pour parler du soleil, de la nuit, de ton animal préféré…

EXERCICES SUPPLÉMENTAIRES P. 65

Des légendes qui courent le monde

1 VOUS ICI ? JE VOUS CROYAIS AU ZOO !

En 1832, sur les hauteurs de l'Himalaya, un Britannique résidant au Népal vit venir vers lui une créature au poil noir et mal rasée qui provoqua immédiatement la panique chez ses porteurs. Puis l'étrange silhouette s'éloigna aussi vite qu'elle était venue.

Tintin au Tibet
© Hergé, Moulinsart 1998

2 Y-EST-I, Y-EST-I PAS ?

Peu après, en 1889, un lieutenant anglais de l'armée des Indes relevait, à 5 000 mètres d'altitude, d'énormes empreintes de pieds qui dépassaient 45 cm de long. Mais l'individu qui les avait tracées restait invisible ! Il fallut attendre 1921 pour qu'une nouvelle apparition ait lieu. Un certain Howard Bury, en mission dans l'Everest, aperçut une forme sombre se déplaçant à grandes enjambées dans la neige. Questionnés, les habitants des plateaux chuchotèrent le nom de « Raksha », un démon qui ressemblait à un homme et vivait vers les sommets depuis des siècles.

3 TOUT POUR PLAIRE

Même Tintin l'a rencontré, celui que les Tibétains* nomment Yéti, « la créature magique ». Il jette des rochers, soulève les humains et déracine les arbres sans effort, tout cela malgré un sérieux handicap. D'après l'étude de ses traces, il aurait les pieds tournés à l'envers [...]. Dernier détail, le Yéti n'aurait pas inventé l'eau chaude, ni le shampooing ! Mais il est vrai que le froid détruit les microbes et que la crasse tient chaud...

* Habitants du Tibet.

Je comprends

1. Cet ensemble de textes constitue-t-il une histoire, un documentaire sérieux ou drôle ? Justifie ta réponse.
2. Quel est le lien entre tous ces textes ?
3. Les titres sont-ils bien choisis ? Dis pourquoi. Comment interprètes-tu le titre du texte 2 ?
4. Pour mieux comprendre ces textes, situe sur un planisphère les lieux évoqués : l'Himalaya, le Népal, l'Inde, l'Everest, le Tibet, le Caucase, l'Amérique du Nord, les Montagnes Rocheuses, le Canada, l'Europe.
5. Quel texte explique l'origine du yéti ?
6. Combien de rencontres avec le yéti sont citées (textes 1, 3 et 4) ?
7. Où les hommes ont-ils aperçu le yéti ou repéré ses empreintes (textes 1, 2, 3 et 4) ?
8. Quels mots ou groupes de mots désignent le yéti (textes 2, 3, 4 et 5) ?

4 UNE MÈCHE DE CHEVEUX

En 1954, après la découverte de nouvelles empreintes, le *Daily Mail** de Londres organisa une expédition dont le bilan se résuma à quelques poils de Yéti rapportés d'un monastère tibétain. Après analyse, on apprit que les poils étaient vieux de plusieurs siècles et qu'ils avaient appartenu à une espèce rare de mouflon (bouquetin) asiatique. Mais depuis cette date, d'autres rencontres avec le mystérieux bipède ont eu lieu, l'une des dernières dans le Caucase en 1988.

* Journal anglais.

5 BIEN CONSERVÉ POUR SON ÂGE

L'homme des neiges pourrait bien descendre de Caïn, le fils aîné d'Adam et Ève, qui avait fui loin de sa famille après avoir tué son frère Abel.
Au moment du Déluge*, lorsque la terre fut submergée jusqu'à 5 198 m d'altitude, sa lignée réfugiée depuis longtemps sur les sommets, aurait échappé à la noyade.
Ainsi s'expliqueraient l'allure humaine de la créature, ses moustaches et ses cheveux noirs. Quant à ses cris, terribles dit-on, ce sont des cris de peur envers le genre humain dont il se sent exclu depuis si longtemps.

* Temps très anciens, lorsque la Terre fut entièrement inondée.

6 BIG FOOT

De l'autre côté de la planète, les Montagnes Rocheuses d'Amérique du Nord abritent elles aussi un hôte mystérieux : *Big foot* (qui signifie « grand pied » en anglais), reconnaissable aux dimensions impressionnantes de ses écrase-poussière. Big foot n'aime pas qu'on marche sur ses plates-bandes, qu'elles soient ou non recouvertes de neige. Son collègue, le « sasquatch canadien », « homme velu » dans la langue des Indiens, n'a pas meilleure réputation : il aurait tranché la tête de deux prospecteurs, les frères Mac Leod, trouvés sur son territoire. Ces géants poilus furent accusés de tous les maux. Le pauvre Big foot avait bon dos.

D'après Brigitte Coppin, *Des animaux fantastiques*, Éd. Nathan.

SI TU VEUX LIRE des histoires d'animaux fantastiques :

- M. A. Bailly-Maître, **Angèle au bout de la nuit**, Éd. Gautier-Languereau.
- N. Cauchy, **Jason et la toison d'or, Thésée et le Minotaure**, Éd. Gautier-Languereau.
- M. Lagier, **Le Livre des loups**, Éd. Nathan.

9. Sur quel continent vivraient deux créatures proches du yéti ? Quel est leur nom ? Justifie ces noms.

Je discute

1. Dis quel texte tu as préféré et pourquoi.
2. Brigitte Coppin, l'auteur des textes, croit-elle que le yéti existe ? Et toi, qu'en penses-tu ?

Je dis

Entraîne-toi à lire à haute voix le texte que tu trouves le plus drôle.

Écris quelques phrases pour raconter la légende du yéti (texte 5).

Des mots et des expressions de lieux

Le yéti vivait **là-haut**, **vers** les sommets de l'Himalaya depuis des siècles. **Sur** les plateaux, des hommes disent que **très loin**, **derrière** les montagnes noires, l'étrange créature se cache **au pied** d'énormes rochers. **Par-delà** ces montagnes se dresse l'Everest, **au-dessus** de tous les autres pics.

Montagnes du Tibet.

- Quel est le rôle des mots et groupes de mots en gras ?
- Quels lieux sont cités ? Sont-ils décrits ? Peux-tu les imaginer ? Explique-toi.

> Pourquoi est-il utile de préciser des lieux dans un texte ?

MÉMO PAGE 23 2

EXERCICES

Est-ce que je sais faire ?

1 Entoure les mots et expressions de lieu. Souligne les lieux cités.

1. C'était un beau soir d'automne. La clarté du ciel, fraîche et légère, tombait sur les monts du Cantal. Des dizaines de jeunes gens et de jeunes filles venus de La Bastide, de Salers et de Mandailles s'étaient rassemblés pour faire une grande fête, au pied du puy Violent…

2. Jean-Bernard Peur-de-rien vivait aux confins de l'Auvergne, sur ces hauts plateaux du Lignon. Il arriva qu'un jour, alors qu'il traversait un petit village à quelques lieues de la ville du Puy, un vieil homme […] lui dise : « Tu vois ce château, là-haut, au-delà des Bois Noirs, c'est la demeure de la Bête… »

J. P. Siméon, *Contes et légendes d'Auvergne*, Éd. Nathan.

Je m'entraîne

2 Relève les groupes de mots qui te font découvrir Paris.

Je fonce jusqu'au canal Saint-Martin. Là, je monte sur le pont de la Grange-aux-Belles. J'habite de l'autre côté, au coin du quai de Jemmapes, au-dessus du café La Péniche Jaune […]. Ma chambre donne sur la Seine et je regarde souvent l'eau couler. Pas loin, il y a l'Hôtel du Nord célèbre à cause d'un film.

D'après P. Thiès, *Je suis amoureux d'un tigre*, collection Mini Syros, Éd. Syros.

3* Souligne les mots et expressions de lieu.

La scène se passe dans un cimetière…

Un escalier s'enfonçait dans les profondeurs de la terre. […] En bas se trouvait une petite salle ronde dont les parois étaient tapissées de livres. […] Étrange bibliothèque.
Le garde-manger du monstre… Quelques bougies éclairaient un cercueil en forme de stylo-plume, posé sur des tréteaux.
À l'intérieur… Eh bien, mon suspect ronflait…

E. Sanvoisin, *Le Buveur d'encre*, Éd. Nathan.

EXERCICES SUPPLÉMENTAIRES P. 63

GRAMMAIRE

Le sujet

Derrière la montagne noire, une grande silhouette sombre court dans la neige. Ses grands pieds laissent d'énormes traces derrière eux. La créature écarte ses bras immenses. Elle reste sur place un moment, sans bouger.
Brusquement, le yéti tourne son dos large et poilu. Il hurle et regagne son domaine inexploré.

> Rappelle-toi : quel moyen te permet de reconnaître les mots soulignés ?

• Pose des questions pour trouver les mots ou groupes de mots qui commandent les verbes. Par exemple : ***Qui** court ? **Qui est-ce qui** court ?* → ***C'est** une grande silhouette sombre **qui** court.*
Continue avec les autres verbes pour trouver **les sujets**.
• Dans la dernière phrase, combien de verbes le sujet commande-t-il ?
• Observe la composition des sujets. Fais des remarques.

MÉMO PAGE 3

EXERCICES

Est-ce que je sais faire ?

1 Souligne les verbes conjugués d'une couleur et les sujets d'une autre couleur.

DES VIES DE DRAGONS !

1. Le dragon court, vole, nage et patauge. Ce monstre écailleux dévore sans répit. Il ne dort jamais.
2. Fuyant l'incendie, le Whowie d'Australie se noie dans un fleuve.
3. En Chine, l'adorable et bienfaisant dragon protège la population. Il amène la pluie.
4. Un énorme dragon rouge à sept têtes et dix cornes apparaît dans la Bible.
5. Le dragon grec Ladon se métamorphose en poussière d'étoiles.
6. Les dragons existent dans de nombreuses légendes. Ils apportent le bien et le mal.
7. Le dragon scandinave veille sur la tribu de nains vivant sous terre.
8. Devant la grotte, deux dragons empêchent le chevalier de délivrer la princesse.
9. Au Japon, de nombreux dragons décorent les tissus, ornent la couronne de l'empereur, protègent les bébés dans leur berceau.

EXERCICES

Je m'entraîne

2 Entoure le verbe que commande chaque sujet souligné.

Le merle est un oiseau familier. Il recherche les endroits habités. Cet oiseau n'aime pas la vie en hauteur. Il vole et se nourrit souvent près du sol.

3 Même consigne que l'exercice 2.

Le merle possède un beau plumage noir. La merlette a un plumage gris. Un merle et une merlette forment un couple. Au printemps, ils cherchent un emplacement pour leur nid. Ils le bâtissent dans de petits arbustes touffus.

4 Entoure le sujet de chaque verbe souligné.

Les pommes mûrissent. Elles embaument le jardin. Grand-père cueille les pommes rouges. Il remplit son panier. Les feuilles mortes tombent et tapissent la cour.
Alice et Zoé jouent dans les feuilles sèches. Elles croquent une pomme mûre.
Le vent souffle, soulève les feuilles, secoue les branches. Les fillettes et le grand-père rentrent chez eux.

5 * Entoure les sujets et souligne les verbes.

Un éléphant jouait tranquillement aux billes. Survint un tigre affamé [...]. Une antilope bonne cuisinière dévora le tigre en pot au feu. Un ouistiti avec cravate et chapeau melon grignota l'antilope rôtie à la broche. Un rat acrobate engloutit le ouistiti à la croque au sel...

B. Friot, extrait de *Histoire à l'endroit* dans *Histoires pressées*, Éd. Milan.

6 * Même consigne que l'exercice 5.

Vanessa et ses parents vont quitter l'Algérie.

Le vent faible et brûlant balance les branches tordues des oliviers. Des murets de pierre grise strient les collines alentour. Au loin, sur le chemin calcaire, la jeep de Ramdam soulève la poussière des bas-côtés. Bientôt, la chaleur commencera à décliner.

D'après D. Daeninckx, *Le Chat de Tigali*, collection Mini Syros, Éd. Syros.

7 ** Mets une croix sous chaque verbe. Souligne les sujets. Trace une flèche allant du sujet au verbe qu'il commande.

Le train arrive en gare. Il ralentit et s'arrête.
Une voix annonce le nom de la gare.
Elle recommande de ne rien oublier.
Les voyageurs prennent leurs bagages et descendent sur le quai.
Des amis, des familles se retrouvent.

8 ** Relève les sujets et les verbes qu'ils commandent. Trace une flèche pour relier le sujet au verbe.

Les élections approchent. Le jeune et ambitieux Coqhardi se présente contre le vieux Coquenpâte. Le roi de la basse-cour règne depuis toujours sur les poules et les poussins. Mais à l'heure du choix, une candidate de dernière minute mettra tout le monde d'accord.

A. M. Desplat-Duc, *Plumette une poule super chouette*, collection Petit Roman, Éd. Rageot.

9 ** Complète avec le pronom qui convient.

Un coq raconte ses malheurs à de vieux animaux qui ont fui leurs maîtres.

« Ma maîtresse est sans pitié : ... a dit à la cuisinière de me mettre dans la soupe demain. Et c'est ce soir que ... aurai la tête coupée. Alors ... chante de toutes mes forces.
– Écoute, vieux Crête-Rouge, dit l'âne, viens donc avec nous. ... allons à Brême. Là-bas ... trouveras un meilleur sort. ... as une bonne voix et, si ... faisons ensemble de la musique, le résultat sera étonnant. » Le coq accepta et ... s'en furent tous les quatre.

Les Musiciens de Brême, Saperlipopette, Éd. Hatier.

Écris une phrase avec chaque sujet proposé.

Le Petit Poucet – Ses frères – L'ogre

EXERCICES SUPPLÉMENTAIRES P. 64

Infinitif et formes conjuguées du verbe

L'explorateur observe une créature **courir** et **hurler**.
Il pense **voir** un ours monstrueux.
Il regarde la créature **prendre** la direction des montagnes et décide de **suivre** ses traces.

• Repère les verbes employés sous deux formes différentes : *court*, c'est le verbe *courir*. Continue pour les autres verbes. Qu'observes-tu ?
• Dans un dictionnaire, cherche tous les verbes en gras. Que remarques-tu ?

MÉMO PAGE 10

Est-ce que je sais faire ?

1 **Relève toutes les formes conjuguées des verbes *nourrir* et *remplir*. Entoure la partie commune à toutes ces formes.**

nourrir v. (conjug. 2) **1.** Allaiter. *Elle a nourri son bébé pendant 2 mois.* **2.** Donner à manger. *Julie nourrit son chat matin et soir. — Les oiseaux se nourrissent d'insectes.* **3.** Donner de quoi vivre, de quoi subsister. *Ils avaient bien du mal à nourrir leur nombreuse famille.* → **élever.** **4.** *Il nourrissait l'espoir de s'installer à l'étranger,* il l'espérait.

remplir v. (conjug. 2) **1.** Rendre plein. *Il remplit une casserole d'eau chaude.* || contr. **vider** || — *La salle se remplissait à vue d'œil.* **2.** *Elle a rempli soigneusement le questionnaire,* elle l'a complété par des indications. **3.** *Mon cœur s'est rempli de joie,* je suis devenu joyeux. **4.** *Elle remplit la fonction de maire,* elle est maire. → **exercer.**

Le Robert Junior, Éd. Le Robert, 2008.

Je m'entraîne

2 **Écris l'infinitif de chaque verbe.**

je rêve – tu souris – elles grandissent – vous venez – ils apprennent

3 **Indique l'infinitif des verbes.**

1. elle mange – tu mangeais – nous mangeons
2. vous trouvez – tu trouveras – ils trouvent
3. tu passais – elle passa – nous passerons
4. il fait – vous faites – je faisais
5. nous vendons – tu vends – elle a vendu

4** **Relève les verbes conjugués et écris leur infinitif.**

Depuis des dizaines de milliers d'années les dodos vivaient heureux sur cette île et mouraient de même, le plus souvent de vieillesse.
Avec leur énorme corps et leurs ridicules petites ailes, ils ne pouvaient voler comme les autres oiseaux. Mais cela ne les préoccupait guère, car ils n'avaient jamais volé. [...] Mais ils ne s'en souciaient pas, car ils n'étaient la proie d'aucune créature.

D. King-Smith, *Longue vie aux dodos*, traduit par Lan Du Chastel, Éd. Gallimard.

Écris une phrase avec chaque verbe pour expliquer ce qu'il veut dire.

interdire – nettoyer – courir – se sauver

EXERCICES SUPPLÉMENTAIRES P. 64

5 ORTHOGRAPHE

Des homophones : à/a, on/ont

1. Un certain Howard Bury, en mission dans l'Everest, aperçoit une forme sombre se déplaçant à grandes enjambées. Elle a l'air monstrueux.

2. On a étudié les traces des yétis, ils ont les pieds tournés à l'envers.

> Rappelle-toi : quels moyens te permettent de reconnaître un verbe ?

• Parmi les mots soulignés, repère les verbes en situant les phrases dans le passé.

• Classe les **homophones** (mots ayant la même prononciation) en deux colonnes : ceux qui changent et ceux qui ne changent pas lorsqu'on les met au passé.

> Propose des solutions pour éviter les erreurs quand tu écris.

MÉMO PAGE 16

EXERCICES

Est-ce que je sais faire ?

1 Commence les phrases par *Autrefois* et souligne l'homophone qui ne change pas.

1. La licorne a une image de pureté et de sagesse. Elle a une corne unique sur le front et ressemble à un cheval blanc.

2. Les coyotes ont une mauvaise réputation chez les Indiens. On craint leur ruse et leur rapidité légendaire.

3. Les majestueux griffons ont un corps mi-aigle, mi-lion : on dit qu'ils ont le courage et la sagesse de ces deux animaux.

Tapisserie de la dame à la licorne, détail, 15e siècle.

Je m'entraîne

2 Complète avec *a* ou *à*.

Un jeune garçon ... la charge de garder un troupeau de moutons. Il s'ennuie un peu et il ... une idée. Il commence ... crier : « Au loup ! » Les villageois arrivent ... toutes jambes mais il n'y ... pas de loup. C'est ... la troisième alerte que le loup ... vraiment sauté sur les moutons et les ... mangés. Depuis ce jour, le garçon est condamné ... rester au village.

3 Complète avec *on* ou *ont*.

... fait de la lecture tous les jours. Certains élèves ... du mal avec certains sons. À la récréation ... joue aux billes, ... discute, ... court un peu. Les murs du préau ... des panneaux de basket. Alors, ... peut faire des paniers. ... ne réussit pas toujours.

Écris un petit texte en employant *a* et *à*, *on* et *ont*.

EXERCICES SUPPLÉMENTAIRES P. 65

Des expressions toutes faites

Big-foot doit avoir du mal à trouver chaussure à son pied.
Ce curieux animal n'aime pas qu'on marche sur ses plates-bandes.
Il ne faut pas lui marcher sur les pieds, ni lui casser les pieds.

> Rappelle-toi : tu as déjà observé des mots et des expressions imagés.

• Essaie de trouver le sens des groupes de mots soulignés.
Ce sont des **expressions toutes faites**. Elles sont souvent très anciennes.

MÉMO PAGE 18 2

Est-ce que je sais faire ?

1 Relie chaque expression toute faite à l'explication qui lui correspond.

Se lever du pied gauche •	• Ce sera pour toi une bonne leçon à retenir
Avoir le pied marin •	• Tout tenter pour réussir, obtenir quelque chose
Casser les pieds à quelqu'un •	• Être de mauvaise humeur
Cela te fera les pieds •	• Ennuyer, déranger par ses propos ou son comportement
Faire des pieds et des mains •	• Être à l'aise sur un bateau en mer

Je m'entraîne

2 Certaines phrases contiennent des expressions toutes faites. Relève-les.

1. Marie a cassé un verre.
2. Cette histoire me casse la tête.
3. Jules s'est cassé une jambe.
4. Ce film ne casse pas trois pattes à un canard.
5. Coralie casse des œufs dans un bol.
6. Il casse du sucre sur le dos de son amie.
7. Elle a une chance à tout casser.

3* Trouve l'expression toute faite qui correspond à chaque dessin.

4 Écris une définition pour chaque expression toute faite. Tu peux t'aider d'un dictionnaire.**

1. Avoir l'estomac dans les talons.
2. Avoir mal au cœur.
3. Avoir les jambes en coton.
4. Être en froid avec quelqu'un.
5. Tourner sa langue sept fois dans sa bouche avant de parler.
6. Avoir le bras long.
7. En avoir plein le dos.

Écris un petit texte pour raconter ce que fait un explorateur en voyant le yéti. Utilise les deux expressions proposées.

– prendre ses jambes à son cou
– avoir une peur bleue

EXERCICES SUPPLÉMENTAIRES P. 65

6 LECTURE

L'hydre de Lerne : d'hier à aujourd'hui

1 LA LÉGENDE

Il y a plusieurs milliers d'années en Grèce*, une créature effrayante vivait dans le marais de Lerne. L'hydre possédait sept têtes de serpent. Chaque tête crachait un poison mortel. Et lorsqu'on en coupait une, il en repoussait deux à la place, encore plus dangereuses.

Le héros Héraclès fut chargé de débarrasser la région de l'hydre. Héraclès coupa chaque tête et son cousin Iolaos brûla chaque cou pour éviter que d'autres têtes ne repoussent. C'est ainsi que les deux héros gagnèrent le combat contre le monstre.

À partir de ce grand jour, le pays n'eut plus rien à craindre de l'hydre. Son corps disparut dans le marais à tout jamais.

* Grèce : pays situé au sud-est de l'Europe.

2 UNE SUITE HUMORISTIQUE

Ce qu'on ne savait pas, c'est que l'hydre avait pondu un beau gros œuf dans la boue, au fond de l'étang.

Des milliers d'années passèrent. Le marais de Lerne s'assécha.

Sa boue devint terre. Et, un beau jour, un groupe de savants fouilleurs découvrit l'œuf, très bien conservé.

Que faire de ce vieil œuf tout neuf qui leur semblait de belle taille ? Chacun avait sa petite idée.

– Mettons le couvert, et faisons une omelette géante.

– Mettons-le à couvert pour le protéger de la pluie et du soleil.

– Mettons-le à couver.

– C'est parti mon kiki ! hurlèrent ceux qui n'avaient rien dit.

Ça nous fera un gros poussin.

Je comprends

Texte 1

1. Situe la Grèce sur une carte de l'Europe.

2. Quel monstre terrorise les marais de Lerne ? Pourquoi ?

3. Quel pouvoir a l'hydre de Lerne ?

4. Qui délivre le pays de ce monstre ? Comment ?

Texte 2

5. Comment l'hydre de Lerne a-t-elle pu avoir une fille ? Qui a trouvé l'œuf ? Quand ?

6. Qui a permis la naissance ?

7. Liste les ressemblances et les différences entre l'hydrette et sa mère.

8. Comment comprends-tu les jeux sur les mots imaginés par l'auteur lignes 8 à 10 ?

9. Avec quel mot s'amuse-t-il le plus (lignes 26 à 42) ? Comment ?

Une autruche, qui passait par là, fit l'affaire.
Elle s'accroupit sur l'œuf et n'en bougea plus pendant vingt jours.

À l'aurore du vingt et unième jour, alors que les petits oiseaux, les cigales et les fourmis chantaient pour saluer le soleil levant, la dame oiselle sentit quelque chose qui lui chatouillait le bas du dos.
Elle se leva, allongea la tête, avec cet air idiot, caractéristique des autruches, et ouvrit des yeux ronds.
C'était la coquille de l'œuf qui commençait à se fendiller.
L'œuf s'ouvrit.
– C'est pas trop tôt, mon coco, crièrent les savants.
Et l'hydrette de Lerne apparut.
Avec ses sept têtes emmanchées aux bouts de longs cous, c'était le portrait craché de sa maman.
À quelques détails près cependant.

D'abord, elle ne dépassait pas la taille d'un petit lapin. Ensuite, elle avait l'air gentille et remuait la queue, en allant de l'un à l'autre, comme pour chercher une caresse. Enfin, et surtout, ses têtes ne ressemblaient pas à des serpents.
Il y en avait pour tous les goûts : une tête de chou, une tête de fou, une tête de loup, une tête de clou, une tête de clown, une tête de cochon, une tête de pioche.
Et de toutes les couleurs : rouge, orangé, jaune, vert, bleu, indigo, violet.
L'embêtant, c'est que quand elles se chamaillaient, elles emmêlaient leurs longs cous et se faisaient des nœuds.
Et tout cela leur faisait tourner la tête. Elles finirent par en avoir par-dessus la tête. Et puisqu'il était impossible de vivre en tête-à-tête, chacune partit de son côté explorer le vaste monde.
Vous en avez peut-être rencontré sur votre chemin.

J.-P. Kerloc'h, *L'hydrette de Lerne*, dans *Autruchameau, Sardinosaure et compagnie*, Éd. Hatier.

SI TU VEUX LIRE
des histoires drôles et surprenantes :

- Y. H. Clément, **Un Vampire à l'école**, Cascade, Éd. Rageot.
- S. Manes, **Comment devenir parfait en trois jours**, Cascade, Éd. Rageot.
- E. Brisou-Pellen, **Comment vivre sept vies sans avoir mal aux pieds**, Cascade, Éd. Rageot.
- A. Serres, **Du commerce de la souris**, Folio Cadet, Éd. Gallimard.

10. Qui est la *dame oiselle* (ligne 18) ?
11. Cherche quelques mots formés comme *hydrette*.

Je discute

1. Qui l'emporte lors du combat entre Héraclès et l'hydre ? Explique cette victoire.
2. Quel ton et quels procédés utilise Jean Pierre Kerloc'h pour écrire une suite à la légende ? Justifie tes réponses.

Je dis

Entraîne-toi à lire à haute voix les lignes 33 à 42.

Écris quelques phrases pour faire le portrait de l'hydrette.

L'ordre des événements dans un récit (2)

Des milliers d'années passèrent. Le marais s'assécha. **Et, un beau jour**, des savants découvrirent l'œuf que l'hydre de Lerne avait pondu. **Au même moment**, une autruche se présenta. Elle couva l'œuf **pendant vingt jours. Au vingt et unième jour**, l'œuf s'ouvrit et une hydrette à sept têtes naquit. **Pendant tout l'été**, les têtes se chamaillèrent. **Et, un jour d'automne, pendant que l'autruche dormait**, elles se séparèrent.

> Rappelle-toi ce qui te permet de suivre l'ordre des événements dans un récit.

- Relève l'expression de temps qui indique la durée qui s'écoule entre la ponte de l'œuf et sa découverte par les savants.
- Calcule combien de temps se passe entre la découverte de l'œuf et la naissance de l'hydrette, puis entre cette naissance et la séparation des têtes.
- Quels sont les événements qui se déroulent en même temps ? Justifie tes réponses.

MÉMO PAGE 23 1

EXERCICES

Est-ce que je sais faire ?

1 Souligne en vert les mots ou expressions de temps qui font avancer le récit et en jaune ceux qui indiquent que deux actions ont lieu au même moment.

Un soir, le Petit Poucet entendit ses parents parler de misère, d'enfants abandonnés. Pendant que ses frères dormaient, Poucet sortit remplir ses poches de petits cailloux blancs. Le lendemain matin, les parents et les sept enfants partirent couper du bois. Lorsqu'ils arrivèrent dans la forêt, Poucet laissa tomber ses cailloux l'un après l'autre sur le chemin. Alors que la famille arrivait au chantier, les parents disparurent derrière de gros troncs d'arbres. Peu après, les six frères de Poucet se mirent à pleurer. À l'instant même, Poucet consola tout le monde. Puis, grâce aux petits cailloux, les sept enfants retrouvèrent le chemin de leur maison.

D'après Ch. Perrault, *Le Petit Poucet*.

Je m'entraîne

2 Récris le texte en ajoutant les mots et expressions de temps proposés.

à cette époque – plus tard – aujourd'hui – au début – pendant plusieurs siècles

Pour distraire le roi malade, on a inventé les cartes à jouer. ... les cartes étaient en peau et peintes à la main.
... le jeu ne comptait pas 32 cartes. ... ce jeu a été réservé au roi et à son entourage. ... les cartes ont été fabriquées en carton et en grande quantité. ... on peut même jouer aux cartes sur un ordinateur.

Écris cette fiche en commençant chaque phrase par une expression de temps. Tu as plusieurs choix.

Pour élever des vers de terre :
1. ... remplis une caisse en bois aux trois quarts de terre humide.
2. ... dépose les lombrics sur la terre.
3. ... recouvre-les de feuilles sèches.
4. ... humidifie le tout à l'aide d'une éponge.
5. ... observe les feuilles.
6. ... note tes observations et tires-en des conclusions.

EXERCICES SUPPLÉMENTAIRES P. 63

L'accord sujet-verbe

Dans certaines histoires, des animaux parlent. Ici, le chat Kiki-La-Doucette profite du premier feu de la saison et lui parle.

1. Ta flamme crache des étincelles sur ma robe.
   Tes flammes crachent des étincelles sur ma robe.
2. Mon ronron discret se perd dans ton crépitement.
   Mes ronrons discrets se perdent dans ton crépitement.
3. Ton reflet amincit mes prunelles.
   Tes reflets amincissent mes prunelles.

D'après Colette, *Douze dialogues de bêtes*, « Le Premier Feu », Éd. Flammarion.

> Rappelle-toi : comment trouve-t-on le sujet d'un verbe ?

- Dis chaque série de phrases. Entends-tu des différences ?
- Quelles différences repères-tu à l'écrit ? Trouve une explication.
- Par quel pronom peux-tu remplacer chaque sujet ?

Écris chaque pronom accompagné du verbe qu'il commande. Que remarques-tu ?

> Essaie d'expliquer le rôle du sujet dans l'écriture du verbe.

MÉMO PAGE 4

ERCICES

Est-ce que je sais faire ?

1 Retrouve les phrases grâce à l'accord du verbe avec le sujet. Souligne le verbe.

1. Les baleines
2. Elles
3. Toutes les deux heures environ, elles
4. À sa naissance, le baleineau
5. La plus grosse, la grande baleine bleue,

a. pèse près de 2 000 kilos.
b. ne restent pas toujours sous l'eau.
c. n'appartiennent pas à la famille des poissons.
d. pèse autant que 30 éléphants (135 000 kg).
e. remontent à la surface.

Je m'entraîne

2 Souligne les verbes. Entoure les sujets.

En automne, les feuilles jaunissent. Puis elles tombent. Le chêne garde ses feuilles sèches jusqu'à la fin de l'hiver. Le sapin et le pin gardent leurs aiguilles toute l'année. Ils font partie de la famille des arbres résineux.

3 Souligne les verbes. Entoure les sujets.

1. La poule pond un œuf. Puis elle chante.
2. Le coq et les poules se disputent dans la cour.
3. La cane et le canard nagent et cancanent sur la mare.
4. Le dindon écarte les plumes de sa queue. Sa crête devient rouge puis il glousse.
5. Les oies se dandinent et allongent leur cou.

EXERCICES

4 Choisis la forme du verbe qui correspond au sujet.

Les gens du Moyen Âge (adore/adorent) les fêtes. Des personnages déguisés (se réunit/se réunissent) pour la fête des fous, le carnaval, les charivaris. Le déguisement (permet/permettent) d'être quelqu'un d'autre : animal familier ou fantastique. Les gens de cette époque (comprend/comprennent) mal la nature et ses mystères. Dans leur esprit, la fête (éloigne/éloignent) le malheur et (attire/attirent) la chance. Les participants (mange/mangent), (boit/ boivent), (chante/chantent) et (danse/dansent). On (saisit/saisissent) toutes les occasions pour se réjouir. On (a/ont) tellement peur de manquer.

M. Chaulanges, *Histoire CE2*, © Delagrave, 1985.

5 * Relève les sujets qui conviennent suivis des verbes qu'ils commandent.

(Deux renards/Un renard) s'approche. (Il/Ils) croque un peu de margarine. (Ils/Il) s'en va comme (il/ils) était venu, souple et furtif. Et puis (un sanglier/des sangliers) surgissent. (Ils/Il) viennent rapidement à bout des pommes de terre. (Le marcassin/Les marcassins) remuent une dernière fois la neige. À l'appel de la mère, (il/ils) se regroupent et disparaissent.

D'après Y. Mauffret, *La véritable Histoire du père Noël et autres contes*, Éd. Hatier-Rageot.

6 * Même consigne que l'exercice 5.

Sortant du plus profond de la forêt, (un grand cerf dix-cors/ trois grands cerfs dix-cors) s'avance. (Il/Ils) est accompagné de sa famille : biches et faons. (Il/Ils) se mettent à brouter. (L'animal affamé/ Les animaux affamés) dévorent le foin parfumé. Puis (la bête royale/les bêtes royales) projette vers le ciel ses bois majestueux. (Elles/Elle) brame doucement.

D'après Y. Mauffret, *La véritable Histoire du père Noël et autres contes*, Éd. Hatier-Rageot.

7 ** Lis le texte en entier, puis complète-le avec les sujets proposés. Aide-toi des majuscules.

Hansel et sa sœur Gretel sont perdus dans la forêt. Un oiseau les guide vers une maison.

... était en pain d'épice. ... commencèrent à croquer fenêtres et toit car ... avaient très faim. La porte s'ouvrit alors brusquement et ... apparut sur le seuil. ... dit aux enfants d'entrer. ... semblait plutôt gentille mais ... n'étaient pas très rassurés ! ... ne vous a pas dit que ... était une sorcière !

D'après W. et J. Grimm, *Hansel et Gretel*.

ils – Elle – La maison – Elle – ils – une vieille femme au nez crochu – On – la vieille – Hansel et Gretel

8 ** Même consigne que l'exercice 7.

LES CANIDÉS

... trouve des canidés aux quatre coins du monde. ... appartiennent à cette famille. ... est le plus grand des canidés. ... vit dans une meute dirigée par un loup dominant. Même s' ... mange, en cas de disette, des fruits et des baies, ... est avant tout carnivore. ... sont une arme efficace pour tuer et dépecer ses proies. ... communiquent entre eux par la voix, les gestes, les postures du corps.

P. Dubois, *DOKEO animaux*, Éd. Nathan.

Le loup, le renard, le coyote et le chacal – Les loups – Il – On – Le loup – il – il – Sa puissante mâchoire et ses 42 dents

Écris deux ou trois phrases pour raconter ce que font les têtes de l'hydrette. Pense aux accords sujet/verbe.

EXERCICES SUPPLÉMENTAIRES P. 64

CONJUGAISON

Les trois groupes de verbes

On raconte qu'en Grèce vit un jeune homme très beau, appelé Narcisse. Il ne peut supporter qu'on le surpasse en beauté.
Un jour, au bord d'un lac, Narcisse voit son image dans l'eau. Il se demande qui est cette créature si belle que la surface de l'eau réfléchit. Une idée lui vient. Il se penche sur l'eau et il saisit l'image. Mais dans ses mains, il ne retient qu'un peu d'eau. Désespéré, il finit au fond du lac avec celui qui fait de l'ombre à sa beauté.

John William Waterhouse, *Écho et Narcisse* (détail : Narcisse), peinture (1903).

> Que sais-tu des mots soulignés ? Et l'infinitif des verbes ?

- Dis puis écris l'infinitif de chaque verbe souligné.
- Observe les terminaisons des verbes et essaie de les classer en colonnes.
- Conjugue oralement les verbes en *-ir* avec *nous*. Que remarques-tu ? Que devient ton classement ?

> Quels indices t'aident à classer les verbes en groupes ? À quoi sert ce classement ?

MÉMO PAGE 10 2

ERCICES

Est-ce que je sais faire ?

1 Conjugue ces verbes au présent avec le pronom *ils*. Puis classe-les en trois groupes. Tu peux t'aider des tableaux du mémo (pages 12 à 14).

couver – profiter – promettre – engager – voir – dire – fouiller – attendre – suivre – venir – bondir – surgir – conduire – regarder – gémir – partir

Je m'entraîne

2 Classe les verbes en deux colonnes : ceux du 1er groupe et ceux du 2e groupe.

raconter – réunir – rougir – pleurer – jeter – avancer – ronger – aplatir – cuisiner – goûter – avertir – aimer – grandir – détester – prononcer

3 Relève seulement les verbes du 3e groupe.

devoir – lire – prendre – revenir – surprendre – plier – défaire – se moquer – revoir – trier – pouvoir – saisir – vouloir – boire

4 * Souligne les verbes. Indique leur infinitif et le groupe auquel ils appartiennent.

L'escargot se réveille au printemps.
Il sort la tête de sa coquille.
Il pousse la terre qui l'entoure.
Il pond ses œufs dans un petit trou humide.
La coquille grandit régulièrement.

Écris deux phrases dans lesquelles tu emploieras un verbe du 2e groupe et un verbe du 3e groupe en *ir* à la 3e personne du pluriel.

EXERCICES SUPPLÉMENTAIRES P. 64

m devant m, b, p

Cette hydrette a sept têtes. Combien a-t-elle de jambes ? Voyez ces têtes emmanchées d'un long cou. C'est embêtant car les cous s'emmêlent. Les voici empêtrés et l'hydrette tombe. Cette tête-ci ressemble à un champignon, cette autre à un pompon. Il est impossible de vivre simplement avec autant de têtes ! Elles ont toujours faim. Elles adorent les bonbons.

> Rappelle-toi : que devient la lettre *n* devant *m*, *b* et *p* ?

- Repère tous les mots contenant la lettre *m*. Justifie son emploi.
- Explique ce que tu dois faire pour ne pas te tromper lorsque tu écris les sons [ɑ̃], [ɛ̃], [ɔ̃].
- Observe le nom *bonbon*. Que remarques-tu ?

EXERCICES

Est-ce que je sais faire ?

1 Classe les mots dans le tableau.

sombre – timbre – impossible – imprimer – emmener – funambule – trembler – trompette – important – comprendre – remporter – lampe – tambourin – tempête – nombre – champêtre – compote – plomberie – embarquement – chambre – emmagasiner – imprenable – champion

Je vois *m* devant *m, b, p*		
J'entends [ɑ̃]	J'entends [ɛ̃]	J'entends [ɔ̃]
...	...	...

Je m'entraîne

2 Complète les mots.

1. avec *in* ou *im* → un lut... – ...perméable – l...pide – ...croyable – gr...per
2. avec *an* ou *am* → fl...ber – une r...pe – un c...ping – un r...g – un p...talon
3. avec *en* ou *em* → r...bourser – un s...tier – un ...pereur – ...ménager – longt...ps
4. avec *on* ou *om* → un p...pier – c...pter – rac...ter – l'...bre – un ...cle

3* Regroupe les mots d'une même famille.

un compteur – une lampe – le comptage – un campeur – un lampadaire – un lampion – campagnard – un comptable – un campagnol – la campagne

4* Choisis le mot qui convient.

1. a. L'éléphant a une grande (trombe/trompe).
   b. Il tombe des (trombes/trompes) d'eau.
2. a. Nous apprenons un (champ/chant).
   b. Dans le (champ/chant) les blés sont mûrs.
3. a. L'eau (trempe/tremble) le sol.
   b. L'enfant (trempe/tremble) de froid.

Écris une phrase avec les mots *trompette*, *funambule*, *tremble*.

EXERCICES SUPPLÉMENTAIRES P. 65

Le sens propre et le sens figuré

> Rappelle-toi : que sais-tu des expressions imagées et des expressions toutes faites ?

• Écris tout ce qui te « passe par la tête » lorsque tu penses au mot *tête*.
• Essaie de classer les mots et expressions que tu as trouvés :
– sens habituel (ou **sens propre**) ;
– sens imagé (ou **sens figuré**).
• Ajoute à ton classement tous les emplois proposés dans le texte page 55, lignes 26 à 42.

MÉMO PAGE 19 3

EXERCICES

Est-ce que je sais faire ?

1 Classe ces expressions dans le tableau.

une tête d'épingle – une tête de mule – la tête de la course – se casser la tête – une tête de fleur – chercher dans sa tête – une tête d'ail – en tête du train – il a la tête dure – faire une drôle de tête – se creuser la tête – avoir mal à la tête – se laver la tête – une tête de clou – une tête sans cervelle – recevoir un coup sur la tête

Le mot *tête* évoque :		
la forme, la position	le visage, le crâne	l'intelligence, les sentiments, le comportement…
…	…	…

Je m'entraîne

2 Associe chaque expression de sens figuré à sa signification.

1. avoir la tête sur les épaules
2. être à la tête d'une usine
3. faire la tête
4. être en tête du cortège
5. avoir la tête vide

a. diriger
b. avoir tout oublié, ne penser à rien
c. être raisonnable, sérieux
d. bouder
e. être au début

3* Relève les phrases dans lesquelles le mot souligné est au sens propre.

1. a. Le loup est un animal carnivore.
   b. Se jeter dans la gueule du loup.
2. a. Avoir les dents longues.
   b. Se faire soigner les dents.
3. a. L'ogre a enfilé ses bottes.
   b. Il n'aime pas être à la botte de quelqu'un.
4. a. La couleuvre est un serpent inoffensif.
   b. Le menteur fait avaler des couleuvres.
5. a. L'ours gris hiberne pendant cinq mois.
   b. Ce personnage est un ours mal léché.

Écris deux phrases en employant le mot *tête* au sens propre et au sens figuré. Fais de même avec le mot *langue* ou *cœur*.

EXERCICES SUPPLÉMENTAIRES P. 65

Récrire une scène en changeant de point de vue

Je prépare mon travail

- Relis le texte page 39 (à partir de la ligne 36).
- Observe les vignettes ci-dessus : que fait Yeren ? Comment se comporte-t-il ?
- Imagine que cette scène est vue par une petite fille cachée derrière un arbre : elle n'a jamais vu de yéti. Comment le trouve-t-elle ? Que pense-t-elle de son comportement, elle qui vit parmi les hommes ?
- Que raconte-t-elle à ses amis lorsqu'elle retourne dans son village ?

J'écris le récit du point de vue de la petite fille

- Liste tout ce que la petite fille a vu et ce qui l'a étonnée. Attention ! Elle ne connaît pas les pensées du yéti mais elle connaît le feu, elle !
- Termine ton récit par quelques réfléxions personnelles de la petite fille.

Les règles que tu dois respecter

1. Faire parler la petite fille à la première personne.
2. Situer la scène dans le temps et dans le lieu.
3. Introduire quelques mots imagés et des comparaisons pour exprimer le point de vue de la petite fille.

POUR T'AIDER

Quelques verbes pour raconter
j'ai vu ; j'ai entendu ; j'ai observé ;
j'ai tremblé ; j'ai eu peur ; j'ai été étonnée...
il a tourné ; il a osé ; il a empoigné ; il a crié ;
il a couru ; il a gémi...
il s'est brûlé ; il s'est lamenté ; il s'est accroupi...

Des mots et des expressions imagés
Il est grand comme un arbre.
Ses yeux sont comme deux grosses boules noires.
Ses mains paraissent être d'énormes pelles.

FONCTIONNEMENT DU TEXTE

1 Remets ce texte en ordre. Entoure les mots et expressions de temps.

Émilie vient de trouver un crayon. Elle l'a mis dans sa poche.

a. Tout d'abord, la petite fille se décide à glisser sa main au fond de sa poche.
b. Ensuite, elle le regarde : il est rouge avec une gomme au bout. Rien d'extraordinaire ! Il a même la mine cassée !
c. Finalement, Émilie doit se rendre à l'évidence... il parle !
d. Tout à coup, elle entend : « Je suis magique. » C'est le crayon !
e. Puis, elle sort le crayon de sa poche et le considère d'un air méfiant.

D'après H. Bichonnier, *Émilie et le crayon magique*, Le Livre de Poche Jeunesse, Éd. Hachette.

2 Remets le texte en ordre afin d'obtenir une bonne progression des informations. Appuie-toi sur les mots et expressions de temps. Commence par la phrase a.**

a. Le nid du guêpier est un véritable souterrain.
b. Pendant qu'elle couve, le mâle la nourrit.
c. Puis il commence à creuser le sable avec son bec.
d. Lorsque le mâle a terminé son travail, la femelle arrive.
e. Il mesure jusqu'à 50 cm de profondeur.
f. Dans un premier temps, le mâle choisit la berge sableuse d'un cours d'eau.
g. Au bout de 21 jours, les petits naissent.
h. Puis elle pond ses œufs tout au fond du tunnel.
i. Pendant plusieurs jours, il déblaye le sable à l'aide de ses pattes et s'enfonce peu à peu.

3 Relève les mots ou groupes de mots qui indiquent les lieux de vie des chevaux.

Sauvages ou domestiques, les chevaux galopent sur toute la planète. Dans les magnifiques marécages du Rhône, entre la terre et l'eau, les camargues vivent presque en liberté. Sur le toit du monde, dans l'Himalaya, on trouve des chevaux de races très robustes. Le cheval arabe originaire des déserts, là-bas au Moyen-Orient, est un pur-sang vif et intelligent.

GRAMMAIRE

1 Classe les phrases dans le tableau.

1. Le clown amuse le public.
2. Les trapézistes ne réussissent pas leur numéro.
3. Le dompteur n'obtient rien du lion aujourd'hui.
4. Les éléphants marchent en rond sur la piste.
5. Les chimpanzés grignotent des cacahuètes.
6. Le lama ne se produit pas ce soir.

phrases affirmatives	phrases négatives
...	...

2* Relève les phrases négatives et surligne les mots qui marquent la négation.

La sécheresse est catastrophique. Certains quittent la région...

« Vous ne pouvez pas baisser les bras comme ça ! s'exclama Sarah. Vous ne pouvez pas abandonner tout ce pourquoi vous avez travaillé...
Maggie se retourna vivement vers elle :
– Tu ne sais pas combien c'est dur, Sarah, dit-elle avec véhémence. Tu n'as jamais connu ce genre de situation ! [...]
– Je déteste cette terre. Je ne suis pas obligée de l'aimer comme le font Mathew et Jacob. Ils lui donnent tout ce qu'ils ont. Elle ne leur donne rien en échange ! »

P. Mac Lachlam, *Sarah la pas belle se marie*, traduit par Anne Krief, Éd. Gallimard.

3 Écris ces phrases à la forme négative.

1. Le vent souffle.
2. La pluie cesse.
3. Les nuages se dispersent.
4. L'orage s'éloigne.
5. Le tonnerre roule fort.

4 Entoure les sujets des verbes soulignés.

Le jeune dragon Rüud fréquente une école de sorciers. Un jour, les élèves enfourchent leurs balais magiques et partent pour le volcan rouge. Le volcan rouge est un curieux endroit. Les dragons y cultivent des artichauts à la vanille et des poireaux chevelus. Des arbres aux fruits inconnus poussent sur le volcan.

D'après P. Thiès, *Au feu les sorciers*, Huit et plus, Éd. Casterman.

5 ** Souligne les verbes. Entoure les sujets. Relie chaque sujet au verbe qu'il commande par une flèche.

Autrefois, un terrible géant vivait en Chine. Ce géant ne possédait qu'une immense dent. Le monstre et sa dent terrorisaient tout le pays. Un jour, le courageux Sheng Yi se présenta devant la caverne où le monstre vivait. Sheng Yi prit alors son arc, visa et tira. L'énorme dent vola en éclats dans un bruit de tonnerre. Grande dent, l'affreux géant, ayant perdu tout son pouvoir, rétrécit, rétrécit...

D'après B. Briais, *Les Géants*, Mes premières légendes, Éd. Hachette.

6 * Accorde les verbes avec leurs sujets.

Les amis (arriver) à l'anniversaire de Fanny. Fanny (embrasser) tous ses invités. Dans la cuisine, papa et maman (préparer) les petits fours. Une fondue au chocolat (mijoter) sur la plaque électrique. Les enfants (jouer), (danser) et (crier) au sous-sol.
À quatre heures, maman (apporter) un superbe gâteau. Fanny et sa meilleure amie le (découper) et (poser) les parts sur des assiettes en carton. Tous les invités (se régaler). Ils (chanter) : « Bon anniversaire ».

7 ** Écris les sujets au singulier.
Écris S sous les sujets et V sous les verbes.

1. Les poules caquettent.
2. Les coqs chantent « cocorico ».
3. Les canards cancanent et barbotent dans la mare.
4. Les dindes gloussent.
5. Les vaches et les moutons rentrent à la ferme.

CONJUGAISON

1 Écris à quelle personne est employé chaque verbe.

je cours – tu sautes – nous marchons – il bondit – vous sautillez – elles s'élancent

2 Ajoute les pronoms manquants.

« ... suis bien malheureuse. ... ai perdu mon chemin. Jamais ... ne retrouverai le château. ... crois que ... vais dormir dans la forêt. »

3 * Récris le texte de l'exercice 2 comme si quelqu'un parlait à la jeune fille en la tutoyant.
Recommence comme si deux jeunes filles étaient perdues. Aide-toi de ton mémo pages 12 à 15.

4 * Trouve l'infinitif de chaque verbe conjugué puis classe les verbes en trois colonnes selon leur groupe.

Le vent souffle souvent. Les feuilles jaunissent. Bientôt, les jours deviendront plus courts. Les renards ont pris leur fourrure d'hiver. Dans son refuge, le hérisson commence sa longue nuit. Elle durera cinq à six mois.

ORTHOGRAPHE

1 Entoure les lettres qui forment le son [j].

un grillon – le sommeil – un crayon – une quille – un lion – une abeille – il revient – un chevreuil – la ferraille – une yourte – merveilleux – un camion – il brille – travailler – un rail – hier – la gentillesse – un voyage – du papier – un caillou

2* Complète les phrases avec *a* ou *à*, *on* ou *ont*.

Les grenouilles ont prédit un déluge qui va tout détruire. Tom raconte le début de la panique.

Juste avant qu'... atteigne la cour, ... a soudain ressenti comme une vibration inquiétante. L'atmosphère ... subitement changé. Le chien tournait sur lui-même. Les cochons se sont mis ... trembler. Même les abeilles sont entrées précipitamment ... l'intérieur de leur ruche. Les nuages ... pris une couleur anthracite. Mon père ... jailli d'un bâtiment, sur le dos d'un cheval, ... même le poil. Ils ... dévalé la colline ... toute allure jusqu'... la forêt. La première goutte ... rebondi sur le sol.

D'après J. H. Girerd, *La Prophétie des grenouilles*, Le livre de Poche Jeunesse, Éd. Hachette.

3 Complète les mots :

1. avec *en* ou *em* : ...brasser – une t...pête – ...magasiner – l...tement
2. avec *on* ou *om* : un ...gle – tr...per – s...bre – un c...te
3. avec *an* ou *am* : un enf...t – une ch...bre – une t...te – la c...pagne – une j...be

VOCABULAIRE

1 Relève tous les mots et groupes de mots qui expriment un point de vue imagé.

Des hippopotames ont ramené un petit enfant d'homme à l'école...

1. En effet, un petit enfant d'homme se trouvait là, planté comme un vase en porcelaine sur le bureau de la maîtresse [...].
2. Le petit humain regardait son repas avec des yeux ronds comme deux pièces en chocolat.
3. Sur sa gauche, il aperçut le numéro 22 comme deux canards qui nagent dans une mare bleue.

Phrases extraites de Alain Serres, *Le petit Humain*, Éd. Gallimard.

2 Relève les mots et groupes de mots qui parlent du feu en « images ».

1. Le feu dévore les herbes sèches.
2. Les flammes lèchent et mordent le tronc des arbres.
3. Après le passage des soldats du feu, les braises palpitent doucement comme des insectes rouges et noirs.

3 Attribue la bonne définition à chaque expression toute faite.

1. avoir de bonnes jambes
2. en avoir plein les jambes
3. courir à toutes jambes
4. être dans les jambes de quelqu'un
5. tenir la jambe à quelqu'un

a. retenir en imposant ce que l'on veut dire
b. courir très vite
c. se trouver trop près et gêner
d. marcher, courir facilement
e. être fatigué d'avoir trop marché

4* Relève seulement les phrases où le mot souligné est au sens figuré.

1. a. Léonard ouvre la bouche.
   b. Kim a un aphte dans la bouche.
   c. Nous sommes devant la bouche du métro.
   d. Tu as une miette au coin de la bouche.
   e. Je suis restée bouche cousue.
2. a. Attention, je t'ai à l'œil.
   b. J'ai reçu une poussière dans l'œil.
   c. À son âge, il garde bon pied, bon œil.
   d. Il a un œil de perdrix entre deux orteils.
   e. Chloé ferme un œil quand elle rit.

1. CONVERSATION

(Sur le pas de la porte, avec bonhomie.)

Comment ça va sur la terre ?
– ça va ça va, ça va bien.

Les petits chiens sont-ils prospères ?
– Mon Dieu oui merci bien.

Et les nuages ?
– ça flotte.

Et les volcans ?
– ça mijote.

Et les fleuves ?
– ça s'écoule.

Et le temps ?
– ça se déroule.

Et votre âme ?
– Elle est malade
le printemps était trop vert
elle a mangé trop de salade.

2. LES PRÉFIXES

(Accent méridional.)

À mesure que je vois
j'oublie j'oublie
j'oublie tout ce que je vois.

À mesure que je pense
je dépense je dépense !

À mesure que je vis
je dévie je dévie !

À mesure que je meurs
je demeure je demeure.

3. LA MÔME NÉANT

(Voix de marionnette, voix de fausset, aiguë, nasillarde, cassée, cassante, caquetante, édentée.)

Quoi qu'a dit ?
– A dit rin.

Quoi qu'a fait ?
– A fait rin.

A quoi qu'a pense ?
– A pense à rin.

Pourquoi qu'a dit rin ?
Pourquoi qu'a fait rin ?
Pourquoi qu'a pense à rin ?

– A'xiste pas.

4. CONSEILS DONNÉS PAR UNE SORCIÈRE

(À voix basse, avec un air épouvanté, à l'oreille du lecteur.)

Retenez-vous de rire
dans le petit matin !

N'écoutez pas les arbres
qui gardent les chemins !

Ne dites votre nom
à la terre endormie
qu'après minuit sonné !

À la neige, à la pluie
ne tendez pas la main !

N'ouvrez votre fenêtre
qu'aux petites planètes
que vous connaissez bien !

Confidence pour confidence :
vous qui venez me consulter,
méfiance, méfiance !
On ne sait pas ce qui peut arriver.

5. L'AFFAIRE SE COMPLIQUE

*(Agacé, commençant à s'affoler,
mais décidé à garder son sang-froid.
Un rien de dignité offensée.)*

Qu'est-ce que c'est
que tout ceci
qui va d'ici
jusque là-bas ?

Ho-ho par-ci !
hou-hou par-là !
Qui est ici ?
et qui va là ?

Je dis : hé-là !
mais c'est pour qui ?
Et pourquoi qui
et pourquoi quoi ?

Quoi est à qui ?
À vous ? à lui ?
Qui vous l'a dit ?
Ce n'est pas moi
(ni moi non plus)
ni moi ni moi.

J. Tardieu, in *Monsieur Monsieur*
recueilli dans *Le Fleuve caché*, Éd. Gallimard.

6. ÉTUDE DE VOIX D'ENFANT

Les maisons y sont là
les deux pieds sous la porte,
tu les vois les maisons ?

Les pavé y sont là
les souliers de la pluie
y sont noir mais y brillent.

Tout le monde il est là
le marchand le passant
le parent le zenfant
le méchant le zagent.

Les auto font vou-hou
Le métro fait rraou
et le nuage, y passe
et le soleil, y dort.

Tout le monde il est là
comme les autres jours
mais c'est un autre jour
c'est une autre lumière :

aujourd'hui c'est hier.

1. Cherche Jean Tardieu dans un grand dictionnaire ou sur Internet.
Quelles œuvres a-t-il écrites ? Quand ?
N'a-t-il écrit que des poèmes ?

2. De quel recueil sont extraits ces poèmes ?

3. Quel est le poème dans lequel J. Tardieu fait du vocabulaire ?
Construit-il des mots de même famille ?
Argumente ta réponse.
Quelle est son intention ?

4. Lis chaque poème deux fois. Choisis-en deux ou trois. Suis les conseils donnés par le poète pour les dire.

5. « Conversation » et « La môme néant » peuvent être dits à deux voix. Essaie avec quelqu'un.

6. Apprends deux poèmes. Dis-les ou joue-les devant la classe.

Récits à mystère et à suspense

CE QUE TU VAS APPRENDRE DURANT CES SIX SEMAINES

LECTURE COMPRÉHENSION	Lire deux histoires courtes et un extrait d'album pour frissonner et rire.
FONCTIONNEMENT DU TEXTE	Suivre un personnage dans un récit. Apprendre à faire concorder des temps dans un récit. Revoir les expressions de temps et de lieu.
GRAMMAIRE	Reconnaître les compléments du verbe. Comprendre le rôle des adverbes.
CONJUGAISON	Utiliser les verbes au présent, savoir conjuguer ceux du premier et du deuxième groupes.
ORTHOGRAPHE	Réviser la combinaison des lettres *e* + *n*. Apprendre à écrire des verbes du premier groupe au présent. Réviser les valeurs de la lettre *g*.
VOCABULAIRE	Apprendre que des mots peuvent avoir un sens voisin et/ou un sens contraire. Organiser des idées autour d'un mot.
ATELIER D'ÉCRITURE	Écrire un nouvel épisode de récit à suspense.

Alexandra Day, *Sous la pluie*, illustration (vers 1995).

Soupçon

J'ai tout de suite compris qu'il s'était passé quelque chose de grave. Dès que je l'ai vu. Il avait sauté sur mon lit et il se léchait les babines d'une manière qui m'a semblé bizarre. Je ne saurais expliquer pourquoi, mais ça me semblait bizarre. Je l'ai regardé attentivement, et lui me fixait avec ses yeux de chat incapables de dire la vérité.

Bêtement, je lui ai demandé :
– Qu'est-ce que tu as fait ?
Mais lui, il s'est étiré et a sorti ses griffes, comme il fait toujours avant de se rouler en boule pour dormir.

Inquiet, je me suis levé et je suis allé voir le poisson rouge dans le salon. Il tournait paisiblement dans son bocal, aussi inintéressant que d'habitude. Cela ne m'a pas rassuré, bien au contraire. J'ai pensé à ma souris blanche. J'ai essayé de ne pas m'affoler, de ne pas courir jusqu'au cagibi où je l'ai installée. La porte était fermée. J'ai vérifié cependant si tout était en ordre. Oui, elle grignotait un morceau de pain rassis, bien à l'abri dans son panier d'osier.

J'aurais dû être soulagé. Mais en regagnant ma chambre, j'ai vu que la porte du balcon était entrouverte. J'ai poussé un cri et mes mains se sont mises à trembler. Malgré moi, j'imaginais le spectacle atroce

Je comprends

1. Quel est le titre de l'ouvrage ?
2. D'après ce titre, est-ce un roman ou un recueil d'histoires ?
3. Qui raconte cette histoire ? Justifie ta réponse.
4. De qui parle-t-il ?
5. Relis la première et la dernière phrases du texte. Sont-elles complémentaires ? T'attendais-tu à cette fin ?
6. Dans quel ordre l'auteur raconte-t-il l'histoire ?
7. Retrouve l'ordre dans lequel elle s'est déroulée :
– Qu'a fait le chat ?
– S'est-il intéressé aux animaux apprivoisés ?
– Après avoir commis son forfait, où est-il allé ?
– Qu'a alors pensé le garçon et pourquoi s'est-il affolé ? Qu'a-t-il vérifié ?
– Quand a-t-il compris la vérité ?
8. Relève les mots qui expriment **la peur**. Note-les et garde-les en mémoire. À quoi vois-tu que cette peur grandit au fil du texte ?
9. Trouve le sens des points de suspension (...) aux lignes 35, 36 et 43.
10. Comment l'auteur s'y est-il pris pour entretenir le suspense ?

qui m'attendait. Mécaniquement, à la façon d'un automate, je me suis avancé et j'ai ouvert complètement la porte vitrée du balcon. J'ai levé les yeux vers la cage du canari suspendue au plafond par un crochet. Étonné, le canari m'a regardé en penchant la tête d'un côté, puis de l'autre. Et moi, j'étais tellement hébété qu'il m'a fallu un long moment avant de comprendre qu'il ne lui était rien arrivé, qu'il ne lui manquait pas une plume.

Je suis retourné dans ma chambre et j'allais me rasseoir à mon bureau lorsque j'ai vu le chat soulever une paupière et épier mes mouvements. Il se moquait ouvertement de moi.

Alors, j'ai eu un doute. Un doute horrible. Je me suis précipité dans la cuisine et j'ai hurlé quand j'ai vu…

Le monstre, il a osé ! Il a dévoré…

Je me suis laissé tomber sur un tabouret, épouvanté, complètement anéanti. Sans y croire, je fixais la table et l'assiette retournée.

… Il a dévoré mon gâteau au chocolat !

B. Friot, *Histoires pressées*, Éclat de rire, Éd. Milan.

SI TU VEUX LIRE

– d'autres textes de Bernard Friot aux éditions Milan :

- **Encore des histoires pressées.**
- **Pressé, pressées.**
- **À mots croisés.**

– d'autres histoires de chat trompeur :

- A. Fine, **Le Journal d'un chat assassin,** Éd. L'École des Loisirs.
- Ch. Perrault, **Le chat botté.**

Je discute

1. Comment réagit le garçon :
– lorsqu'il craint pour la vie de ses animaux ?
– lorsqu'il constate que le chat a mangé son gâteau ?
2. Crois-tu qu'il aurait préféré perdre son poisson, sa souris ou son canari ?
3. Comment se comporte le chat dans la chambre ?
4. Quelle est l'intention de l'auteur en écrivant cette fin inattendue ? Justifie ta réponse.

Je dis

Lis l'épisode final (ligne 31 à la fin). Appuie-toi sur la ponctuation pour faire monter le suspense et ménager l'effet de surprise.
Prends l'intonation qui convient pour la dernière phrase.

Écris quelques phrases pour décrire le parcours du garçon qui cherche ce qu'a fait son chat.

Des pronoms pour reprendre des noms

> Dans le texte pages 70 et 71, quels indices t'ont fait penser que le garçon parlait d'un chat ?

- Relis le texte jusqu'à la ligne 13.
- Combien de fois le pronom *il* est-il utilisé ? Qui désigne-t-il ? Attention au piège !
- Repère les pronoms *lui* repris trois fois, *l'* repris deux fois. Qui désignent-ils ?
- Qui désigne le pronom *tu* (ligne 11) ?
- Tous ces pronoms désignent *le chat*. Pourquoi l'auteur ne désigne-t-il pas *le chat* par son nom ?

> Essaie d'expliquer le rôle des pronoms dans ce texte.

MÉMO PAGE 24

EXERCICES

Est-ce que je sais faire ?

1 Surligne en bleu les pronoms en gras qui désignent *Petit Féroce* et en rose ceux qui désignent le ronronge.

Petit Féroce est un garçon qui vit à l'époque préhistorique.
Il rencontre un ronronge et raconte :

Le ronronge écarte la queue, les oreilles et, du bout de sa queue, **me** caresse doucement le bout du nez. **Il m**'aime bien.
Je lui propose : « Alors ? **Tu** as envie de venir avec **moi** dans notre grotte, au bord du lac ? »
Il fait « rrr... rrr... », saute agilement sur mon épaule.
Tout content, **je lui** chatouille les oreilles et **je** rentre chez **moi**.

P. Thiès, *Petit Féroce n'a peur de rien*, Éd. Rageot.

Je m'entraîne

2 Écris les pronoms en gras dans la colonne du tableau qui convient.

Quand le Petit Chaperon Rouge entra dans la forêt, ce fut pour rencontrer le loup.
Mais **elle** ne savait pas que c'était une aussi méchante bête et **elle** n'avait pas peur.
« Bonjour Petit Chaperon Rouge, dit-**il**.
– Bonjour à **toi**, Loup. **Tu** vas bien ?
– Oui, et **toi** ? Où vas-**tu** de si bonne heure ?
– **Je** vais chez grand-mère car **elle** est malade.
– Et où habite-t-**elle**, dis-**moi** ? »

J. et W. Grimm, *Le Petit Chaperon Rouge*.

Le Petit Chaperon Rouge	Le loup	La grand-mère
...	...	...

3* Complète ce texte avec les pronoms de reprise *il*, *lui* ou *les*.

Max le rêveur croit voir un lion dans sa chambre...

Max regarda le fauve et ... demanda :
« Tu vas mmm'manger maintenant ? »
Le lion secoua la tête pour répondre non à Max mais ... ... dit qu'... avait très faim et ... demanda d'aller chercher quelque chose à la cuisine.
Max ... rapporta cinq steaks aux oignons.
Le lion grogna qu'... n'aimait pas les oignons. Alors, Max ... enleva un par un et ... jeta dans la corbeille à papiers.

D'après B. Reuter, *Oscar, à la vie à la mort*, Éd. Hachette Jeunesse.

Écris un petit texte en utilisant les pronoms *il* et *lui*.

EXERCICES SUPPLÉMENTAIRES P. 95

Le complément d'objet du verbe

1. Un vieux fantôme hante le château chaque nuit.
2. Les habitants de la région connaissent ce fantôme.
3. Dès la tombée de la nuit, ils entendent ses chaînes.
4. Dans la grande salle, il parle un langage bizarre.
5. Il parle à des personnages imaginaires.
6. Il joue de la flûte.

• Repère le verbe et le sujet de chaque phrase.
• Après avoir isolé le verbe et le sujet, essaie de déplacer chaque groupe restant. Que remarques-tu ?
• Essaie de supprimer les groupes que tu n'as pas pu déplacer. Où sont-ils situés par rapport au verbe ? Comment sont-ils reliés au verbe dans les phrases 5 et 6 ?
Tous ces groupes sont des **compléments d'objet directs** (COD) ou **indirects** (COI).

> Explique comment on reconnaît un complément d'objet et quel est son rôle.

MÉMO PAGE 4 1

ERCICES

Est-ce que je sais faire ?

1 Entoure les verbes. Surligne les compléments d'objet directs et indirects.

Dans l'Antiquité, les Romains construisent des thermes. Ces vastes établissements accueillent les bains publics. Ils possèdent aussi des installations sportives. Les clients se livrent à des exercices de gymnastique. Après avoir transpiré au sauna, ils prennent un bain chaud au caldarium. Puis ils savourent l'eau tiède dans le trepidarium. Ils terminent leur circuit au frigidarium. Dans les thermes, le Balneator propose de nombreuses activités.

Je m'entraîne

2 Remets en ordre les groupes de chaque phrase. Souligne le sujet et entoure le complément d'objet.

1. le feu inventent les hommes
2. les fruits cueillent les femmes
3. la tribu protègent les grottes
4. les guerriers commande le chef
5. les tentes renversent les mammouths

3 Complète chaque verbe avec un complément d'objet direct ou indirect.

1. Pierre joue ...
2. Cindy révise ...
3. Axel range ...
4. Yasmina pense ...
5. Les élèves copient ...
6. Léa mange ...

4* Ajoute un complément d'objet lorsqu'il est nécessaire au sens.

1. Anna parle.
2. Yvan joue.
3. Carlos prend.
4. Estelle apprend.
5. Lison prépare.
6. Grégoire envoie.

5* Relève les phrases dans lesquelles le verbe a un complément d'objet indirect.

1. Ce roman plaît à Anaïs.
2. Tu lis chaque soir.
3. Ninon écoute de la musique.
4. J'écris à ma grand-mère.
5. Clara pleure son chat disparu.
6. Léa mange des bonbons.

EXERCICES

6 * **Entoure les verbes. Souligne en rouge les compléments que tu peux déplacer et en vert les compléments d'objet.**

Babayaga avait une seule dent.
Dès son plus jeune âge, elle subit les moqueries. Elle choisit un drôle de métier : sorcière. Avec sa dent unique, elle mangea son chien Ouaouayaga.
Elle ouvrit un restaurant dans la forêt.
Avec amour, Babayaga cuisinait des tartes aux mouflets, des rôtis de mômes aux citrons confits…

D'après T. M. Le Thanh, *Babayaga*, Éd. Gautier-Languereau.

7 ** **Souligne en bleu les sujets des verbes soulignés, en vert les COD et en rose les COI.**

L'âne gris attend son repas. On lui apporte de l'avoine et du pain sec. On ajoute de l'eau dans son auge. L'âne a une grande patience. Il possède un caractère doux. Mais il montre parfois un grand entêtement. Parce qu'il n'est pas très vif, on croit à de la sottise. Autrefois, en classe, on mettait un bonnet d'âne sur la tête des mauvais élèves.

8 ** **Même consigne que l'exercice 7.**

Les glaces de l'Antarctique accueillent des milliers de manchots. Leurs plumes et leur graisse sous la peau fournissent de la chaleur. Au début de l'hiver, la femelle pond un seul œuf. Cet œuf demande de grands soins pendant les deux mois de nuit polaire. Les manchots craignent les oiseaux skuas.

9 ** **Les groupes de mots soulignés sont-ils des compléments d'objet du verbe ? Réponds par oui ou par non.**

1. Cendrillon parle à la fée.
2. Elle a mis une jolie robe.
3. Le carrosse roule vers le château.
4. Les douze coups de minuit sonnent dans la grande salle.
5. La princesse a oublié l'heure.
6. Elle perd une pantoufle de vair.
7. Elle pense à ce gentil prince.

Écris **des chaînes alimentaires pour dire qui mange qui (ou quoi) dans l'étang. Observe bien le dessin. Chaque chaîne doit comporter un complément d'objet direct.**

Ex. : Le busard des marais mange des canards.

EXERCICES SUPPLÉMENTAIRES P. 95

Des valeurs du présent

1

J'avance dans la classe et, tout de suite, je vois le nouvel élève. Il me regarde. Il est en train de se déguiser en fantôme. Je ne rêve pas. Je suis stupéfait. Je reste cloué sur place.

2

La succession des jours et des nuits règle la vie des hommes.
Pendant la journée, on voit le Soleil tourner dans le ciel d'est en ouest. En réalité, c'est la Terre qui tourne sur elle-même et nous tournons avec elle, sans nous en rendre compte !

• Qui raconte dans le texte 1 ? Que raconte-t-il ?
• Dans le texte 2, ce qui est dit est-il vrai seulement au moment où on le dit ?

> Explique les deux emplois du présent que tu as observés.

MÉMO PAGE 11 1

Est-ce que je sais faire ?

1 **Inscris le numéro de chaque phrase dans le tableau selon la valeur du présent.**

1. Les histoires à suspense donnent le frisson.
2. Le géant poursuit le dragon apeuré.
3. Ce chat aime le gâteau au chocolat !
4. D'habitude, les chats préfèrent les souris.
5. Julie court rejoindre ses amis.
6. Les champignons poussent en automne.

Cela se passe maintenant	Cela est habituel ou toujours vrai
...	...

Je m'entraîne

2 **Recopie seulement les phrases où ce qui est écrit est toujours vrai.**

1. Cette grenouille rêve de métamorphose.
2. Les grenouilles hibernent dans les marais.
3. Ces grenouilles partent au pays des fées.
4. Au printemps, la grenouille pond des centaines d'œufs dans l'eau.
5. Les grenouilles arrivent chez le roi.
6. Les œufs deviennent ensuite des têtards.

3* **Choisis les formes conjuguées qui conviennent pour raconter au présent.**

La princesse grenouille (quitte/quittait/quittera) son siège et (dansait/danse/dansera) avec le prince Yvan, son fiancé. Lorsqu'elle (lèvera/levait/lève) les bras, on (pourra/pouvait/peut) voir des paysages merveilleux. Les femmes des frères d'Yvan (commençaient/commencent/commenceront) à danser à leur tour. Elles (jalousent/jalousaient/jalouseront) la princesse grenouille. Quand elles (agitaient/agitent/ agiteront) leurs manches, des chauves-souris, des serpents en (sortaient/sortiront/sortent). Alors, le roi (arrête/arrêtait/arrêtera) le bal.

Écris **un petit texte pour parler d'un oiseau familier (pie, merle, hirondelle) et donner des informations qui sont toujours vraies.**

La combinaison des lettres e + n

1. L'enfant est mécontent. Son chat se moque ouvertement de lui.
2. Il sait bien que ce chat est un vaurien. Il n'est pas comme un chien.
3. Ses moustaches frémissent, ses griffes se cachent et ses yeux se ferment : le chat dort.
4. Le chat passe par la fenêtre, renifle le gâteau et apprécie le menu.
5. Le chat est l'ennemi du canari. Cela ennuie la chienne, bonne gardienne.

• Repère les mots qui contiennent les lettres associées ***e + n***. Classe-les dans le tableau.
• Quelle lettre te permet de lire correctement l'association des lettres ***e + n*** dans les mots *fenêtre, renifle, ennemi* et *ennui* ?

Je vois *en*			
J'entends [ɑ̃]	J'entends [ɛ̃]	J'entends [ɛ]	Je n'entends ni [ɑ̃], ni [ɛ̃], ni [ɛ]
...	...	...	...

EXERCICES

Est-ce que je sais faire ?

1 Classe ces mots dans le tableau ci-dessus.

une chenille – un lien – j'attends – le comportement – il revient – elles sautent – ils prennent – différent – ils exagèrent – une dent – venir – gentiment – Julienne – un menu – il a tenu – tu tiens – ennuyeux – immense – emmener – la mienne – renâcler – un renne – ils jouent – un souvenir – une benne

Je m'entraîne

2 Écris au pluriel.

elle crie – il pleure – il descend – elle écoute – il sort

3 Trouve un mot de la même famille en ajoutant -*ment*.

solide – sage – sale – horrible – ferme

4 Trouve un mot de la même famille en employant -*ement*.

affoler – soulager – hurler – miauler – classer

5 Relève les mots dans lesquels tu entends [n]. Trace une croix sous la lettre qui permet d'entendre ce son.

renard – retenir – souvent – tendre – tenue – cendre – chenil

6* Relève les mots où on entend [ɑ̃].

Les vents d'Ouest agitent la mer, provoquent des vagues qui envahissent rapidement les dunes d'une belle couleur argent.

7 Souligne les noms en vert et les verbes en rose.**

mouvement – moment – cachent – sentiment – paravent – sauvent – aboient – aboiement – ronflent – ronflement

Écris une phrase dans laquelle tu emploieras *des vents violents* comme sujet. Utilise plusieurs verbes et deux mots en -*ement*.

EXERCICES SUPPLÉMENTAIRES P. 97

Les synonymes

cacher v. 1er groupe. SENS 1. *Pierre **a caché** mon stylo,* il l'a mis dans un endroit secret (= dissimuler). *Jacques **s'est caché** derrière l'armoire.* SENS 2. *Ce mur nous **cache** la mer,* il nous empêche de la voir (= masquer). SENS 3. *M. Dourven cherche à **cacher** son inquiétude,* à ne pas la montrer (= dissimuler ; ≠ exprimer, avouer, dévoiler).

Larousse Maxi Débutants, Larousse 2008.

cagibi n.m. *Nous rangeons nos valises dans un **cagibi**,* un petit local (= réduit, débarras).

goulu, ue adj. et n. *Mon chien est **goulu**,* il mange très vite et beaucoup à la fois (= glouton, goinfre). *Quelle **goulue** ! Elle a avalé trois parts de gâteau.*

• Pour chaque mot défini dans ces articles de dictionnaire, trouve un ou plusieurs mots de sens voisin. Comment les as-tu trouvés ?
• Pour le verbe *cacher*, quel mot de sens voisin convient le mieux au comportement du chat ?
• Complète le tableau. Fais des remarques.
• Dans un dictionnaire, cherche des **synonymes** de : *malin, inquiet, doute, monstre, crier, trembler.* Vérifie toutes tes remarques.

	mots définis	mots de sens voisin
nom	...	...
verbe	...	...
adjectif	...	...

MÉMO PAGE 19 4

Est-ce que je sais faire ?

1 Remplace chaque adjectif souligné par un adjectif de sens voisin proposé.

bizarre – souillé – énorme – amusante – vilain – ennuyeux – rapide

un spectacle triste – une histoire drôle – un mauvais temps – une allure vive – un vêtement sale – un drôle d'oiseau – une grosse tempête

Je m'entraîne

2 Remplace chaque mot souligné par le synonyme qui convient.

terrifié – affolement – tromper – tranquillité – bouger – humoristique

nom
1. La panique saisit le garçon.
2. On connaît le calme du poisson rouge.

adjectif
1. L'enfant est terrorisé.
2. C'est une histoire drôle.

verbe
1. On sait que le chat sait ruser.
2. Le garçon voit le canari remuer.

3 Complète chaque phrase par un synonyme du verbe *courir*. C'est le sens qui va te guider.

se sauver – filer – rechercher – couler – voyager

1. Courir à l'école, c'est ... à l'école.
2. Courir à toutes jambes, c'est ... en vitesse.
3. Courir le monde, c'est ... .
4. Voir l'eau courir, c'est voir l'eau ... .
5. Courir après le succès, c'est ... le succès.

Écris trois phrases dans lesquelles l'adjectif *léger* aura trois sens différents. Récris-les ensuite en remplaçant *léger* par un synonyme.

EXERCICES SUPPLÉMENTAIRES P. 97

La chose

Je me suis réveillé, le cœur battant et les mains moites. La chose était là, sous mon lit, vivante et dangereuse. Je me suis dit : « Surtout ne bouge pas ! Il ne faut pas qu'elle sache que tu es réveillé. » Je la sentais gonfler, s'enfler et étirer l'un après l'autre ses tentacules innombrables. Elle ouvrait la gueule, maintenant, et déployait ses antennes. C'était l'heure où elle guettait sa proie. Raide, les bras collés au corps, je retenais ma respiration en pensant : « Il faut tenir cinq minutes. Dans cinq minutes, elle s'assoupira et le danger sera passé. » Je comptais les secondes dans ma tête, interminablement. À un moment, j'ai cru sentir le lit bouger. J'ai failli crier. Qu'est-ce qui lui prend ? Que va-t-elle faire ? Jamais elle n'est sortie de dessous le lit. J'ai senti sur ma main un léger frisson, comme une caresse très lente. Et puis plus rien. J'ai continué à compter, en m'efforçant de ne penser qu'aux nombres qui défilaient dans ma tête : cinquante et un, cinquante-deux, cinquante-trois… J'ai laissé passer bien plus que cinq minutes. Je me suis remis enfin à respirer normalement, à me détendre un petit peu. Mais mon cœur battait toujours très fort. Il résonnait partout en moi, jusque dans la paume de mes mains. Je me répétais : « N'aie plus peur. La chose a repris sa forme naturelle. Son heure est passée. »

Mais, cette nuit-là, la peur ne voulait pas me lâcher. Elle s'accrochait à moi, elle me serrait le cou. Une question, toujours la même, roulait dans ma tête : Qui est la chose ? La chose qui, chaque nuit, gonfle et s'enfle sous mon lit, et s'étire à l'affût d'une proie. Et puis reprend sa forme naturelle après quelques minutes. J'ai compté jusqu'à dix

Je comprends

1. As-tu déjà lu une nouvelle écrite par cet auteur ? Quel était son titre ?
2. Où et quand se passe cette histoire ? Qui la raconte ? Justifie ta réponse.
3. Quand « la chose » entre-t-elle en action ?
4. Que fait alors le garçon pour qu'elle s'endorme ?
5. Cette nuit-là, comment la chose s'est-elle manifestée ? Qu'est-ce que cela a entraîné ?
6. Comment l'auteur s'y prend-il pour entretenir un lourd suspense ? Comment le fait-il retomber de manière banale ?
7. Relève les mots qui expriment **la peur** et ses effets. Continue la liste que tu as commencée pour l'unité 7.
8. Relève les verbes de mouvement et d'action qui concernent la chose, puis ceux qui concernent le garçon.

Je discute

1. À quelle créature « la chose » te fait-elle penser ? Pourquoi ?
2. Le garçon rêve-t-il chaque nuit de cette créature imaginaire ? Ou joue-t-il à se faire très peur lorsqu'il est réveillé ?

en déplaçant lentement ma main droite vers la lampe de chevet. À dix, j'ai allumé et j'ai sauté sur le tapis, le plus loin possible. Et qu'est-ce que j'ai vu sous mon lit ? Mes pantoufles ! Mes bonnes vieilles pantoufles que je traîne aux pieds depuis près de deux ans. Elles me sont trop petites, déjà, et percées en plusieurs endroits.

J'étais vraiment déçu. Et un peu triste. Je me suis dit : « Alors, on ne peut plus avoir confiance en rien ? Il faut se méfier de tout, même des objets les plus familiers ? » J'ai regardé longtemps les pantoufles. Elles avaient l'air parfaitement inoffensives, mais je ne m'y suis pas laissé prendre. Avec beaucoup de précaution, je les ai enveloppées dans du papier journal et j'ai soigneusement ficelé le paquet. Et j'ai jeté le tout dans la chaudière.

B. Friot, *Histoires pressées*, Éclat de rire, Éd. Milan.

SI TU VEUX LIRE d'autres textes de Bernard Friot aux Éditions Milan :

- **Encore des histoires pressées.**
- **Pressé, pressées.**
- **À mots croisés.**

3. Croit-il vraiment que ce sont ses vieilles pantoufles qui se métamorphosent quand il dort ? Et toi, qu'en penses-tu ?

4. Quelles intentions avait l'auteur en écrivant cette nouvelle ? Si tu as lu *Soupçon* (pages 70 et 71), quelles remarques peux-tu faire ?

5. Est-ce qu'il t'arrive de te faire peur ? Où ? Quand ?

Je dis, je joue

Choisis le passage que tu préfères.
Entraîne-toi à bien le lire.
Appuie-toi sur la ponctuation et sur le sens.
Trouve des gestes pour mimer ce qui se passe, ce que ressent le garçon.

Écris le portrait de la chose et raconte ce qu'elle fait. Aide-toi des détails que donne le garçon page 78.

L'emploi des temps dans un récit (1)

Mais, cette nuit-là, la peur ne voulait pas me lâcher. Elle s'accrochait à moi, elle me serrait le cou. J'ai compté jusqu'à dix en déplaçant lentement ma main droite vers la lampe de chevet. À dix, j'ai allumé et j'ai sauté sur le tapis, le plus loin possible. Et qu'est-ce que j'ai vu sous mon lit ? Mes pantoufles !

> Rappelle-toi : quels temps du passé connais-tu ?

- À quels temps sont conjugués les verbes dans cet extrait ?
- Repère les expressions de temps. Ont-elles un lien avec les temps des verbes ?

> Essaie d'expliquer la valeur de l'**imparfait** et du **passé composé**.

MÉMO PAGE 27

EXERCICES

Est-ce que je sais faire ?

1 Surligne d'une couleur les verbes à l'imparfait et d'une autre couleur ceux au passé composé.

J'ai regardé ma petite sœur dans son berceau. Elle dormait. Qu'est-ce qu'elle était moche ! Je l'ai retournée sur le ventre. Mais je voyais encore ses cheveux blonds et brillants. J'ai remonté le drap, ça ne suffisait pas. Je lui ai jeté deux coussins à la figure. Et j'ai fermé les yeux. Ça ne servait à rien : je la voyais dans ma tête maintenant. [...] Et puis maman est entrée. Elle a dit : « Qu'est-ce que tu as fait à ta poupée ? »

B. Friot, *Nouvelles histoires pressées*, Éclats de rire, Éd. Milan Poche Junior.

Je m'entraîne

2* Lis le texte. Récris-le en choisissant entre l'imparfait et le passé composé.

Chaque matin, Louis-Jean, le mille-pattes, (a choisi/choisissait) mille chaussons d'un rose différent. Il les (a enfilés/enfilait) avec soin. Les chaussons ne (duraient/ont duré) qu'un seul jour. Que de dépenses !
Un matin, Louis-Jean (a pris/prenait) la direction des Jeunes Pois en fleurs. Stupeur ! Il (rencontrait/a rencontré) Max Étienne qui (a porté/portait) les mêmes chaussons que lui !

Sur une idée de G. Kolebka, *L'Épicier rose et autres contes de la même couleur*, Le Livre de Poche, Éd. Hachette.

3* Écris ces textes au passé en utilisant le passé composé et l'imparfait.

1. Blanche-Neige dort sur la mousse. Tout le petit peuple de la forêt l'entoure et l'admire. Tout à coup, sept nains arrivent près de la jeune fille et éloignent les animaux.

2. Gabriel désire une maison et cherche une bonne affaire car il a peu d'argent. Un jour, un notaire lui propose un logis. Gabriel le visite et l'achète.

3. Cendrillon travaille dur. Elle souffre beaucoup. Un soir, elle rencontre une bonne fée qui lui procure une vie meilleure.

Écris deux ou trois phrases au passé pour raconter ce que faisait un enfant dans sa chambre et ce qui lui est soudain arrivé.

EXERCICES SUPPLÉMENTAIRES P. 95

8 GRAMMAIRE

Les compléments circonstanciels

1. Il y a très longtemps, très loin d'ici, dans une des grandes savanes d'Afrique, une bande de lions passait la nuit sous un baobab.
2. Les étoiles brillaient.
3. Et tout à coup, un des lions se leva dans le noir.
4. Il secoua sa crinière poussiéreuse avec énergie.
5. Très loin de là, dans un village, un jeune garçon rêvait d'un lion magnifique et puissant.
6. Le garçon prit une soudaine résolution…

> Rappelle-toi : que sais-tu du complément d'objet ?

- Dans les phrases 1, 4, 5, 6, repère les compléments d'objet du verbe.
- Dans les phrases 1, 3, 4, 5, quels groupes peuvent être déplacés ?
Relis ces phrases en déplaçant ces **compléments circonstanciels** (tu peux faire plusieurs propositions). Que remarques-tu ? Et si tu supprimes ces groupes ?
- Que peux-tu dire de la phrase 2 ? Peux-tu lui ajouter un complément d'objet ? un complément circonstanciel déplaçable ? Fais des essais.
- Quels sont les compléments qui précisent le lieu, le temps, la manière ?

> Explique ce que tu as compris des compléments circonstanciels.

MÉMO PAGE 4 2

EXERCICES

Est-ce que je sais faire ?

1 Reproduis le tableau et renseigne-le.

Un après-midi d'été ensoleillé, Petit Louis, à genoux sur une chaise, dans la salle à manger, contemplait par la fenêtre ouverte le merveilleux monde du dehors. [...] Par la fenêtre, pas très loin, il pouvait voir le grand bois sombre et secret. [...] Soudain, une drôle de chose arriva. Petit Louis entendit une voix qui chuchotait à son oreille. Il savait bien de qui il s'agissait. C'était le Diable. Cela arrivait toujours quand Petit Louis s'ennuyait.

R. Dahl, *Les Minuscules*, traduction de M. Saint-Dizier, Éd. Gallimard.

sujet	complément d'objet	complément circonstanciel
…	…	…

Je m'entraîne

2 Relève les phrases comportant un complément circonstanciel déplaçable.

Le chevalier prépare son cheval et ses armes. Chaque année, il part vers Noël. Ses valets chargent deux chariots. Dans la cour, les femmes cuisent un sanglier. Les préparatifs s'achèvent à huit heures. Le seigneur fait ses recommandations. Chacun écoute avec attention. Les enfants se rassemblent. Lentement, le convoi quitte la cour. Après son départ, son silence envahit le château.

EXERCICES

3 Souligne les compléments circonstanciels déplaçables.

1. Dès que je me lève, je fais ma toilette.
2. Dans la chambre, je prépare mon cartable.
3. Je déjeune avec appétit.
4. Je me brosse les dents avec soin.
5. Maman m'emmène à huit heures.

4* Même consigne que l'exercice 3.

Pendant l'hiver, à la montagne, les vaches ne quittent pas l'étable bien chaude. Début mai, elles paissent l'herbe tendre avec gourmandise. Elles avalent l'herbe sans la mâcher, pendant plusieurs heures. Ensuite, elles font remonter l'herbe de leur panse vers la bouche. Avec patience, elles ruminent deux fois par jour.

5* Entoure le verbe. Ajoute un complément circonstanciel déplaçable.

1. L'escargot sort ...
2. La souris ronge un livre ...
3. Le chat guette la souris ...
4. Le cheval galope ...
5. L'oiseau picore les miettes ...

6* Relève les compléments circonstanciels dans le tableau.

Par une nuit sans lune, au mois de décembre, un peu avant Noël, un chasseur à cheval se perdit dans la forêt. Sur les arbres, l'obscurité se faisait plus sombre. Arrivé près d'une vieille chaumière, l'homme hésita un long moment. Pour se donner du courage, il but une grande gorgée de café à sa gourde. Puis il prit le chemin en direction des sapins noirs. Deux heures plus tard, il se retrouva près de la chaumière. Fatigué, il grimpa dans un chêne pour attendre le jour. Vers minuit, l'homme entendit des bruits sous son abri. Le cheval, à grand bruit, hennissait et frappait des sabots. Notre homme se pencha pour voir qui était là. Il reconnut, avec terreur, le monstre qui effrayait chaque nuit la campagne.

complément circonstanciel de temps	complément circonstanciel de lieu
...	...

7* Relève les compléments circonstanciels déplaçables. Fais des essais oralement.

Les parents de Nathalie travaillent dans un cirque. Leur fille a du mal à y trouver sa place. Jusqu'au jour où...

Dans la coulisse, maman-Sue et papa-Jo retiennent leur souffle. Sur les gradins, les spectateurs sont subjugués. Nathalie se souvient. Pendant un voyage à Paris, elle a adoré les tapis roulants. Elle tournait comme une fée avec l'aide de ces tapis magiques. De retour à la caravane, Nathalie décide de danser sur le dos de la jument Princesse. Elle a vaincu sa peur. C'était si facile sur le tapis roulant. C'est si facile aujourd'hui dans le rond de lumière. Dehors, les étoiles scintillent sur la neige gelée. Sur la piste, Princesse galope. Nathalie sera écuyère.

D'après H. Montardre, *L'Écuyère, La Fleur de clown et autres contes*, Éd. Hatier-Rageot.

8** Déplace les compléments circonstanciels. Récris chaque phrase d'une autre manière. Pense à la ponctuation.

1. Pendant l'été, des milliers d'étoiles brillent dans le ciel sombre de la nuit.
2. Avec passion, l'astronome étudie la géographie du ciel par temps clair.
3. Grâce à des appareils ingénieux, les savants ont essayé de comprendre le système solaire pendant des siècles.

9** Complète les phrases suivantes avec des compléments circonstanciels exprimant le lieu et le temps.

1. L'ogre ronflait très fort.
2. Sa femme préparait une énorme soupe.
3. Le Petit Poucet et ses frères s'enfuirent.

Écris un petit texte en employant ces groupes de mots : *l'année dernière, dans la cour, en courant trop vite, cette année.*
Veille au choix des temps. Récris ton texte en déplaçant les compléments circonstanciels.

EXERCICES SUPPLÉMENTAIRES P. 96

Le présent des verbes du 1er groupe

« Les vieilles pantoufles réservent bien des surprises, déclare Emma. Tu ranges tes chaussons sous le lit et tu te couches. Bientôt, elles parlent.
– Quand nous rêvons, nos pantoufles s'amusent ! dit Mathis.
– Vous racontez n'importe quoi. Moi je n'écoute pas ces sottises. Il y a longtemps que les fantômes n'existent plus, raille Tim. »

> Rappelle-toi : qu'entraîne le changement de personne pour un verbe conjugué ?

- À quel temps sont conjugués les verbes soulignés ?
- Écris leur infinitif. À quel groupe appartiennent-ils ?
- Choisis trois verbes. Conjugue-les à toutes les personnes du présent dans l'ordre que tu connais.

– Entoure la partie commune à chaque verbe.
– Surligne d'une même couleur le pronom de conjugaison et la terminaison.

> Explique comment on forme le présent des verbes du 1er groupe.

MÉMO PAGE 12

EXERCICES

Est-ce que je sais faire ?

1 Complète ces tableaux. Un exemple t'est donné. Vérifie page 12 du mémo.

infinitif	pronoms possibles	forme conjuguée	terminaison
insister	j', il, elle, on	insiste	e
...	...	montent	...
...	...	grimpes	...
...	...	refermons	...

infinitif	pronoms possibles	forme conjuguée	terminaison
affirmer	...	...	es
...	...	abandonnez	...
...	...	entoures	...
rapporter	...	...	ent

Je m'entraîne

2 Ajoute la terminaison des verbes conjugués au présent.

ils travaill... tu arriv... je cherch...
nous remu... elles mang... vous aim...
elle pleur... tu tomb... nous cach...

3* Complète avec le pronom qui convient. Entoure la terminaison des verbes.

1. ... mènent une vie de chien.
2. ... marchons à la queue leu leu.
3. ... donnes ta langue au chat.
4. ... sautent du coq à l'âne.
5. ... tournez comme un lion en cage.
6. ... te comportes comme une poule mouillée.

4 Relève les sujets et les verbes conjugués de l'exercice 3. Écris à quelle personne ils sont employés.**

Écris ce que fait le Petit Chaperon Rouge dans la forêt. Utilise ces verbes au présent : *jouer, flâner, ramasser, sautiller.*

EXERCICES SUPPLÉMENTAIRES P. 96

Des verbes du 1er groupe au présent

1. Le garçon appelle son cauchemar : « la chose ».
Cette chose projette sûrement de le manger.
2. Une nuit, il ramène son bras vers la lampe et se lève.
3. La chose déplie ses antennes. Le garçon ne remue pas.
4. Nous ne perçons pas ce mystère. Pourtant nous rangeons aussi nos pantoufles sous notre lit.

• Écris l'infinitif des verbes soulignés.
Compare ces infinitifs aux formes conjuguées. Fais des remarques.
• Conjugue ces verbes au présent à toutes les personnes.
• Essaie d'expliquer la présence :
– de la lettre ***e*** dans *nous rangeons*, de la cédille dans *nous perçons* ;
– du ***e*** muet à la fin des verbes *déplie* et *remue* ;
– de l'accent grave sur le ***e*** de *ramène* et *lève*.
• Que dois-tu faire si tu hésites ?

MÉMO PAGE 15

EXERCICES

Est-ce que je sais faire ?

1 Complète ces tableaux.

infinitif	pronoms possibles	forme conjuguée
mener	...	mènes
jeter	nous	...
promener	je, il, elle	...
appeler	...	appelez
jouer	...	jouent

infinitif	pronoms possibles	forme conjuguée
répéter	vous	...
ranger	...	rangeons
percer	nous	...
distribuer	je, il, elle	...
manger	tu	...

Je m'entraîne

2 Écris les verbes au présent aux premières personnes du singulier et du pluriel. Aide-toi de ton mémo.

rappeler un ami – décongeler une pizza – se plonger dans l'eau – projeter un film – ramener un livre – annoncer le score – relever la tête

3 Écris les verbes entre parenthèses au présent. Aide-toi de ton mémo.

En l'an 800 environ, l'empereur Charlemagne (étudier) le latin mais il (avouer) qu'il a du mal avec le grec. Il (apprécier) la présence de savants à ses côtés. Il fait introduire la lettre « caroline » qui (simplifier) la lecture et l'écriture. L'empereur (louer) les services d'un maître, Alcuin, car il (envier) ceux qui savent lire et écrire. Il (effectuer) de gros efforts pour tracer des lettres mais ses résultats sont médiocres. Charlemagne (distribuer) des prix aux bons « escholiers ».

D'après Eginhard, *Vie de Charlemagne*.

Écris un texte au présent pour dire ce que tu sais sur Charlemagne.

EXERCICES SUPPLÉMENTAIRES P. 97

Les contraires

réveiller v. 1er groupe. *Un bruit m'**a réveillé** au milieu de la nuit,* il m'a tiré du sommeil (≠ endormir).

■ **retard** n.m. [SENS 1 et 3] *J'ai dix minutes de **retard**,* j'arrive dix minutes plus tard que l'heure prévue (≠ avance).

fort, forte adj. SENS 1. *Pour porter ce meuble, il faut des hommes **forts**,* qui ont de la force (= robuste ; ≠ faible). ●● ***force***. SENS 2. *Martin est **fort** en anglais,* il réussit bien (= fam. calé). SENS 3. *L'as est la carte la plus **forte**,* il vaut plus que les autres cartes. SENS 4. *Cette liqueur est **forte**,* elle est alcoolisée (≠ doux). *J'aime le thé **fort**,* concentré (≠ léger). SENS 5. *M. Rossi parle d'une voix **forte*** (= sonore, puissant ; ≠ faible).

Larousse Maxi Débutants, Larousse 2008.

• Dans chaque article de dictionnaire, comment peux-tu repérer les mots de sens contraire ?
• Complète le tableau et fais des remarques à propos de la classe des contraires.
• Observe ces groupes de mots :
un homme fort ≠ un homme faible
un thé fort ≠ un thé léger
Explique ce que tu comprends.

	mots définis	mots de sens contraire
nom	...	...
verbe	...	...
adjectif	...	...

MÉMO PAGE 19 5

Est-ce que je sais faire ?

1 Écris le vrai conte en remplaçant les mots soulignés par des mots de sens contraire.

Un riche bûcheron avait abandonné ses enfants, Hansel et Gretel, dans la forêt. Très joyeux, les deux enfants arrivèrent à la maison d'une jeune femme. C'était une gentille sorcière qui faisait maigrir les enfants lorsqu'elle les trouvait trop gras. Elle leur ferma la porte et leur dit de sortir pour se refroidir. Elle prépara lentement un mauvais repas...

J. et W. Grimm, *Hansel et Gretel.*

Je m'entraîne

2 Remplace les mots soulignés par des mots de sens contraire.

1. J'ai les mains sèches.
2. La chose est morte.
3. Le garçon a le cœur qui bat doucement.
4. La bête ferme la gueule.
5. Je ressens un grand frisson et une caresse rapide.

léger – moites – ouvre – vivante – lente – vite

3 ** Cherche ces mots dans un dictionnaire. Écris les mots de sens contraire que tu trouves pour chacun d'eux.

1. l'arrivée – la fin – la montée
2. foncé – sale – gros
3. avancer – nettoyer – finir

Écris trois phrases dans lesquelles tu emploieras l'adjectif *grand* avec trois sens différents. Récris ces phrases en remplaçant *grand* par un adjectif de sens contraire.

EXERCICES SUPPLÉMENTAIRES P. 97

Danger au jardin

Max, un jeune chat roux, et Gardénia, la souris grise, ont grandi ensemble dans une maisonnette et un petit jardin. Ils sont très amis.

Ils mènent une vie paisible entre maisonnette et jardinet. Mais le paradis de Max et Gardénia reste une prison dorée. Car un grand mur de pierre entoure le potager. Et ce mur est hanté, jour et nuit, par une sombre créature hors du commun.

« Ne grimpe jamais sur le mur ou le C.N.D.M. te mangera !!! » répète inlassablement la maman de Max. « Ne grimpe jamais… » Max en a assez. Il aimerait bien monter sur le mur et voir ce qu'il y a derrière.

Un jour, la souris lui révèle la vérité sur la bête dont on n'aperçoit que l'ombre rapide et dont personne n'ose parler.

« Le C.N.D.M., Max, c'est le Chat Noir Du Mur ! Il dévore quiconque grimpe sur le mur. Certains de mes enfants, trop curieux, en ont fait la tragique expérience.

Max boit les paroles de Gardénia :

– Un chat, tu es sûre que c'est un chat ?

– Oui, un chat noir colossal, féroce et sans queue. Un chien la lui aurait mangée un jour qu'il sautait de l'autre côté. Depuis, le Chat Noir Du Mur n'en descend plus jamais, il vit là-haut et se nourrit de ceux qui tentent de le franchir. Le C.N.D.M. est devenu le gardien du mur. Quant à ces étranges initiales, le vieux crapaud affirme qu'il s'agit d'une tradition qui viendrait de l'autre côté. »

La curiosité de Max est à son comble.

Or, depuis quelque temps, les habitants du potager et de la maison peuvent entendre des cris stridents et des rires énormes qui montent de derrière le mur. La pie rapporte qu'elle a vu des ombres inquiétantes rôder alentour.

Je comprends

1. Trouve le titre de l'album d'où est extrait ce texte. Quel est le nom de l'auteur ?
2. Comment comprends-tu le titre de l'extrait ?
3. Quels personnages sont présents dans cet extrait ? Qu'apprends-tu sur chacun d'eux ?
4. Sait-on où et quand se passe cette histoire ?
5. Qu'est-ce qui sépare le potager du reste du monde ?
6. Quel effet produisent les initiales C.N.D.M. ?
7. Qu'y a-t-il d'intrigant depuis quelque temps ?
8. Quel animal en sait le plus et pourquoi ? Lequel croit en savoir le plus ?
9. Quels événements surviennent et donnent raison au crapaud ?
10. Relève des mots et des groupes de mots qui donnent une impression de mystère, d'atmosphère étrange, de peur. Continue ta liste (voir pages 70 et 78).
11. Comment sont désignés les esprits des ancêtres (lignes 41, 44 et 49) ?

Le vieux crapaud caché sous le tonneau de chêne clame qu'il s'agit des esprits des ancêtres.
La rumeur va bon train.
« Crooa moi, Max, croooa moi ! insiste le batracien.
Gardénia intervient aussitôt :
– Ne racontez pas des sottises pareilles ! Vous allez effrayer tout le jardin avec vos explications surnaturelles ! […]
– Pensez ce que vous voulez ! bougonne le crapaud. Ça paraît incroooyable, mais je sens qu'ils viennent d'un autre monde. Nous pouvons faire une crooоix sur notre tranquillité. Croooayez-moi, croooayez-moi ! »

Le soir même, à l'heure où se referme le trèfle, a lieu un terrible combat entre le Chat Noir Du Mur et les esprits des ancêtres. […]
Deux monstres velus et grimaçants tentent d'attraper le gros chat sans queue en hurlant et en gesticulant. Mais le C.N.D.M. est fort et rapide. Il est entraîné à se battre sur le mur. C'est SON mur ! Les mystérieux agresseurs abandonnent la lutte et repartent comme ils sont venus, en riant. Le C.N.D.M. reste un instant tremblant, essoufflé, dans un angle du mur, devant les deux amis pétrifiés.
La mère de Max, qui sommeillait sur un fauteuil du salon, accourt dans le potager, alertée par les cris et les rires. Soudain, surgissant dans le potager, les deux horribles monstres fondent sur elle et la kidnappent. Sous les regards horrifiés de Max et Gardénia, elle est happée derrière le mur.

Les monstres sont en fait deux chimpanzés farceurs qui vivent chez un monsieur qui a voyagé en Afrique.

F. Bernard, F. Roca, *Le Jardin de Max et Gardénia,* Éd. Albin Michel Jeunesse - Hatier.

SI TU VEUX LIRE d'autres histoires animalières à suspense :

- F. Bernard, **La Reine des fourmis a disparu,** Éd. Magnard.
- B. Stone, **Touchez pas au Roquefort,** Éd. Gallimard.

Je discute

1. Pourquoi l'auteur compare-t-il le jardinet à une prison dorée ?
2. Max a une envie très forte : laquelle ? Pourquoi ne peut-il pas la réaliser ?
3. Est-ce normal pour un jeune chat d'être curieux et de rêver d'aventure ? Argumente.
4. Quel est le point de vue du crapaud sur les bruits qu'on entend de l'autre côté du mur ? La souris partage-t-elle son point de vue ?
5. Aimerais-tu savoir ce qu'il y a derrière ce mur ?

Je raconte

Relis plusieurs fois l'explication que Gardénia donne à Max à propos du C.N.D.M. (lignes 10 à 20). Ferme ton livre et raconte.

Écris comment le C. N. D. M. a perdu sa queue et ce que cela a entraîné pour lui.

Bilan : des mots et des expressions de temps et de lieu

• Dans le texte pages 86 et 87, relève les mots et les groupes de mots qui indiquent le temps et les lieux de l'histoire.
Classe-les en deux colonnes : quand ? où ?
• À partir de quand les personnages s'inquiètent-ils ?
– À quel moment survient le premier événement ?
– Quel mot marque la brutalité du second événement ?
• Quels sont les trois lieux du récit ?

MÉMO PAGE 23

EXERCICES

Est-ce que je sais faire ?

1 Surligne d'une couleur les groupes de mots qui indiquent le temps et d'une autre couleur ceux qui indiquent les lieux.

Rebelle, un jeune loup, a été rejeté par sa meute. Il est seul…

Au lever du soleil, Rebelle a atteint le pays des Grands Lacs. Il a faim et la mort le guette. Il n'a pas chassé : depuis si longtemps. Avec sa meute. Au point du jour, quand le vent s'est calmé. Rebelle s'arrête. Il a senti le fumet d'un animal. Un vieux cerf : il le chassera. Seul. Durant des heures, le loup affamé poursuit sa proie. À travers les bois. Soudain : il serre la gorge du cerf épuisé. D'un coup de crocs. Et le dévore. […] Rebelle s'enfonce dans la Forêt Bleue…

D'après J. Delaunay, *Rebelle le loup*, D.R.

Je m'entraîne

2 Retrouve le texte en écrivant le contraire des mots et expressions de lieu soulignés.

1. Max aimerait savoir ce qui se passe <u>devant</u> le mur en montant <u>dessous</u>.
2. Le C.N.D.M. vit <u>en bas</u> et dévore ceux qui passent <u>sous</u> le mur.
3. Des cris et des rires retentissent <u>loin</u> du mur.

3* Relève en deux colonnes les mots et expressions de temps et de lieu qui marquent ces débuts de contes.

1. Il y avait une fois, dans un pays lointain, un riche marchand…
2. Il était une fois une fée, une gentille petite fée qui vivait dans une source, non loin d'un village…
3. Un maître sorcier allait mendier de maison en maison. Un jour, il arriva chez quelqu'un qui avait plusieurs filles…
4. Il y a bien longtemps, dans un coin reculé de la Chine, vivaient une mère et ses trois filles. Un jour, elle leur dit qu'elle partait chez leur grand-mère et ne rentrerait que le lendemain…

Écris un début de conte en utilisant :
– deux expressions qui indiquent le temps ;
– deux expressions qui indiquent le lieu.

GRAMMAIRE

Les adverbes

1. Max aimerait bien savoir ce qui se passe.
2. Le C.N.D.M. regrette beaucoup sa queue perdue.
3. Il vit là-haut, solitaire, et il dévore souvent les curieux.
4. Il ne descend jamais, il surveille attentivement son mur.
5. La mère de Max répète inlassablement au chaton d'être prudent.

• Relis chaque phrase en supprimant les mots soulignés. Essaie d'expliquer le rôle de ces mots.
• Pourquoi appelle-t-on ces mots des **adverbes** ? Observe et note leurs compositions.
• Quels sont les adverbes qui répondent aux questions : où ? quand ? comment ? Qu'en déduis-tu ?
• Écris les phrases 2, 3 et 4 au pluriel. Que peux-tu dire des adverbes ?

MÉMO PAGE 5 3

ERCICES

Est-ce que je sais faire ?

1 Souligne les verbes. Entoure les adverbes qui changent ou précisent leur sens.

Le sanglier fréquente plutôt les bois et les forêts. Mais pour se nourrir, la nuit, il vient régulièrement dans les champs cultivés. Il fouille toujours la terre avec son groin. Il déterre vite les pommes de terre qu'il adore par-dessus tout. Le cultivateur constate aussitôt les dégâts. Une bande de sangliers dévaste entièrement l'endroit où elle passe. Elle fourrage partout. Après leur passage, les champs ne sont plus que des terrains méconnaissables. En hiver, on organise régulièrement des chasses et on réduit un peu le nombre de sangliers. Pourtant les dégâts qu'ils provoquent augmentent sans cesse.

2 Écris l'adverbe que tu peux former à partir de chaque adjectif.

sage – calme – poli – tranquille – large – agréable – peureux – gentil

Je m'entraîne

3 Relève les adverbes.

1. Papi est arrivé hier.
2. Le TGV roule vite.
3. Il ne s'arrête pas entre Lyon et Paris.
4. Papi habite loin de chez nous.
5. Il ne vient jamais en voiture.

4 Même consigne que pour l'exercice 3.

1. Le marionnettiste vient aujourd'hui.
2. La représentation est donnée ici, à l'école.
3. Les grands ne participent pas au spectacle.
4. Le spectacle dure environ une heure.
5. Le comédien range vite son matériel et part ailleurs.

5 Souligne les adverbes. Trace une croix sous les verbes qu'ils modifient ou précisent.

1. La Fontaine écrivait souvent des fables.
2. Il observait régulièrement les animaux.
3. Il prenait toujours des notes.
4. Ces notes lui servaient beaucoup.
5. On apprécie encore l'œuvre de La Fontaine.

6* À l'aide d'un adverbe de négation, modifie le sens des verbes soulignés. Tu as parfois plusieurs possibilités.

1. L'ogre mange souvent.
2. L'ogre mange encore.
3. L'ogre mange tout.
4. L'ogre mange.
5. L'ogre mange tout le monde.

7* Récris les phrases en employant les adverbes *beaucoup*, *souvent*, *vite*. Tu as plusieurs choix.

1. Chloé travaille.
2. Alix gagne aux cartes.
3. Inès répète son rôle.
4. Lola rit.
5. Djamel compte.

8* Écris l'adverbe que tu peux former à partir de chaque adjectif.

facile – sauvage – aimable – solide – correct – amical – joyeux – heureux

9 Lis les phrases. Complète-les avec les adverbes proposés.**

1. Dans la savane, la hyène attend ... que les lions aient fini leur repas.
2. La gazelle ... flaire ... le danger et elle se fait ... surprendre par un fauve.
3. Le chimpanzé grimpe ... de l'arbre car un boa glisse ... dans l'herbe.
4. Le zèbre s'arrête de brouter : la lionne se trouve ..., derrière des arbustes. Elle bondit ... sur sa proie.

ne ... pas – tout en haut – patiemment – soudain – doucement – tout à côté – brusquement

10 a. Lis le texte. Relève les adverbes.**

Il y a 100 ans, les écoliers avaient peu de matériel. Ils gardaient longtemps le même plumier. Dans ce plumier, ils rangeaient soigneusement un porte-plume, un crayon à papier et quelques crayons de couleur. Les grands possédaient aussi un compas et une équerre en bois. Le maître remplissait toujours les encriers encastrés dans les tables. Les petits ne taillaient pas leurs crayons eux-mêmes. Toi, tu utilises souvent une trousse et tu en changes régulièrement. Tu dois veiller à bien tailler tes crayons.

b. À côté de chaque adverbe, écris le verbe qu'il modifie ou qu'il précise.

Exemple : *peu → avaient*

11 Remplace l'adverbe souligné par un des adverbes proposés afin de modifier le sens du verbe.**

1. En hiver, il y a rarement de la neige.
2. Les flocons tombent rapidement.
3. Le vent entasse parfois la neige en congères.
4. Sur les routes, les camions roulent facilement.
5. Les chasse-neige ne dégagent jamais les routes.

difficilement – lentement – fréquemment – souvent – toujours

Récris le texte avec les adverbes proposés afin de préciser les verbes en gras.

Une pie **jacasse** sur le toit de la maison d'en face. Elle **craint** quelque chose ? Le corbeau qui **croasse** à la cime du tilleul ? Ces deux oiseaux s'**entendent** bien. La pie **agite** les ailes et la queue. Et le corbeau **abandonne** son perchoir. Il **part** pour avoir la paix.

ailleurs – bruyamment – prudemment – peut-être – ne ... pas – très fort – tout à coup

Le présent des verbes du 2e groupe

1. Max grandit dans un jardinet sans histoire.
2. Le C.N.D.M. se nourrit de ceux qui passent sur le mur.
3. « Si tu réussis à grimper sur le mur, le C.N.D.M. te mangera ! »
4. Un soir, deux monstres velus surgissent dans le jardinet.

• Trouve l'infinitif des verbes soulignés. À quel groupe appartiennent-ils ? À quel temps sont-ils conjugués ?
• Conjugue oralement le verbe *réussir* au présent. Que remarques-tu aux trois personnes du pluriel ?
• Écris les formes obtenues. Entoure la **base (ou radical)** et souligne les terminaisons. Fais des remarques.

> Explique comment on conjugue les verbes du 2e groupe au présent.

MÉMO PAGE 12

EXERCICES

Est-ce que je sais faire ?

1 a. Trouve l'infinitif des verbes soulignés. Classe-les en trois colonnes selon leur groupe.

Je choisis un serin mâle pour son chant... L'oiseau se tait et il fait tout de travers. Dès que je remplis son gobelet de graines, il les pille et les jette aux quatre vents. Il s'imagine que l'échaudé (un petit gâteau léger) est une pâte toute prête et s'y blottit comme dans un nid. Aussitôt que l'hiver vient, on allume le poêle. Il croit que c'est le printemps et perd ses plumes. Il étourdit tout le monde à s'agiter, danser, sauter...

D'après J. Renard, *Le Serin, Histoires naturelles.*

b. Conjugue les verbes du 2e groupe au présent, aux trois personnes du pluriel. Aide-toi du mémo page 12.

Je m'entraîne

2 Ajoute les terminaisons qui conviennent.

tu ag... les lions rug... il roug...
je bond... la rose fleur... elle réag...

3* Écris les verbes du 2e groupe au présent.

Dans les années 1600, l'Italien Galileo Galilei – Galilée en français – (éblouir) le monde entier en découvrant que la Terre tourne autour du soleil. Ce savant (réfléchir) aux moyens d'observer le ciel. Il (réunir) tous ses croquis et ses commentaires et il (réussir) à démontrer le mouvement des astres.

4* Ne relève que les verbes du 2e groupe.

1. nous disons – nous remplissons – nous construisons – nous faisons – nous finissons – nous élargissons
2. je souris – il punit – tu écris – il applaudit – j'obéis – tu étudies – je pâlis

Écris une phrase avec chaque groupe de formes conjuguées.

1. désobéissent – punit
2. remplit – se nourrit

EXERCICES SUPPLÉMENTAIRES P. 96

9

ORTHOGRAPHE

Les valeurs de la lettre g

• Par équipes, relevez tous les mots contenant la lettre *g* dans les textes pages 46-47 et 86-87.
• Observe les lettres qui viennent après la lettre *g*.
• Classe les mots dans le tableau.

Je vois *g*		
J'entends [g]	J'entends [ʒ]	J'entends [ɲ]
...	...	...

• Observe ces séries de mots et fais des remarques.

– potager, sage, gesticulant **mais** guêpe, marguerite, gueule
– il s'agit, surgissant **mais** guitare, anguille
– elle bougonne, gomme, bagarre **mais** bourgeon, nous rangeons, il bougea
– figue, fatigue, longue **mais** figure, légume

MÉMO PAGE 17

EXERCICES

Est-ce que je sais faire ?

1 Classe les mots dans lesquels tu vois *g* en trois colonnes selon que tu entends [g], [ʒ] ou [ɲ].

un dragon – Pégase le cheval ailé – un griffon – la fée Morgane – un loup-garou – la Galipotte – le Seigneur des Anneaux – le cygne noir – la Bête du Gévaudan – le magicien d'Oz – une gorgone – Panurge le marchand – la nageoire de la Sirène – l'araignée dévoreuse – l'Homme des neiges – une gargouille – le Prince Grenouille – Icare et son plumage – la vengeance de la déesse – une légende d'Égypte – une famille de géants : Gargantua, fils de Grangousier et de Gargamelle, père de Pantagruel

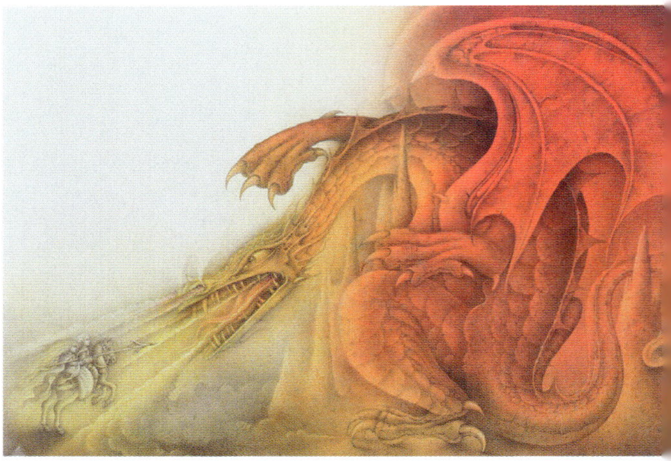

Wayne Anderson, *Le Dragon rouge*, encre et crayon de couleur.

Je m'entraîne

2 * Complète les mots.

un pei...e – la rou...ole – une ba...ette – un ...i...ol – dé...a...er – le ...a...ant – ...êner – la ...eule – un wa...on – nous son...ons

3 * Complète les mots. Appuie-toi sur le sens et sur le code.

1. Le ...ai est un oiseau très ...ai.
2. Cette ...irafe joue de la ...itare.
3. La vache man...e des mar...erites.
4. Ce vieux bou...on a fait un beau plon... .
5. La ...êpe a fait un ré...ime : elle a mai...ri.

4 * Relève les mots dans lesquels on n'entends pas [gy] comme dans *figure* même si l'on voit *gu*.

Gustave – une inauguration – une virgule – la digue – la langue – Auguste – aigu – une guenon – la vague – régulier – une guenille – Gutenberg

Écris trois phrases dans lesquelles tu emploieras des mots contenant la lettre *g* qui se prononce [g], [ʒ] ou [ɲ].

EXERCICES SUPPLÉMENTAIRES P. 97

VOCABULAIRE

Organiser des idées autour d'un mot thème

• **De mémoire, retrouve des mots qui te font penser au mot *peur*. Écris-les.**
• **Essaie d'organiser les mots évoquant la peur, le mystère que tu as listés pour les lectures des unités 7, 8 et 9. Observe l'exemple qui t'est donné. Complète ton schéma avec d'autres mots évoquant la peur.**
• **Explique pourquoi il est intéressant de connaître de nombreux mots autour d'un mot thème.**

peur

- inquiet (inquiétant), …
- inquiétude, angoisse, …
- frissonner, trembler, avoir les mains moites, …
- des bruits étranges, un autre monde, une sombre création, …

MÉMO PAGE 20

Est-ce que je sais faire ?

1 Relève tous les mots de ce texte qui te font penser à *manger*.

Oscar le lion a faim. Le jeune Max lui rapporte des steaks hachés aux oignons…

« Écoute, Max. Regarde-moi ! Ai-je l'air d'un herbivore ? Non, hein ? Regarde un peu mes dents ! »
Le lion ouvrit sa gueule. Max contempla avec terreur ses quatre grosses canines.
« Ont-elles l'air faites pour mâcher des oignons, Max ? Elles sont faites pour déchiqueter, broyer, taillader et arracher la viande, le cartilage, les nerfs et les os. Tu me suis, Max ? Il faut que tu essaies de comprendre, Max, que là-bas, chez moi, on ne s'amuse pas non plus, nous les lions, à saler et poivrer les gazelles, hein ? »

D'après B. Reuter, *Oscar, à la vie à la mort*, Le Livre de Poche Jeunesse, Éd. Hachette.

Je m'entraîne

2 Pour chaque série, barre l'intrus et entoure le mot thème.

1. bec – plume – aile – poil – voler – oiseau – patte – queue – nid
2. crinière – crocs – rugir – lion – baleine – carnivore – savane
3. barboter – canard – bec plat – mare – museau – cancaner – plumage coloré
4. nuage – ville – vent – pluie – neiger – temps – orage – soleil – inonder
5. feuille – branche – arbre – tronc – source – écorce – bois – couper

3* Classe les mots dans le tableau autour du mot thème *insecte*.

guêpe – aile – prairie – yeux à facettes – mouche – pelouse – scarabée – carapace – abeille – patte – arbre – coccinelle – trompe – buisson – légumes – mur – fourmi

espèces	lieux de vie	outils
…	…	…

Écris trois ou quatre phrases en employant des mots autour du mot thème *oiseau*. Aide-toi de l'exercice 2, série 1.

EXERCICES SUPPLÉMENTAIRES P. 97

Écrire un nouvel épisode de récit à suspense

Je prépare mon travail

• Relis le texte *Soupçon* page 70 de la ligne 14 à la ligne 20.
• Observe les verbes conjugués. Tu as déjà rencontré ces temps.
Les verbes sont-ils au présent ou au passé ? Explique leur emploi.

J'écris un autre « crime » du chat, raconté par le garçon

• Décris la scène que tu vois sur le dessin. À ton avis, à quoi s'attendait l'enfant ? En réalité, que découvre-t-il ?
• Où pourrais-tu insérer cet épisode du « nid de merles », sans changer le début ni la fin du texte *Soupçon* ?

Les règles que tu dois respecter

1. Trouver une phrase de départ pour dire ce que ressent le garçon.
2. Situer la scène dans un lieu.
3. Écrire l'épisode au passé.
4. Faire monter l'angoisse (expressions du visage, pensées, gestes, déplacements…).
5. Faire retomber l'angoisse en décrivant la scène réelle.

POUR T'AIDER

• **Des mots pour dire la peur, du moins fort au plus fort :** inquiet, angoissé, affolé, terrifié…

• **Des verbes de déplacement, du plus lent au plus rapide :** marcher tranquillement, se précipiter, courir, foncer…

• **Des idées de gestes :** lever les bras, gesticuler, se prendre la tête dans les mains, s'agiter en tous sens…

FONCTIONNEMENT DU TEXTE

1 Classe les pronoms en gras dans le tableau.

Papa et Sarah essaient d'éteindre un incendie...

[...] Sarah poussa un cri : sa jupe était en feu. Papa se retourna vivement, **la** jeta à terre et étouffa les flammes [...].
– **Tu** n'as pas de mal ? demanda-t-**il** en **la** relevant. [...]
Papa se mit à l'invectiver :
– **Je t'**avais pourtant dit de rester en arrière. **Tu** ne **m'**écoutes jamais ! **Je t'**avais dit qu'il y avait du vent ! [...]
Sarah se remit à battre le feu [...].
– **Tu** ne peux pas éteindre ce feu tout seul ! hurla-t-**elle**. Et arrête de crier après **moi** !

P. Mac Lachlam, *Sarah la pas belle se marie*, traduit par Anne Krief, Éd. Gallimard.

pronoms qui reprennent *papa*	pronoms qui reprennent *Sarah*
...	...

2* Complète les textes avec les pronoms : *il, ils, elle, elles, le, la, les.*

1. L'hippopotame vit à mi-temps dans l'eau et sur la terre ferme. ... est herbivore mais sa peau a besoin d'humidité. C'est pour cela qu' ... prend des bains prolongés. On peut ... voir nageant dans les fleuves et les lacs d'Afrique. ... garde la tête hors de l'eau pour respirer.

2. Le troupeau d'éléphants veille sur le petit qui vient de naître. Surtout les mères. ... ... protègent. ... font un cercle qui ... maintient hors d'atteinte des grands fauves.

3. La lionne allaite les lionceaux. ... ... surveille lorsqu' ... jouent. Au bout de quelques semaines, ... emmène à la chasse. ... apprennent leur vie d'adulte.

3* Classe les verbes dans le tableau.

Chaque matin, le trappeur partait relever ses pièges. Il enfilait ses vêtements fourrés et chaussait ses bottes en peau de castor. L'homme aimait cette étendue blanche et silencieuse. Il observait les traces. Il écoutait. Un jour, il a trouvé un loup gris étendu sur la neige. Le loup gémissait. Il était retenu par une patte dans un piège. L'homme a croisé le regard de l'animal. Il a ouvert les mâchoires de fer. Le loup s'est relevé, a fixé le trappeur et est parti en courant sous le couvert des arbres. Le froid pinçait dur. L'homme a repris son chemin, le cœur léger.

imparfait pour planter le décor	passé composé pour évoquer un événement
...	...

GRAMMAIRE

1* Relève les verbes et les compléments d'objet indispensables au sens. Souligne ces compléments.

La sorcière possède des pouvoirs fabuleux. Elle aime les crapauds. Avec leur bave, elle fabrique de la potion magique. Elle ajoute des herbes odorantes. Elle cherche des toiles d'araignée. Elle mélange tous les produits dans un grand chaudron. Puis elle y verse de l'eau de pluie. Après la cuisson, la sorcière conserve sa mixture dans des bocaux. Elle s'entoure de chats noirs.

2* Classe les compléments d'objet dans le tableau.

La souris se régale de fromage. La chèvre broute le buisson. La poule picore une grosse graine. La chouette avale le mulot. Le chat lape la soupe. La vache pense à la bonne herbe verte. Le lion chasse le zèbre. La hyène se nourrit des restes des grands fauves. Elle broie les carcasses. Les vautours succèdent à la hyène.

COD	COI
...	...

3* **Entoure les verbes. Souligne en rouge les compléments circonstanciels et en vert les compléments d'objet.**

Vers le début du VIe siècle, de jeunes Grecs découvrirent un golfe maritime, au sud de la Gaule. Séduits par la beauté de l'endroit, ils cherchèrent le roi de la région. Ce jour-là, le roi mariait sa fille. Il invita les Grecs. Pendant le repas, la princesse éleva une coupe d'eau en direction de Protis. Le jeune homme accepta l'offrande avec plaisir. Il reçut une grande étendue de terrains. Sur cet emplacement, il fonda la ville de Marseille.

4* **Écris les phrases minimales (sujet + verbe + complément d'objet).**

1. Chaque jour, sans jamais être rassasié, à toute vitesse, l'éléphant de mer avale des kilos de poissons, assis sur le ventre, avec un air gourmand.

2. Par une froide nuit d'hiver, sous un clair de lune étonnant, derrière les arbres couverts de givre, les deux hommes pêchent des poissons dans l'étang gelé.

CONJUGAISON

1 **Complète le texte en conjuguant les verbes au présent.**

Pour sauver son père, la Belle se livre à la monstrueuse Bête...

La Belle (visiter) le palais de la Bête. Puis elle (souper) le plus tranquillement possible. La Bête lui (demander) :
« Vous (aimer) ce palais ? Est-ce que vous (rester) ici ce soir ?
– Si je (rester), je vous (demander) d'épargner la vie de mon père.
– Ma fille, tu me (prouver) une grande tendresse.
– Père, nous nous (quitter) maintenant... »

D'après Mme Leprince de Beaumont, *La Belle et la Bête*.

2 **Conjugue les verbes *grandir* et *frémir* au présent, aux troisièmes personnes.**

3 **Écris l'infinitif de chaque série de verbes au présent. Indique leur groupe.**

1. il vient – je viens – nous venons
2. tu sors – vous sortez – elles sortent
3. tu réunis – il réunit – elles réunissent
4. j'obéis – elle obéit – vous obéissez
5. je cours – vous courez – ils courent
6. il applaudit – nous applaudissons – j'applaudis

4* **Écris l'infinitif des verbes soulignés.**

En été, les jeunes grenouilles grandissent et quittent leur mare. Elles commencent leur vie d'adulte. Pour se déplacer, elles bondissent. Elles se nourissent de limaces, d'escargots, d'insectes... Elles ne peuvent pas toujours rester hors de l'eau.

5* **Relève les sujets et les verbes en les conjuguant au présent.**

Les pies (bâtir) leur nid presque à la cime d'un grand arbre. Une pie expérimentée conseille sa jeune voisine :
« Tu (choisir) une fourche d'arbre bien solide. Avec ton compagnon, vous (réunir) des branchettes que vous entrecroisez.
– Je trouve mon nid inconfortable. Est-ce que je le (garnir) ?
– Nous, nous (arrondir) l'intérieur de notre nid à l'aide de nos pattes et de notre jabot. Ainsi, il (s'élargir). Puis nous cherchons des plumes, des brins de laine et tout ce qui est doux pour nos œufs. »

6* **Récris les phrases au présent avec les sujets proposés.**

1. Yasmine choisit le conte *Alice au pays des merveilles* car elle aime cette petite fille.
Tu – Elle – Nous – Les enfants

2. Yann et Jade grandissent beaucoup et mangent davantage.
Je – Il – Vous – Elles

ORTHOGRAPHE

1 Relève seulement les mots dans lesquels les lettres *e + n* sont employées pour marquer le pluriel d'un verbe au présent.

savent – pente – sentier – lent – hurlent – tente – entendre – vendent – souvent – différent – auvent – arrivent – trident – aident – sortent – vraiment – attendent – entier

2 Relève des mots en *ement* dans le texte de lecture pages 70 et 71.

3 Conjugue le verbe au présent avec les sujets proposés. Dis-les d'abord dans ta tête.

1. **manger** → je ..., tu ..., Blanche-Neige ..., nous ..., ils ...
2. **ranger** → tu ..., Alys ..., nous ..., vous ...
3. **jeter** → je ..., il ..., nous ..., vous ..., elles ..., les enfants ...
4. **appeler** → tu ..., elle ..., nous ..., vous ..., les loups ...
5. **mener** → je ..., tu ..., nous ..., vous ..., ils ..., les joueurs ...
6. **répéter** → tu ..., le comédien ..., nous ..., vous ..., elles ..., les acteurs ...

4 Trouve des mots que l'on peut former à partir de la lettre g muette. Aide-toi d'un dictionnaire.

long – un bourg – un rang – le sang

VOCABULAIRE

1* Remplace le verbe *porter* par un des synonymes proposés.

s'appeler – avoir sur soi – soulever – frapper – garder

1. porter un panier lourd
2. porter un pantalon gris
3. porter des traces de doigt
4. porter la main sur quelqu'un
5. porter un nom

2* Remplace l'adjectif *grand* par un des synonymes proposés.

grave – étendue – célèbre – adulte – fort – de taille élevée

1. un grand vent
2. un grand poète
3. une grande forêt
4. un grand arbre
5. une grande blessure

3* Remplace le nom *carreau* par un des synonymes proposés.

coussin – pavés plats – motifs carrés – vitre

1. Lola a cassé un carreau de la fenêtre.
2. Inès a une robe à carreaux.
3. La dentelière travaille avec son carreau et ses fuseaux.
4. L'artisan pose des carreaux dans cuisine.

4* Dans chaque expression, remplace l'adjectif *épais* par un des adjectifs de sens contraire proposés.

clair – clairsemé – mince – léger – fin

1. un trait épais
2. un pelage épais
3. un potage épais
4. un brouillard épais
5. une silhouette épaisse

5 Trouve un mot de sens contraire pour les mots soulignés.**

1. Le garçon déplace très vite sa main.
2. Il vient d'allumer la lampe.
3. Il ouvre les yeux.
4. Les pantoufles sont vieilles et trop petites.
5. La chose se réveille.

6 Trouve le mot thème pour chaque série.**

1. vagues – sable – tempête – marée → ...
2. vache – cheval – élevage – troupeau → ...
3. éclair – vent – tonnerre – pluie → ...
4. semer – bêche – radis – râteau → ...
5. arbre – champignon – bûcheron – chevreuil → ...

La véritable histoire du Petit Chaperon rouge,
film d'animation de Cory Edwards, Todd Edwards et Tony Leech, 2006.

Des contes d'hier dans des histoires d'aujourd'hui

CE QUE TU VAS APPRENDRE DURANT CES SIX SEMAINES

LECTURE COMPRÉHENSION	Lire des histoires qui rappellent des contes anciens de manière très drôle.
FONCTIONNEMENT DU TEXTE	Comprendre comment sont construits les dialogues dans un récit : qui parle à qui et comment. Apprendre à utiliser les mots de liaison. Utiliser des temps passés dans un récit.
GRAMMAIRE	Étudier comment est composé un groupe nominal.
CONJUGAISON	Conjuguer les verbes du troisième groupe au présent ainsi que les verbes *être* et *avoir*.
ORTHOGRAPHE	Réviser les valeurs de la lettre *h*. Apprendre comment ne pas confondre les homophones : *et*/*est* ; *son*/*sont*.
VOCABULAIRE	Reconnaître des mots de même famille. Comprendre comment sont construits certains mots à partir d'un mot de base.
ATELIER D'ÉCRITURE	Écrire la suite d'un conte détourné.

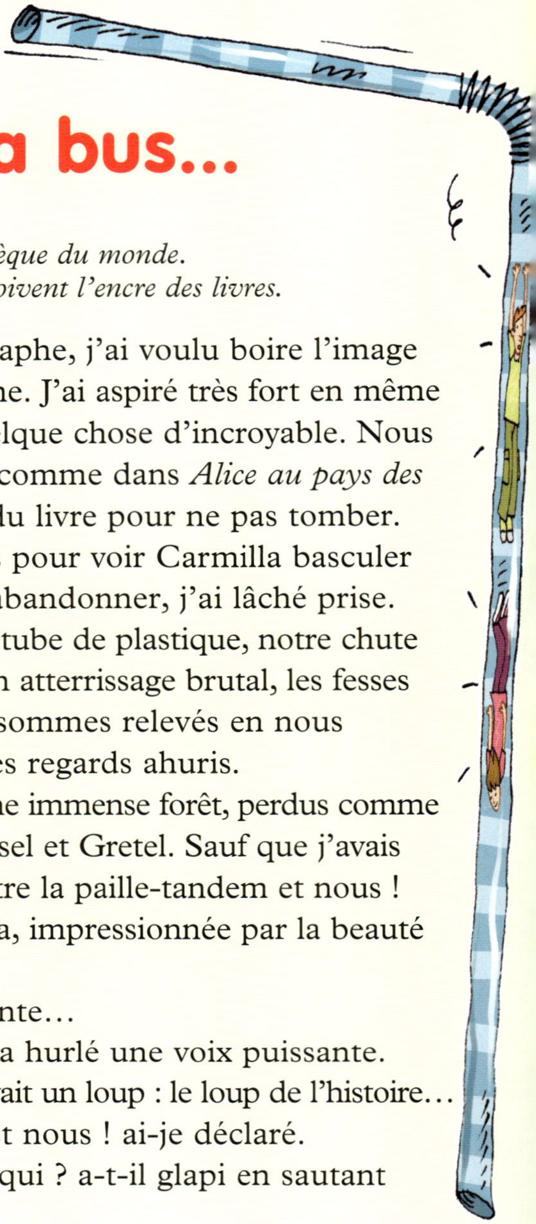

Le livre qui nous a bus...

L'histoire se passe dans les sous-sols de la Bibliothèque du monde. Grâce à leur paille-tandem, Odilon et Carmilla boivent l'encre des livres.

Tout de suite après le premier paragraphe, j'ai voulu boire l'image du loup qui se trouvait sur la page de gauche. J'ai aspiré très fort en même temps que Carmilla, mais il s'est passé quelque chose d'incroyable. Nous nous sommes brusquement mis à rétrécir comme dans *Alice au pays des merveilles*. Je me suis cramponné au bord du livre pour ne pas tomber.

Affolé, j'ai levé les yeux juste à temps pour voir Carmilla basculer à l'intérieur de la paille. Ne voulant pas l'abandonner, j'ai lâché prise. Une force irrésistible m'a emporté. Dans le tube de plastique, notre chute a duré, duré, duré… et s'est terminée par un atterrissage brutal, les fesses en l'air et le nez dans la terre. Nous nous sommes relevés en nous époussetant et en jetant autour de nous des regards ahuris.

Nous étions perdus au beau milieu d'une immense forêt, perdus comme le Petit Poucet et ses frères, ou comme Hansel et Gretel. Sauf que j'avais oublié de jeter des petits cailloux blancs entre la paille-tandem et nous !
« Que s'est-il passé ? m'a demandé Carmilla, impressionnée par la beauté des grands arbres.
– Je crois que le livre nous a bus. Ou le conte…
– Non, c'est moi qui vous ai aspirés ici ! » a hurlé une voix puissante.

Je me suis retourné brusquement. Il y avait un loup : le loup de l'histoire…
« De quel droit ? Les buveurs d'encre, c'est nous ! ai-je déclaré.
– Et les buveurs de buveurs d'encre, c'est qui ? a-t-il glapi en sautant tout autour de nous.
– Eh bien c'est nous ! » a conclu une petite voix féminine.
Le Petit Chaperon Rouge ! Nous étions presque au complet… […]

Je comprends

1. Quel est le titre du roman ?
2. D'après la couverture du livre, peux-tu deviner quel conte lisaient Odilon et Carmilla ?
3. Quels sont les personnages présents dans cet extrait ? Avais-tu bien anticipé le titre du conte ? Justifie ta réponse.
4. Où se déroulent les deux premiers paragraphes du texte ? Et la suite ?
5. Relève les phrases qui font basculer le récit d'un monde à l'autre.
6. Quel était le but d'Odilon et Carmilla ? L'ont-ils atteint ? Quel était le but des personnages du conte ? L'ont-ils atteint ?
7. Quelle est la situation de chacun à la fin ?
8. Quels contes merveilleux sont cités dans le texte (lignes 1 à 14) ?
9. Lignes 17 à 38, qui désigne : *je*, *me*, *moi*, *tu*, *toi*, *nous*, *vous* ?

« Le loup et moi, nous en avons assez de vivre la même histoire. Alors nous avons décidé de prendre la paille d'escampette et d'aller respirer l'air du dehors.
– Et si je les mangeais tout crus ? a proposé le loup qui bavait.
– Tais-toi, loup ! s'est fâchée le Petit Chaperon Rouge en lui donnant une tape sur le museau. Aurais-tu oublié que nous ne pouvons sortir du livre qu'à la condition de trouver deux remplaçants ? » Le loup a gémi, penaud.
Puis le Petit Chaperon Rouge s'est tournée à nouveau vers Carmilla et moi. « Vous allez prendre notre place et vivre notre histoire. Pendant ce temps-là, nous explorerons votre monde et ferons tout ce qu'il nous plaît. À nous la liberté ! »

Au moment où elle prononçait ces mots, notre paille est apparue comme tombée du ciel.
« Vous ne pouvez pas faire une chose pareille ! me suis-je révolté. Vous êtes des créatures imaginaires. Vous n'existez pas réellement ! »
En ricanant, l'animal et la petite fille ont plongé à l'intérieur de notre paille-tandem. [...]

Quand je me suis retourné, Carmilla avait disparu à son tour. Mais le Petit Chaperon Rouge était revenue. Je me suis approché d'elle en grognant.
« Tu vas arrêter ce petit jeu, espèce de sale peste !
Elle a reculé, épouvantée...
– Mais... mais... je ne suis pas celle que vous croyez. Mon vrai nom, c'est Carmilla ! »

À ce moment-là, j'ai regardé mes pattes et j'ai poussé un long et lugubre hurlement.

E. Sanvoisin, *Le Petit Buveur d'encre rouge*, Demi-lune, Éd. Nathan.

SI TU VEUX LIRE

– d'autres romans fantastiques et humoristiques :
- Série Draculivre, E. Sanvoisin, **– Le Buveur d'encre, – Une Paille pour deux, – Le Nain et la petite crevette,** Éd. Nathan.
- G. Gréverand, **Grand ménage sur les mots,** Éd. Nathan.

– d'autres contes du Petit Chaperon Rouge « à l'envers » :
- Ph. Corentin, **Mademoiselle sauve qui peut,** Éd. L'École des Loisirs.

Je discute

1. Que sais-tu des rapports entre le loup et le Petit Chaperon Rouge dans le vrai conte ? Quels sont leurs rapports dans ce texte ? Qu'en penses-tu ?
2. Relis la ligne 24. Comment interprètes-tu : « Nous étions presque au complet » ?
3. Quelles sont les intentions de l'auteur : s'amuser, faire rire, faire peur... ? Comment s'y prend-il pour semer la confusion ?

Je dis, je raconte

1. Lis les paroles du Petit Chaperon Rouge lignes 23 à 38, en prenant un ton de « chipie ».
2. Raconte l'histoire du Petit Chaperon Rouge à tes camarades en la résumant.

Écris en quelques phrases ce que tu as compris de la fin du texte.

Le dialogue (2) : les phrases incises

« C'est moi qui vous ai aspirés ici ! » **a hurlé une voix puissante.**
Je me suis retourné brusquement. Il y avait un loup : le loup de l'histoire.
« De quel droit ? Les buveurs d'encre, c'est nous ! **ai-je déclaré.**
– Et les buveurs de buveurs d'encre, c'est qui ? **a-t-il glapi en sautant tout autour de nous.**
– Eh bien c'est nous ! » **a conclu une petite voix féminine.**

• Repère et lis uniquement les paroles prononcées par les personnages.
• Observe la place des phrases en gras. Ce sont des **phrases incises**. Quels verbes de paroles y relèves-tu ? Qu'apprends-tu sur les gestes, les comportements ?
• Observe la place du sujet dans les phrases incises. Que remarques-tu ?

MÉMO PAGE 27

EXERCICES

Est-ce que je sais faire ?

1 Entoure les signes de ponctuation du dialogue. Surligne les phrases incises en bleu et les paroles prononcées en rose. Souligne les verbes de paroles et leur sujet.

L'Énorme Crocodile s'esclaffa, découvrant des centaines de dents blanches et pointues :
« Pour mon déjeuner, aujourd'hui, reprit-il, j'aimerais un joli petit garçon bien juteux.
– Je ne mange jamais d'enfants, dit Pas-Si-Gros, seulement du poisson.
– Ho, ho, ho ! s'écria l'Énorme Crocodile, je suis persuadé que si tu voyais, à ce moment précis, un petit garçon bien juteux barboter dans l'eau, tu n'en ferais qu'une bouchée. [...]
– Tu es un sale glouton, lança le Pas-Si-Gros. Tu es le croco le plus glouton de toute la rivière. »

R. Dahl, *L'Énorme Crocodile*, traduction O. George et P. Jusserand, Éd. Gallimard.

Je m'entraîne

2 Souligne les paroles prononcées en vert et les phrases incises en bleu.

Les deux crocodiles poursuivent leur discussion.

« Les enfants sont trop coriaces et trop élastiques, répondit le Pas-Si-Gros.
– Coriaces ! élastiques !! [...] Tu racontes des bêtises, s'offusqua l'Énorme Crocodile.
– Ils ont un goût si amer, qu'il faut les enduire de sucre pour les consommer », insista le Pas-Si-Gros.

R. Dahl, *L'Énorme Crocodile*, traduction O. George et P. Jusserand, Éd. Gallimard.

Écris un dialogue de quelques répliques échangées entre Odilon devenu loup et Carmilla devenue Petit Chaperon Rouge.

3* Même consigne que l'exercice 2. Entoure les précisions qui sont ajoutées aux verbes de paroles.

– J'ai une maladie terrible, dit Milo d'un air mystérieux. Pour la guérir, il faut porter un poireau pendant une journée entière.
– Comment s'appelle ta maladie ? demanda Georges d'un ton soupçonneux.
– C'est un nom compliqué, répondit Milo en hésitant. Je ne m'en souviens pas.
– Tu mens Milo, déclara Jeannette moqueuse. Une maladie pareille n'existe pas.

D'après S. Manes, *Comment devenir parfait en trois jours*, Éd. Rageot.

EXERCICES SUPPLÉMENTAIRES P. 125

Le groupe nominal

Perdus dans une forêt, les enfants rencontrent deux personnages : le loup et le Petit Chaperon Rouge. Ces personnages se servent d'une paille pour quitter leur conte.
Tout à coup, Odilon regarde ses pattes velues et pousse un long et lugubre hurlement.
Carmilla a enfilé une jolie cape en laine et un bonnet avec un pompon.

> Rappelle-toi : sais-tu ce qu'est un nom ? Et un déterminant ?

- Analyse la composition des groupes de mots soulignés.
- Peux-tu supprimer les **déterminants** placés devant les **noms** ?
- Tous les noms sont-ils accompagnés d'un déterminant ? Que sais-tu de ces noms ?
- Dans les groupes soulignés des deux dernières phrases, supprime tous les mots qui ne sont pas indispensables au sens. Que remarques-tu ?

> Essaie d'expliquer comment un **groupe nominal** (GN) peut être formé.

MÉMO PAGE 5

EXERCICES

Est-ce que je sais faire ?

1 a. Classe les groupes nominaux dans le tableau selon leur composition.

des poèmes – le livre neuf – Lola – des buveurs d'encre – une vraie chipie – un conte détourné – un roman – cette histoire – mon gros dictionnaire – la bibliothèque du monde – Paris – quel suspense – un vieux manuscrit – quelques contes de fée – Léonard – trois recueils de chansons – ce récit – des couvertures en cuir – Lille – les pages – plusieurs albums – une histoire drôle

nom seul	déterminant + nom	déterminant + nom complété ou précisé
...	...	...

b. Dans la 3e colonne du tableau, trace une croix sous les noms que l'on ne peut pas supprimer. Entoure les déterminants.

Je m'entraîne

2 Recopie seulement les GN.

ils jouent – le chat – les chatons – ils tètent – il chasse – elle surveille – la chatte – la souris – ils ronronnent – la fourrure – les griffes – elle miaule – un miaulement – il guette – les yeux – le museau

3 Relève seulement les noms en leur ajoutant un déterminant.

nuit – dormir – rêver – lit – draps – couette – fatigué – pantoufles – pyjama – lampe – bureau – joli – agréable – se coucher – coussins – doux – lune

EXERCICES

4 Lis le texte en entier. Recopie les GN. Souligne les noms. Entoure les déterminants.

Le château se dresse dans la forêt. Un prince s'approche de ce château. Avec son épée, il s'ouvre un chemin dans les broussailles. Lorsqu'il frappe à la porte, pas un serviteur ne vient ouvrir. Le prince entre. Il suit un couloir. Ce couloir mène à une chambre où se tient un lit. Et sur ce lit dort une demoiselle. Le garçon s'approche. Il reconnaît la princesse. C'est celle qui dort depuis cent ans.

D'après Ch. Perrault, *La Belle au bois dormant.*

5 * Même consigne que l'exercice 4.

L'écureuil, la souris, le lapin sont des rongeurs. Lorsqu'ils mangent, ils frottent leurs dents de devant l'une contre l'autre. Tous les rongeurs ont des incisives qui poussent sans s'arrêter. Ils doivent les user sur les racines, les écorces, les plantes. Même lorsqu'il ne mange pas, tu peux voir ton hamster qui remue le nez. Il use ses quenottes.

6 * Entoure les mots et les groupes de mots qui précisent les noms soulignés.

1. Un chat roux et une souris grise.
2. Un jardinet tranquille et un haut mur bien gardé.
3. Une aventure pleine de frisson, de danger et de mystère.

7 ** Relève les groupes nominaux soulignés. Pour chacun d'eux, trace une croix sous le nom que l'on ne peut pas supprimer. Entoure les mots qui précisent ce nom.

Longtemps, les hommes préhistoriques ont utilisé des récipients naturels : des cornes d'animaux, des morceaux d'écorce. Les pierres creuses servaient pour contenir la nourriture et la boisson.
Puis des artisans ingénieux et habiles ont fabriqué des ustensiles en bois et en argile. Le tour à potier et les fours de cuisson ont permis d'améliorer les techniques.

D'après *Histoire-Géographie CE2*, Magellan, Éd. Hatier.

8 ** Relève le sujet de chaque phrase. Surligne le nom et le déterminant. Entoure les mots qui précisent ce nom.

Les fées du royaume avaient été invitées au baptême de la princesse. Une seule avait été oubliée.

1. La fée arriva la dernière.
2. La vieille fée entra dans le palais.
3. La fée de la Tour n'était pas sortie depuis cinquante ans.
4. La fée au nez crochu était affreusement vexée de ne pas avoir été invitée.
5. La fée sans pitié fit à la jeune princesse une prédiction épouvantable.
6. La vieille et méchante fée prédit que la princesse s'endormirait pour cent ans.

D'après Ch. Perrault, *La Belle au bois dormant.*

9 ** Classe les mots dans le tableau. Pour t'aider, ajoute-leur un déterminant ou un pronom sujet. Certains peuvent aller dans les deux colonnes.

poule – soupe – joue – bouche – chasse – mouche – coule – mange – rêve – balle – saute

noms	verbes
...	...

Écris quatre ou cinq phrases pour parler de ton animal préféré. Souligne les GN.

EXERCICES SUPPLÉMENTAIRES P. 126

CONJUGAISON

Le présent des verbes comme *dire, faire, partir, venir*

> Rappelle-toi : dans quels groupes classes-tu les verbes comme *finir* et *tenir* ?

• À quelles personnes sont conjugués les verbes du 3e groupe soulignés ? Trouve leur infinitif.

• Conjugue oralement ces verbes au présent. Quels changements repères-tu ?

• Écris les formes que tu obtiens. Quels changements repères-tu dans le **radical** (la **base**) de certains verbes ?

MÉMO PAGE 13

Est-ce que je sais faire ?

1 Complète les tableaux. Aide-toi des tableaux de conjugaison du mémo.

infinitif	personnes possibles	formes conjuguées
...	tu	pars
faire	nous	...
venir	ils, elles	...
...	je	tiens
sortir	elle, il	...

infinitif	personnes possibles	formes conjuguées
dire	vous	...
...	ils, elles	partent
faire	..., ...	font
...	ils, elles	deviennent
tenir	nous	...

Je m'entraîne

2 Donne l'infinitif de ces verbes conjugués.

vous tenez – ils deviennent – vous faites – nous disons – je sors – il revient – vous repartez – elles disent – ils refont

Écris **un petit texte avec les verbes *dire*, *faire* et *venir* au présent.**

3 Écris les verbes au présent. Souligne les verbes du 3e groupe.

Les deux enfants sont dans la forêt...

« Tu (dire) que nous sommes dans le conte ?
– Oui, je (venir) d'apercevoir le loup.
– Nous ne (faire) jamais assez attention lorsque nous (choisir) un livre.
– Oh ! Je crois que je (devenir) le Petit Chaperon Rouge, et toi, tu (faire) comme le loup, tu (gronder).
– Est-ce que tu te (souvenir) comment l'histoire (finir) ? »

EXERCICES SUPPLÉMENTAIRES P. 126

Les valeurs de la lettre h

• Relève tous les mots du texte pages 100 et 101 contenant la lettre *h*. Classe-les dans le tableau.

h en début de mot	*h* en fin de mot	*h* muet en milieu de mot	*ch*, *sh* [ʃ]	*ch* [k]	*ph* [f]
...	...	...	...	...	...

• Lis à voix haute : *des histoires – des hurlements – des hiboux – des habits.* Fais des remarques.
• Lis ces mots : *un orchestre – un short – une chorale – une orchidée – le varech.* Classe-les dans le tableau.
• Quel est le rôle de la lettre *h* dans : *ahuri – cahier – cahute* ?

MÉMO PAGE 17

EXERCICES

Est-ce que je sais faire ?

1 Dans ton dictionnaire, cherche et relève des mots commençant par *sh* [ʃ] et *ph* [f].

2 Entoure les mots dans lesquels le *h* est muet.

un écho – le chahut – des hérons – des hippopotames – enrhumer – des hurlements – dehors – un éléphant – chanter – en chœur – cahoter

Je m'entraîne

3 Relève les noms commençant par un *h* muet. Dis-les d'abord oralement.

des hippocampes – des haricots – des haies – des habitants – des haltères – des hauts – des heures – des hommes – des hottes

4 Classe les mots en deux colonnes selon que tu entends [k] ou [ʃ]. Aide-toi d'un dictionnaire.

choisir – chlorophylle – choléra – choquer – orchestre – chouchouter – chorégraphie

5* Associe chaque nom au nom grec qui est à son origine (il y a plus de 2000 ans).

chronomètre – thermomètre – orthographe – hippopotame – chronique – hippocampe – géographie – hippodrome – chronologie – paragraphe – thermostat

1. *thermos* (chaleur)
2. *graphé* (écriture)
3. *hippo* (cheval)
4. *chronos* (temps)

Écris une ou deux phrases pour expliquer ce que tu comprends dans ce poème.

ORTHOGRAPHE

Avec une bonne orthographe
on peut devenir géographe
lexicographe
ethnographe
paléographe
ou océanographe...
« Et alors, pourquoi pas girafe ? »
dit sans rire
la girafe qui ne sait pas lire.

J. F. Mathé, *Le Tireur de langue*, extrait de *Poèmes poids plume*, collection Le Farfadet bleu, Éditions L'Idée bleue, 1998.

EXERCICES SUPPLÉMENTAIRES P. 127

VOCABULAIRE

Les familles de mots

La chute d'Odilon et Carmilla s'est terminée par un atterrissage brutal, les fesses en l'air et le nez dans la terre au milieu des grands arbres de la forêt. Un loup sautait autour des enfants en montrant ses dents.

• Associe les mots soulignés avec les noms : *terrasse, grandeur, sautoir, dentiste.* Dans chaque groupe, compare les mots : que peux-tu dire à propos de leur **sens** ? et de leur **forme** ?
• Trouve d'autres mots pour compléter chaque groupe. Pense au sens.
• Entoure la partie commune dans chaque groupe. On l'appelle la **base**.

> Essaie d'expliquer comment est constituée une famille de mots à partir d'un mot de base.

MÉMO PAGE 20 1

EXERCICES

Est-ce que je sais faire ?

1 Classe les noms de chaque famille dans le tableau. Certains peuvent aller dans deux colonnes.

1. terre, terrasse, terrassier, atterrissage
2. citronnade, citron, citronnier, citronnelle
3. déglaçage, glaçon, glace, glacier
4. pêcheur, pêche, repêchage, pêcherie

Mot de base étendu à gauche par un **préfixe**	**Mot de base**	Mot de base étendu à droite par un **suffixe**
...	...	...

Je m'entraîne

2 Écris le mot de base pour chaque famille de mots. Entoure la lettre finale muette.

1. embrasser, brasser, brassière → ...
2. rebondir, bondissement, bondissant → ...
3. tapissier, tapisserie, retapisser → ...
4. argenterie, désargenté, argentier → ...
5. agrandir, grandeur, agrandissement → ...

3 Écris le mot de base de chaque nom.

parapluie – prénom – printemps – peureux – froideur – crémerie – rangement – bruitage – tourelle – antivol

Écris trois phrases avec des mots de la famille de *fleur*.

4* Barre l'intrus dans chaque famille.

1. nourriture – nourrice – nounours – nourrir
2. plateau – plat – aplatir – plage
3. habit – habillement – habitation – déshabiller
4. collier – encolure – collet – collage
5. plongeon – plongeoir – prolonger – plonger

5* Complète le texte avec cette famille de mots.

dentifrice – dentiste – dents – édenté – dentition

Antoine mord à pleines ... dans un sandwich. Sans un bon ..., il risque fort d'aller souvent chez son .... Il faut prendre soin de sa ... si l'on ne veut pas finir tout ... !

EXERCICES SUPPLÉMENTAIRES P. 127

Une collection de collections

Frédéric TicTic est un colporteur de merveilles. Il en propose quelques-unes à Alys pour qu'elle enrichisse son magasin extraordinaire. Dans son catalogue, on trouve des dés de couture remplis de robes de rêve, l'os de grenouille de la fée Carabosse et un cortège d'éléphants minuscules…*

Bout du nez de Pinocchio

Ou bien, si vous préférez,
j'ai quelques pièces uniques,
quelques inestimables reliques :
un bout du nez cassé de Pinocchio

deux moustaches du Chat Botté

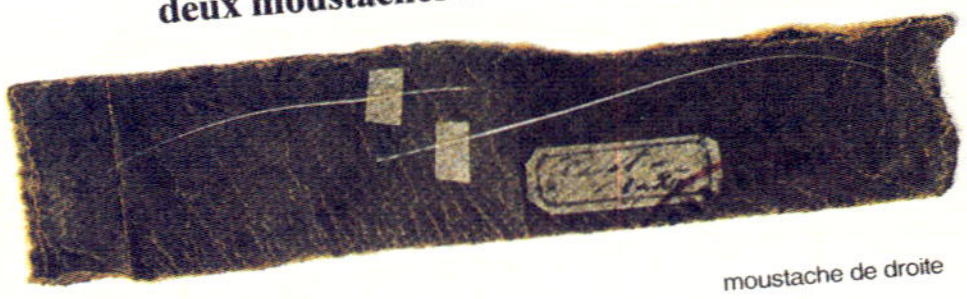

moustache de gauche — moustache de droite

Un
des
cailloux
du Petit Poucet

16

Cil de la Reine de Saba

ou
le berceau de la Petite Poucette :

coque de noix,

avec ses draps en pétales de rose
sur matelas de violette,
encore tout chaud de son sommeil.

Et surtout,

un cil de la Reine de Saba.

17

Je comprends

1. Que vend-on dans ce magasin ?
2. Pourquoi l'auteur a-t-il donné le titre *Magasin zinzin* à son album ?
Qu'en penses-tu ? Argumente ta réponse.
3. Le magasin d'Alys s'appelle : « Aux merveilles d'Alys ». À quel conte cité page 100 de ton manuel ce nom te fait-il penser ?
4. Choisis ce qui convient le mieux pour désigner les extraits de cet album : publicité orale, catalogue, liste, affiche, prospectus.
5. Quels personnages de contes sont cités ?
6. Quel détail donne l'auteur pour caractériser chaque personnage ? Lesquels sont illustrés ?
7. Trouve le titre du conte évoqué sur la dernière page de ce catalogue.

Rouge à lèvres et poudrier de Blanche Neige

Il y a longtemps,
au marché aux puces de Varsovie,
pour une bouchée de pain
et trois pépins de pomme,
j'ai acheté
le poudrier,
le rouge à lèvres,
la jarretière de Blanche
Neige
à un lapin russe,
marchand de dentelles,
d'au moins cent ans,
au sourire édenté.

Seriez-vous tentée ?

Ou peut-être par cet écrin qui
contient l'écharde en bois de
quenouille véritable
ayant appartenu
à la Belle au Bois Dormant ?

Mais
prenez garde
de ne pas vous piquer le
doigt...

34

Graines de citrouille

J'ai des graines de citrouille
et des graines de carrosse

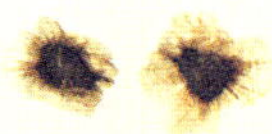

Si vous comptez aller au bal du printemps,
il vaut mieux planter dès maintenant
les graines de carrosse

Sauf, bien sûr,
si dans votre entourage vous avez une tante,
une amie ou une marraine fée...

Alors là,
les graines de citrouille suffiront...

42

F. Clément, *Magasin zinzin*, Éd. Ipomée, Albin Michel.

* **Colporteur** : marchand ambulant qui vend ses marchandises à domicile.

SI TU VEUX LIRE OU TE FAIRE LIRE

– des contes évoqués dans ce texte :

- Andersen, **La Princesse au petit pois,** Éd. Nathan. **La Petite Sirène,** Éd. Ipomée, Albin Michel.
- Ch. Perrault, **La Belle au bois dormant,** Contes, Éd. Flammarion. **Cendrillon,** Contes, Éd. Flammarion.

– des livres illustrés par F. Clément :

- **L'Enfant qui dessinait les chats, Le Luthier de Venise,** Éd. Pastel.
- **Le Collier, L'Histoire de Lilas,** Éd. Ipomée, Albin Michel.

Je discute

1. Observe la disposition du texte et la variété des écritures utilisées. Pourquoi l'auteur a-t-il choisi cette mise en pages ?
2. Cet album te permet-il de te souvenir ? de réfléchir ? de rêver ? d'imaginer ?
3. Que choisirais-tu dans cette collection ? Pourquoi ?

Je dis, je joue

Choisis une des quatre pages de ce catalogue. Mémorise-la et joue au colporteur de merveilles qui veut convaincre sa cliente.

Écris quelques phrases pour expliquer comment tu comprends : « un des cailloux du Petit Poucet ».

Les mots de liaison (1)

- Repère le mot *ou* dans les extraits du catalogue pages 108 et 109 ? Quel est son sens ?
- Repère le mot *et*. Quel est son sens ? Observe sa place dans le texte. Que remarques-tu ?
- Quel sens donnes-tu à *mais* (page 34 du catalogue) ?
- Relis cette page 34. Lequel des trois mots *ou, et, mais* aurait pu remplacer certaines virgules ?
Essaie de comprendre pourquoi l'auteur a préféré les virgules.

MÉMO PAGE 23

EXERCICES

Est-ce que je sais faire ?

1 Lis ce texte. Barre les mots de liaison qui ne conviennent pas.

La reine Éléonore était gentille (et, ou, mais) elle était vraiment trop distraite. On pouvait la retrouver à garder un troupeau de moutons (et, ou, mais) à gauler des noix. Souvent le roi la grondait (et, ou, mais) cela ne servait à rien. Elle oubliait ses invités (et, ou, mais) même, parfois, elle oubliait qu'elle était la reine.
Comme le roi n'en pouvait plus, il lui offrit un livre de conseils.
Ce livre était un bon livre (et, ou, mais) la reine fit des progrès.
(Et, Ou, Mais) hélas, un jour, ce fut la catastrophe : elle oublia sa fille, la princesse Aurore, dans la forêt !

D'après E. Brisou-Pellen, *La vraie Princesse Aurore*, Cascade, Rageot.

Je m'entraîne

2 Lis attentivement le texte. Complète-le avec les mots de liaison *et, ou*.

« J'ai sûrement, je ne sais plus exactement, dans mes malles ... mes valises, dans ma petite brouette ... mon arrière-boutique, une merveilleuse merveille.
Deux précieux dés : un dé à coudre ... un dé à découdre.
... pourquoi pas, le véritable petit pois de la Princesse. Choisissez entre ce petit pois ... ma collection de plumes, ... encore deux secrets de Polichinelle. »

D'après F. Clément, *Magasin zinzin*, Éd. Ipomée, Albin Michel.

3 Complète le texte avec *et, mais*.

Un garçon, Max, et Oscar le lion distribuent des journaux. Ils arrivent devant une maison gardée par un chien méchant. Max a peur du chien.

Oscar se moqua de Max ... décida pourtant de l'aider. Max monta l'escalier, les jambes en gelée, ... déposa le journal dans la boîte. Le chien n'était pas là. Max était sauvé ... il sourit.
... soudain, un grondement monta d'un buisson. La gorge de Max devint sèche ... son estomac se noua.
Le gros lion s'avança vers le chien ... le molosse ne l'avait pas vu. Il aboya comme un forcené.

D'après B. Reuter, *Oscar, à la vie à la mort*, Le Livre de Poche, Éd. Hachette.

EXERCICES SUPPLÉMENTAIRES P. 125

Le nom commun et le nom propre

Frédéric Tic-Tic le colporteur propose quelques-unes de ses reliques à Alys pour son magasin zinzin :
– le nez cassé de ce pantin que l'on appelait Pinocchio ;
– un des cailloux du Petit Poucet, le berceau de la Petite Poucette ;
– le morceau de la quenouille qui a piqué le doigt de la Belle au Bois Dormant…

> Rappelle-toi : comment nomme-t-on les groupes de mots soulignés ?

• Dans la première ligne, deux noms désignent la même personne. Lesquels ? Quelle différence vois-tu entre ces deux groupes nominaux ?
• Pose-toi les mêmes questions pour la troisième ligne.
• Dans ce texte et dans d'autres textes, relève des noms propres. Classe-les en deux colonnes selon qu'ils ont un déterminant ou non.

> Essaie d'expliquer ce qu'est un nom propre et un nom commun.

MÉMO PAGE 5

ERCICES

Est-ce que je sais faire ?

1 a. Souligne les noms et les déterminants. Classe-les dans le tableau.

La célèbre légende du roi Arthur est née pendant le Moyen Âge. Elle commence dans un royaume imaginaire appelé Bretagne qui s'étendait de l'Angleterre à la France. Arthur n'était qu'un bébé lorsque Merlin l'Enchanteur le confia à un chevalier, Antor, et à sa femme pour qu'ils l'élèvent comme leur enfant.
Le chevalier avait déjà un fils, Keu.
Les garçons grandirent comme des frères.
Un jour, un cavalier arriva devant le château.
Il dit qu'un grand tournoi aurait lieu à Noël.
Le roi Uther étant mort, il fallait désigner son successeur parmi tous les chevaliers.
Celui qui retirerait l'épée magnifique plantée dans un rocher, serait le maître de la Bretagne.
Arthur et Keu partirent…

Le roi Arthur et l'épée Excalibur, manuscrit du 14e siècle.

déterminant + nom commun	nom propre	
	sans déterminant	avec déterminant
la légende …	Arthur …	le Moyen Âge …

b. Recopie les noms qui désignent une même personne.

EXERCICES

Je m'entraîne

2 Relie chaque nom propre au nom commun qui lui correspond. Tu peux utiliser un dictionnaire.

Paris •	• une mer
la Seine •	• une région
les Pyrénées •	• un fleuve
l'Allemagne •	• une capitale
la Bretagne •	• un pays
la Manche •	• des montagnes

3 Même consigne que pour l'exercice 2.

Falbala •	• une ville
Jules César •	• un chien
Astérix •	• une gauloise
Idéfix •	• un empereur romain
Rome •	• un guerrier gaulois

4 Trouve un nom propre pour chaque nom commun proposé.

un prénom → ...	un monument → ...
une région → ...	un village → ...
un département → ...	un océan → ...

5* Souligne en vert les noms communs et en bleu les noms propres. Écris D sous les déterminants.

Le système solaire se compose du Soleil et des neuf planètes qui tournent autour de lui : Mercure, Vénus, la Terre, Mars, Jupiter, Saturne, Uranus, Neptune et Pluton. Pluton est la planète la plus éloignée du Soleil. Au-delà, c'est le royaume des comètes. La Lune est le satellite de la Terre.

6* Récris le texte et corrige les erreurs faites par cet élève.

1. La fée clochette a jeté un bon sort à la princesse souricette.
2. babayaga et amandine malibul, les deux sorcières, ne pensent qu'à commettre de méchantes actions.
3. peau d'âne, cendrillon, le petit chaperon rouge sont des contes de charles perrault.

7 Associe les deux noms qui désignent le même personnage. Souligne en rouge le nom commun et en vert le nom propre. Entoure les déterminants.**

1. Ysengrin, le loup affamé, est trompé par Goupil, un renard peu honnête.
2. Dans le *Roman de Renart*, le lion se nomme le Roi Noble. Chantecler le coq a une poule préférée : c'est Pinte. Quant au chat, il s'appelle Tibert.
3. Il était une fois une horrible sorcière qui dévorait les enfants. On l'appelait Babayaga.

8 Compare les mots écrits en gras. Souligne les verbes. Entoure les noms communs.**

1. a. La **souris** a faim.
   b. Tu **souris** à ton voisin.
2. a. Alex **trace** un trait.
   b. Le renard a laissé sa **trace**.
3. a. Le bouc est au **fond** du puits.
   b. Le bonhomme de neige **fond** au soleil.
4. a. Le gardien fait une **passe** au défenseur.
   b. Le chien **passe** devant la porte.
5. a. Il **lit** un **livre**.
   b. Il **livre** un **lit**.

Écris des noms propres pour renseigner cette fiche. Ils doivent tous se rapporter aux contes.

NOM : ....

PRÉNOM : ....

LIEU : ....

....

....

CONJUGAISON

Le présent des verbes comme *pouvoir, vouloir, savoir, voir, prendre, aller*

Pinocchio ne veut pas obéir. Son père se lamente :
« Je vois bien que tu prends un mauvais chemin.
– Tu peux crier, répond Pinocchio. Mes amis vont en voyage. Ils m'apprennent ce qu'est l'aventure. Je sais que tu n'es pas d'accord mais tant pis. »

- À quelle personne est conjugué chaque verbe souligné ? Trouve son infinitif.
- Conjugue oralement ces verbes au présent. Que remarques-tu ?
- Choisis quelques formes conjuguées pour chaque verbe et écris-les. Fais des commentaires.

MÉMO PAGES 13 ET 14

EXERCICES

Est-ce que je sais faire ?

1 Complète les tableaux. Aide-toi des tableaux de conjugaison du mémo.

infinitif	personnes possibles	formes conjuguées
pouvoir	nous	...
...	vous	voyez
savoir	..., ...	sait
rendre	tu	...
aller	...	vais

infinitif	personnes possibles	formes conjuguées
voir	ils, elles	...
...	il, elle	surprend
...	tu	vas
vouloir	vous	...
attendre	j'	...

Je m'entraîne

2 Écris les formes conjuguées correspondant aux personnes proposées.

je (rendre) – vous (pouvoir) – nous (voir) – vous (apprendre) – ils (savoir) – je (vouloir) – ils (aller) – elle (voir) – tu (revoir) – je (aller)

3* Écris au présent.

Dans la fromagerie de M. Lebrouteux, les souris ont remplacé les clients.

« Je vous (dire) que M. Lebrouteux (vouloir) ouvrir un commerce de souris.
– Tu (savoir) toujours tout. Tu te (prendre) pour la plus maligne, grogne une vieille souris.
– Mais enfin, vous ne (voir) pas qu'il (faire) tout ce qu'il (pouvoir) pour nous engraisser ?
– Elle (savoir) lire, l'Apache, elle (comprendre) certaines choses plus vite que nous ! Nous ne (voir) pas plus loin que le bout de nos moustaches. Qu'(aller)-nous devenir ? »

Sur une idée de A. Serres.

Écris trois ou quatre lignes pour raconter une histoire que tu aimes. Emploie au moins quatre verbes du 3e groupe au présent. Essaie de changer de personne.

EXERCICES SUPPLÉMENTAIRES P. 126

Des consonnes finales muettes

1. a. le bois – la souris – le repas – le pays – un tas – le refus – un héros – du jus – un radis – le tapis – le repos – le palais
   b. gris – exquis – gros – gras – frais
2. a. un enfant – un récit – un grelot – le début – un saut – l'appétit – un serpent – un robot – la dent – un haricot – la nuit
   b. géant – court – couvert – plat

• Pour chaque nom de la série 1 a, essaie de trouver un mot (nom, verbe, adjectif) de la même famille. Aide-toi d'un dictionnaire. Veille au sens. Que remarques-tu ?
• Dans un dictionnaire, cherche le féminin de chaque adjectif de la série 1 b. Que remarques-tu ?
• Fais le même travail pour les mots de la série 2a et 2b.
• Classe tous ces mots dans le tableau.

Les consonnes finales *s* et *t* sont porteuses de sens	Les consonnes finales *s* et *t* ne sont pas porteuses de sens
le bois (boiser) un enfant (enfantin)	le repas l'appétit

EXERCICES

Est-ce que je sais faire ?

1 Entoure la consonne finale muette. Classe les mots en deux colonnes :
– ceux dont la finale muette est porteuse de sens ;
– ceux dont la finale muette n'est pas porteuse de sens.

blond – le persil – le galop – la paix – le plomb – blanc – gentil – long – le dos – heureux – une noix – un champ – grand – le têtard – le prix – un banc – un rang – le trot – la voix – lent – un étang – un mot – une brebis

Je m'entraîne

2 Trouve un mot de la même famille à partir de la finale muette.

le tricot – un gigot – un pivot – le repos – un propos – un marchand – un élément – un souhait – l'argent – un abus

3 Trouve un mot de la même famille pour écrire la finale muette manquante.

un permi... – le brui... – le retar... – un li... – une par... – un outi... – un acciden... – le regar... – un to...

4* Trouve le radical de chaque verbe. Entoure la consonne muette.

blanchir – denteler – hasarder – ranger – accrocher – arrondir – camper – sangloter – exploiter – débuter

5* Mets ces adjectifs au masculin. Entoure la consonne muette.

déserte – surprise – sotte – excellente – franche – curieuse – fausse – douce – confuse – épaisse

EXERCICES SUPPLÉMENTAIRES P. 127

Former des mots avec un suffixe

Autrefois, des hommes de la ville allaient de village en village. Ils étaient marchands ambulants. Les villageois leur achetaient ce qu'ils portaient dans leur hotte : de petits outils, des châles, des bonnets, des rubans nouveaux pour les cheveux.
Les jeunes filles raffolaient des nouveautés et des belles marchandises. Elles jouaient avec leur longue chevelure.
Le colporteur était au courant de tout ce qui se passait dans le pays. Il vendait aux paysans des chants où on se moquait du roi et des livres interdits qu'il cachait sous son manteau.
Le soir, en cachette et malgré l'interdiction, on lisait et on chantait tous ensemble.

Un colporteur, gravure du 18e siècle.

• Relève les mots formés à partir des mots soulignés.
• Comment ces mots sont-ils formés ? Entoure la partie qui a permis de former chaque **mot dérivé**. Cette partie est un **suffixe**.
Observe *cheveu* et *chevelure*. Que remarques-tu ?
• Classe tous ces mots dans les tableaux. Un exemple t'est donné.

nom	nom
ville	village

nom	verbe
...	...

verbe	nom
...	...

adjectif	nom
...	...

MÉMO PAGES 20 2 ET 21

EXERCICES

Est-ce que je sais faire ?

1 Entoure les mots de base en vert et les suffixes en rose.

le feuillage – la blancheur – le changement – la froideur – la toiture – la lenteur – une sonnette – un bavardage – la jeunesse – la clientèle

Je m'entraîne

2 Trouve un nom masculin formé à partir de chaque verbe. Entoure le suffixe.

1. entraîner – ranger – isoler – miauler – gémir
2. saler – laver – coller – marquer – balayer

3 Trouve un nom féminin formé à partir de chaque adjectif. Entoure le suffixe.

1. sage – poli – fin – riche – vieille
2. blanc – rond – large – lent – épais

4 Trouve un verbe de la même famille que chaque nom.

un tremblement – un menteur – le babillage – une moquerie – un gazouillis

5 Trouve un adjectif de la même famille que chaque nom.

la gentillesse – la hauteur – la bonté – la couverture – la méchanceté

6 ** Regroupe les mots par familles. Commence par le mot de base. Entoure les suffixes.

fleuriste – balayette – floral – blanc – fleurir – balayer – blancheur – fleurette – balai – blanchir – fleur – balayage – floraison – blanchiment

EXERCICES SUPPLÉMENTAIRES P. 127

Prince Gringalet

Le prince Gringalet ne payait vraiment pas de mine. Il était petit, boutonneux, chétif et miteux.

Il avait trois malabars de frères pleins de poils partout qui n'arrêtaient pas de se moquer de lui. Les frères passaient leur temps à aller danser avec leurs copines princesses. Ils obligeaient le pauvre prince Gringalet à rester à la maison pour nettoyer derrière eux. Son travail fini, il s'asseyait au coin du feu, tout triste de ne pas être costaud et poilu comme ses frères.

Un samedi soir qu'il lavait les chaussettes, une sale môme de fée dégringola dans la cheminée.

« Tous tes souhaits seront réalisés ! s'écria la fée. Abracadabra, voiture tu auras ! Zig boum, boum, pour aller en boum ! »

« J'ai dû me tromper » dit la fée.

« Aile de rat, plume de têtard, tes haillons deviendront costard ! »

(« Zut ! pesta la fée. Je n'avais pas dit costume de BAIN ! »)

« Ton plus grand vœu t'accorderai, gros tu seras et poilu à souhait ! »

Et en un clin d'œil Gringalet le fut…

« Flûte, jura la fée, encore raté. Mais à minuit tout sera réparé. »

Comme le sort agissait, le prince Gringalet ne savait pas qu'il était un gros singe poilu. Il se trouvait même pas mal du tout.

Il partit donc danser, l'auto était un peu petite, mais il se débrouilla.

Hélas quand il arriva au Royal… Palace… il ne put passer par la porte !

Il décida de rentrer en autobus.

Une ra-vi-ssante princesse attendait à l'arrêt.

Je comprends

1. À partir du titre, peux-tu dire quel genre de conte tu vas lire ?

2. Qui sont les personnages ? Qu'apprends-tu sur eux ?

3. En quoi sont-ils semblables à des personnages de contes de fées ? En quoi sont-ils différents ?

4. Reconnais-tu le conte avec lequel l'auteur Babeth Cole s'est amusée ? C'est *Cendrillon* de Charles Perrault. Si tu ne le connais pas, écoute-le.

5. Compare le conte traditionnel et le conte **parodié** : personnages, situation de départ, problème qui survient, etc. Note tes remarques en deux colonnes : ressemblances , différences.

« Quand passe le prochain bus ? » grogna-t-il.

Par bonheur minuit sonna et le prince Gringalet redevint comme il était. La princesse crut qu'il l'avait sauvée en faisant peur au grand singe poilu !

« Attendez ! » s'écria-t-elle, mais le prince Gringalet était trop timide. Dans sa précipitation il en perdit son pantalon !

Or, la princesse n'était autre que la belle et riche princesse Rupinette. Elle fit placarder une affiche pour trouver à qui appartenait le pantalon.

Tous les princes accoururent des lieues à la ronde pour essayer d'entrer dans le pantalon. Mais le pantalon ne voulait rien savoir.

Bien entendu, les frères du prince Gringalet se disputèrent pour l'enfiler…

« Qu'on le laisse essayer ! » ordonna la princesse en montrant Gringalet.

« Comme si ça pouvait aller à ce morveux ! » ricanèrent les frères.

… Et bien justement ça lui allait ! La princesse Rupinette le demanda aussitôt en mariage.

Et c'est ainsi que le prince Gringalet épousa la princesse Rupinette et vécut dans le luxe et le bonheur…

Et puis, un matin, la princesse Rupinette glissa un mot à la fée au sujet des grands frères poilus. Ils furent changés en petites fées du logis, papillonnèrent partout et firent le ménage à la grande joie des époux.

B. Cole, *Prince Gringalet*,
traduction de Marie-France de Paloméra, Seuil-Hatier.

SI TU VEUX LIRE d'autres histoires écrites par Babeth Cole :
- **J'ai un problème avec ma mère**
- **J'ai un problème avec mon père** Éd. Seuil Jeunesse.
- **La Princesse Finemouche**, Folio, Éd. Gallimard.

6. Comment comprends-tu les lignes 17 et 18 ?
7. Compare le niveau de langue employé par Charles Perrault et celui employé par Babeth Cole. À quoi sont dues ces différences ?
7. Relève dans ce texte des mots, des expressions appartenant au **langage familier**. Traduis-les en **langage soutenu**.

Je discute

1. Quelles étaient les intentions de l'auteur en écrivant *Prince Gringalet* ?
2. Comment a-t-elle fait pour te piéger ? te faire rire ?

Écris ce que la princesse Rupinette a demandé à la fée (ligne 57).

L'emploi des temps dans un récit (2)

Le prince Gringalet n'avait pas de chance. Il passait son temps à s'occuper de la maison.
Un samedi soir qu'il lavait les chaussettes, une sale môme de fée dégringola dans la cheminée.
D'abord, elle lui donna une voiture rouge (très petite) **puis** elle l'habilla avec un costume de bain.
Enfin, elle le métamorphosa en un gros singe poilu.

- Repère les verbes qui font « avancer l'histoire ».
- À quoi servent les autres verbes ? Où sont-ils situés dans le texte ?

Ce texte utilise deux temps du passé : **l'imparfait** (*avait, passait, lavait*) et **le passé simple** (*dégringola, donna, habilla, métamorphosa*).

- Relève les indicateurs de temps. Où sont-ils placés ? Quel est leur rôle ?

MÉMO PAGE 28

EXERCICES

Est-ce que je sais faire ?

1 Surligne les verbes qui plantent le décor en bleu et ceux qui marquent les événements en rose.

Le géant Gargantua aimait beaucoup voyager. Il parcourait souvent le pays, monté sur son énorme jument. Un jour, il arriva à Paris...
Pour mieux contempler la ville, il s'assit sur la cathédrale Notre-Dame.
Ce spectacle amusait beaucoup les Parisiens. Mais, un jour, Gargantua décrocha les cloches. Là, les Parisiens ne riaient plus du tout : sans les cloches, ils ne savaient plus l'heure. Pour récupérer leurs précieuses cloches, les Parisiens servirent à Gargantua un repas... géant.
Le géant fut ravi et rendit les cloches !

D'après B. Briais, *Les Géants*, Mes premières légendes, Éd. Hachette.

Je m'entraîne

2 Lis le texte à voix haute. Choisis les temps qui conviennent le mieux et récris le texte.

Il (était/fut) une fois un roi et une reine qui n'(avaient/eurent) pas d'enfants. Enfin une fille (arrivait/arriva). On (faisait/fit) un beau baptême. On (donnait/donna) pour marraines à la petite princesse toutes les fées qu'on (trouvait/trouva) au Pays. On en (comptait/compta) sept. Mais on (oubliait/ oublia) une très vieille fée qui (vivait/vécut) depuis cinquante ans dans une tour.

D'après *La Belle au bois dormant*.

3 ** Lis le texte. Choisis les temps qui conviennent. Entoure les mots de liaison.

Le chevalier Roland (monta/montait) la garde à l'arrière des armées de Charlemagne. Elles (traversèrent/traversaient) les Pyrénées. Soudain, des ennemis les (attaquaient/ attaquèrent). Alors Roland (sonnait/sonna) du cor pour prévenir Charlemagne.
Aussitôt l'empereur (dressait/dressa) l'oreille. Mais le traître Ganelon (raconta/ racontait) que c'était sûrement des bergers qui (appelèrent/appelaient) leurs moutons.

Les déterminants (1) : les articles

1. un prince – le prince Gringalet – ce prince malheureux – son prince préféré – Quel prince bizarre !
2. une fée – la fée maladroite – cette fée stupide – sa fée bienfaitrice – Quelle fée bizarre !
3. des princes – les princes des princesses – les princesses ces princes – ces princesses
4. un autobus – l'autobus une invitée – l'invitée
5. **Le** prince, **la** princesse, **la** fée sont des personnages qu'on rencontre souvent dans **les** contes.

> Rappelle-toi : comment appelle-t-on le petit mot qui accompagne presque toujours un nom ? Où est-il placé ?

- Dans les séries 1 et 2, quel est le sens de chaque déterminant ?
- Dans la série 3, compare les déterminants. Fais des remarques.
- Dans la série 4, pourquoi utilise-t-on *l'* au lieu de *le* ou *la* ? Trouve d'autres exemples.
- Pourquoi classe-t-on les **articles** *un, une, des* dans la catégorie des **articles indéfinis** et *le, la, l', les* dans celle des **articles définis** ?
- Dans quelle catégorie classerais-tu les articles en gras dans la série 5 ? Qu'en penses-tu ?

MÉMO PAGE 7

EXERCICES

Est-ce que je sais faire ?

1 **a. Ajoute l'article qui convient pour chaque nom.**

... ours dérive sur ... énorme morceau de glace. Il est d'... maigreur inquiétante. À cause de ... température plus élevée, ... blocs entiers se détachent de la banquise. ... ours qui guettent ... phoques ou ... poissons pour se nourrir se retrouvent ainsi piégés.
... épaisse couche de graisse protège ... ours blanc lorsqu'il plonge dans ... eaux glacées.
Aujourd'hui, tous ... ours ont faim. Ceux qui possédaient ... superbe fourrure blanche, se retrouvent avec ... robe fripée, jaunie, ... pattes tremblantes.
L'ours polaire est ... espèce en voie de disparition.
Au Canada, il se rapproche ... villes où, pendant ... nuit, il fouille ... poubelles.

b. Relève les GN dans le tableau.

article défini + nom	article indéfini + nom
...	...

EXERCICES

Je m'entraîne

2 Place les articles *le, la* ou *l'* devant les noms. Aide-toi d'un dictionnaire.

... homard – ... langouste – ... mouche – ... coccinelle – ... hippopotame – ... huître – ... crapaud – ... salamandre – ... mouton – ... requin – ... baleine – ... araignée

3 Place les articles *un* ou *une* devant les noms. Aide-toi d'un dictionnaire.

... hibou – ... oiseau – ... hirondelle – ... passereau – ... hulotte – ... rapace – ... héron – ... échassier – ... hérisson – ... carnivore – ... hanneton – ... hyène

4* a. Écris tous les GN que tu peux en employant les articles *le, la, les, l', un, une, des.*

chat – image – hamster – moutons – avions – fleurs – herbe – étoile – classe – crayons

b. Souligne les articles indéfinis en vert et les articles définis en rose.

5* Complète avec les articles qui conviennent.

1. ... hommes ont aperçu ... baleine au large. Deux heures plus tard, ... baleine s'était échouée et ... hommes l'ont remise à l'eau.
2. ... grotte de Lascaux est devenue célèbre à cause ... magnifiques peintures qui ornent ... parois rocheuses. De nos jours, on ne peut plus admirer ... belles peintures d'origine car elles sont trop fragiles.

6* Relève les noms propres en deux colonnes selon qu'ils sont accompagnés ou non d'un article.

Vers 5000 ans avant Jésus-Christ, des agriculteurs s'installent dans des vallées fertiles, en Mésopotamie. Ils construisent des villages puis des villes comme Uruk. Ils fondent la cité de Sumer. Ils inventent un système d'écriture perfectionné. L'histoire d'un de leurs rois, Gilgamesh, a été gravée sur des tablettes d'argile.

7* Place si nécessaire un article devant chaque nom propre.

Zoé – Arthur – Seine – Lyon – Loire – Alpes – Pierre – France – Charles Perrault – Rhône – Vosges – Angleterre – Parisien – Marseillais – Charlemagne – Kenza – Terre

8 Complète avec *le, la, l', un* ou *une*. Pense aux majuscules.**

Il y avait une fois ... roi dont ... femme était morte. ... roi avait ... fille. Il se remaria avec ... méchante femme qui n'aimait pas Blanche-Neige, ... fille du roi. ... jeune fille était si belle que ... nouvelle reine en était très jalouse. Elle fit venir ... chasseur qui devait conduire ... princesse dans ... lointaine forêt et la faire mourir. Mais ... chasseur ne fit pas de mal à ... enfant.

D'après J. et W. Grimm, *Blanche-Neige*.

9 Même consigne que pour l'exercice 8.**

Il était une fois ... veuve qui avait deux filles. ... aînée était tout ... portrait de sa mère. C'était ... peste orgueilleuse. ... cadette dégageait ... grande douceur. C'était aussi ... plus jolie fille qu'on eût su voir. ... jour, sa mère l'envoya chercher ... seau d'eau à ... fontaine du village.

D'après Ch. Perrault, *Les Fées*.

Écris une histoire avec ces groupes de mots. Ajoute des articles pour rédiger ton texte. Entoure-les.

Dragon enlève princesse – roi demande chevaliers sauver princesse – trois chevaliers attaquent dragon – premier chevalier carbonisé – deuxième écrabouillé – troisième avalé tout cru – roi désespéré – facteur idée – envoie lettre piégée dragon – dragon explose – princesse épouse facteur – heureux – famille nombreuse – réduction SNCF – fin.

B. Friot, *Nouvelles Histoires pressées*, Éd. Milan.

EXERCICES SUPPLÉMENTAIRES P. 126

Le présent des verbes *être* et *avoir*

« Je me présente, je suis le prince Gringalet, et vous qui êtes-vous ?
– Je suis la fée Malchance, j'ai un peu oublié ma magie. Si tu as besoin de moi, ma baguette est prête à servir.
– Tu es venue pour m'aider ? Mes frères sont épouvantables avec moi. Aujourd'hui, ils n'ont qu'à bien se tenir. Toi et moi, nous sommes plus forts qu'eux. »

- À quelles personnes sont conjugués les verbes soulignés ?
Donne l'infinitif de ces verbes.
- Conjugue oralement ces deux verbes au présent. Que remarques-tu ?
- Écris les formes conjuguées que tu as obtenues.

MÉMO PAGE 12

EXERCICES

Est-ce que je sais faire ?

1 Surligne en bleu les formes conjuguées du verbe *avoir* au présent et en rose celles du verbe *être*.

Rouletapir, le petit détective, adore la bibliothèque si tranquille. Mais un jour...

La bibliothécaire Madame Bouquin a les larmes aux yeux. Les animaux lecteurs sont tristes. En entrant, Rouletapir est tout surpris de constater que ses amis ont l'air malheureux.
« La dernière histoire de détective d'Agatha Cricri n'est plus sur l'étagère du haut. Je suis sûre pourtant d'avoir rangé ce livre hier soir. Il est très visible : il a une couverture en or. Vous êtes tous responsables, déclare Madame Bouquin.
– Berthe, dit Rouletapir, il est facile pour toi de prendre ce livre. Tu as un si long cou !
– Je ne suis pas amateur d'histoires de détective. Elles sont trop violentes pour moi. Tu es injuste ! » répond la girafe.

D'après Laurence L., *Rouletapir, le petit détective*, Éd. Grasset Jeunesse.

Je m'entraîne

2 Complète avec le sujet qui convient.

tu – je ou *j – les fées – il – elle – vous – ils*

1. ... sont des personnages de contes.
2. ... êtes des élèves de CE2.
3. ... es bonne en mathématiques.
4. ... suis meilleure lectrice que toi.
5. ... est à la piscine.
6. ... as froid ?
7. ... ont un rhume.
8. ... avez cours de danse à cinq heures.
9. ... ai l'adresse de Zoé.
10. ... a dix sur dix en dictée.

3 Conjugue les verbes. Souligne les sujets. Trace une flèche du sujet au verbe qu'il commande.

La libellule bleue (être) comme un hélicoptère miniature. Chaque aile (être) indépendante. Ainsi, la libellule (avoir) le pouvoir de voler sur place, en arrière... Ses ailes (avoir) de fines nervures qui les rendent résistantes. Elles ne (être) pas pliables et (être) donc toujours étalées. La libellule (avoir) la taille d'un grand papillon.

EXERCICES SUPPLÉMENTAIRES P. 126

12 ORTHOGRAPHE

Des homophones : et/est, son/sont

• Relis le texte des bulles en commençant par *Autrefois* puis par *Dans cent ans.*
Quels sont les homophones soulignés qui changent ? Pourquoi ?
Quels sont ceux qui ne changent pas ? Pourquoi ?

> Explique comment tu t'y prends pour ne pas confondre ces homophones.

MÉMO PAGE 16

EXERCICES

Est-ce que je sais faire ?

1 Complète avec *son* ou *sont*, *et* ou *est*.

Les Inuit (les Esquimaux) ... de grands chasseurs ... de grands pêcheurs.
Un bon chasseur de phoques ... très respectueux des animaux. Il ... si habile que son harpon transperce ... tue le phoque sans douleur. Pour le remercier de lui offrir ... sang, le chasseur met un peu de neige sur ... museau.
Plus tard, l'animal ... découpé ... partagé entre les villageois.
Les Inuit ... gourmands de poisson ... de viande de caribou crus.

L. Quentin, C. Reisson, *Les Terres de glace*, Baluchon, Éd. Nathan.

Je m'entraîne

2 Complète avec *son* ou *sont*

Les grenouilles ... posées sur des nénuphars.
Elles ... obligées de vivre près de l'eau.
Le héron a repéré ... repas du jour. Il attend, perché sur une de ses pattes qui ... très longues. Les grenouilles ne ... pas assez méfiantes. L'oiseau allonge ... grand cou.
Et deux grenouilles ... aussitôt happées. Le héron recommence ... manège plusieurs fois.

3 Complète avec *et* ou *est*.

Cendrillon ... l'héroïne d'un conte merveilleux.
Sa mère ... morte ... la nouvelle femme de son père ... fort méchante. Avec ses deux filles, elle tourmente ... malmène Cendrillon.
La pauvre fille ... malheureuse ... elle pleure souvent.

Écris le portrait d'un animal. Emploie les homophones que tu as étudiés.

EXERCICES SUPPLÉMENTAIRES P. 127

Former des mots avec un préfixe

1. entasser – enrouler – empaqueter – emmener
2. agrandir – assouplir – aplatir
3. insatisfait – incapable – imparfait – immobile
4. malheureux – malpoli – maladroit
5. antivol – antigel
6. nouer → dénouer → renouer
brancher → débrancher → rebrancher
orienter → désorienter → réorienter

> Rappelle-toi : tu sais construire des mots en ajoutant un suffixe.

• Explique comment sont formés tous ces mots.
• Quel sens donnes-tu aux préfixes *dé* (ou *dés*), *in* (ou *im*), *mal*, *anti* ? Et aux préfixes *en* (ou *em*), *re*, *a* ?
• Observe les mots *décorer, démanger, repérer, refuser, inventer, imiter, malade, enfant, assiette.* Que remarques-tu ?

MÉMO PAGE 21 3

EXERCICES

Est-ce que je sais faire ?

1 Complète en t'appuyant sur les exemples en gras.

1. ***déranger***, c'est le contraire de *ranger*
découdre, c'est ...
..., c'est le contraire de *faire*
déshabiller, c'est ...
malhonnête, c'est ...
incompris, c'est ...
..., c'est le contraire de *connu*

2. ***antipoison***, c'est contre le *poison*
..., c'est contre les *rides*

3. ***recoiffer***, c'est *coiffer à nouveau*
recommencer, c'est ...
redistribuer, c'est ...
..., c'est *voir à nouveau*
..., c'est *mettre à nouveau*

4. ***emprisonner***, c'est *mettre dans une prison*
embrasser, c'est ...
..., c'est *mettre dans un cadre*

Je m'entraîne

2 Entoure les préfixes en bleu.

reconnaître – enquête – antigrippe – déloger – désobéir – impuni – malchanceux – revoir – emporter – désorganiser

3* Cherche et écris trois verbes formés avec chaque préfixe : *re*, *en* (ou *em*), *dé* (ou *dés*). Vérifie leur sens dans un dictionnaire.

4 Relève les mots qui comportent un préfixe. Entoure ces préfixes.**

déplacer – désirer – délicatement – décider – inanimé – Indien – impôt – injuste – impropre – impair – imprimerie – imitation – impératrice – maladie – malodorant – malle – malvoyant – malfaiteur

Écris quatre ou cinq phrases avec les mots que tu as relevés dans l'exercice 4.

EXERCICES SUPPLÉMENTAIRES P. 127

Écrire la suite d'un conte détourné

Je prépare mon travail

- Écoute le vrai conte du *Petit Chaperon Rouge*. Résume-le.
- À quel moment du conte situes-tu la fin du texte page 101 ?
- Imagine ce que les deux personnages vont faire et ce qui va arriver. Attention ! Rien ne se passe comme prévu mais on doit reconnaître le vrai conte (comme dans *Prince Gringalet*).
- Liste les éléments que tu veux garder, ceux que tu veux transformer.

Par exemple, tu peux :
– remplacer la grand-mère par quelqu'un d'autre, ajouter un personnage ;
– changer le comportement du loup, de la grand-mère ;
– inverser les rôles (un loup gentil, une grand-mère épouvantable, une petite fille chipie) ;
– situer l'histoire à notre époque.

Trouve d'autres idées. Note-les.

- Tu dois surprendre ton lecteur qui s'attend au conte classique.

J'écris la suite détournée du *Petit Chaperon Rouge*

Pense à commencer ton récit lorsque le Petit Chaperon Rouge rencontre le loup.

Les règles que tu dois respecter

1. Trouver une phrase de départ qui doit faire le lien entre la fin du texte page 101 et ce qui va suivre.
2. Respecter l'ordre du vrai conte.
3. Situer les événements dans des lieux et dans le temps.
4. Conserver des éléments du conte afin que le lecteur le reconnaisse.
5. Imaginer des situations imprévues.
6. Imaginer une fin surprenante, drôle.
7. Piéger et amuser le lecteur.

POUR T'AIDER

- Les mots et expressions de temps et de lieu : voir mémo p. 23.
- Les procédés de reprise qui permettent de bien suivre les personnages : voir mémo p. 24.
- La ponctuation du texte : voir mémo p. 28-29.
- La ponctuation et le fonctionnement du dialogue : voir mémo p. 27-28.

FONCTIONNEMENT DU TEXTE

1 Lis le texte. Complète le tableau.

Dans une cour de récréation...

– Si tu crois que je vais te prêter mes billes, râle Gaspard en croisant les bras.
– Tu peux bien m'en prêter deux ou trois, réplique gentiment Jérémy, je t'ai aidé à faire ton problème.
– D'accord, je t'en prête deux, bougonne Gaspard d'une voix basse.
– Et à moi, tu m'en prêtes aussi ? demande en s'avançant Pierre, un grand du CM2.
– Oui, oui, répond Gaspard d'un air flatté en mettant aussitôt sa main dans sa poche.
– Tu ne passeras pas de sitôt au CM2, déclare Jérémy très fâché et devenant tout rouge. Pour tes problèmes, ne compte plus sur moi.

nom de celui qui parle	verbes de paroles	gestes, comportements
...	...	...

2** Transforme ce texte en remplaçant les phrases soulignées par des phrases incises.

Filolog propose à Paul de faire ses devoirs en échange de lettres et de mots...

Paul répond :
– Mes parents travaillent, reviens plutôt ce soir s'il te plaît !
Mais l'homme poursuit :
– Je me charge de tous tes devoirs de classe pendant une semaine si tu me donnes tes prépositions et... disons tes articles définis. Ce n'est pas grand-chose.
Paul réplique :
– Mais comment est-ce que je te donnerais mes prépositions et mes articles définis ?

D'après H. J. Schädlich, *Le Coupeur de mots*, Éd. Flammarion.

3* Lis le texte en entier. Choisis le mot de liaison qui convient.

La jeune pie n'était pas difficile. Elle gobait les insectes (et, ou, mais) les fruits, les œufs dans les nids (et, ou, mais) les jeunes couvées. Elle jacassait pour appeler ses sœurs à déguster avec elle les glands d'un chêne (et, ou, mais) les fruits rouges du sorbier. Le soir, elle buvait à la flaque du chemin (et, ou, mais) à la source du pré.
(Et, Ou, Mais) à la nuit tombée, elle regagnait le hêtre (et, ou, mais) le bouleau.
Des ennemis rôdaient partout : les corbeaux (et, ou, mais) les buses.
La jeune pie avait passé un bel été, curieuse de tout, suivant à sa guise les geais (et, ou, mais) les merles. (Et, Ou, Mais) peu à peu, la nourriture se fit plus rare (et, ou, mais) la pie rôda vers le village.

D'après L. Pergaud, *Drames des champs et des bois.*

4** Lis le texte en entier. Complète-le avec les mots de liaison *et, ou, mais.*

Le roi perdit son épouse ... il se remaria à une méchante femme. ... la nouvelle reine n'aimait pas la fille du roi qui était si douce ... si belle. Elle se demandait si elle devait l'enfermer dans une tour ... lui faire avaler une boisson empoisonnée. Un jour, la reine eut une idée ... elle appela son plus fidèle serviteur. Elle lui demanda d'emmener Blanche-Neige dans la forêt ... de lui rapporter son cœur. ... le serviteur n'obéit pas à sa maîtresse. Il laissa la vie à la jeune fille ... il rapporta le cœur d'une biche à la reine. La princesse eut très peur ... pleura beaucoup. ... elle eut la chance d'être recueillie par sept nains.

GRAMMAIRE

1* Relève les groupes nominaux. Souligne les GN minimaux (déterminant + nom). Entoure les mots qui les précisent.

La chouette harfang

Sur les plateaux gelés du Pôle Nord, la chouette harfang aménage son nid dans la neige durcie. Elle creuse un petit trou qu'elle tapisse de plumes. Le vent glacial ne traverse pas son épais matelas de plumes. Grâce à son plumage blanc qui se confond avec la neige, on la repère difficilement. La chouette harfang appartient à la famille des rapaces. C'est un oiseau nocturne.

2 Ajoute un article indéfini devant chaque nom. Utilise un dictionnaire.

agouti – chauve-souris – grue – sauterelle – cétoine – porc-épic – flamant – puce – cacatoès – toucan – urubu – wallaby – perche – panthère – varan

3 Souligne *le, la, les* en bleu lorsqu'ils sont articles et en rose lorsqu'ils remplacent un nom.**

Ex : La girafe protège le girafeau. Elle le garde sous son ventre.

1. La mésange nourrit les oisillons. Elle les réchauffe. Les petits réclament toujours plus de chenilles. Les parents sont débordés. Les enfants les épuisent.
2. La truite remonte le courant de la rivière. Le pêcheur la séduit avec ses appâts. Elle avale le faux poisson qui cache l'hameçon. La truite est prise. Le pêcheur la sort de l'eau et la met dans son panier.

CONJUGAISON

1 Conjugue les verbes au présent à la deuxième personne du singulier et du pluriel.

défaire ses lacets – tenir un discours – redire un poème – sortir en récréation

2 Écris au présent. Surligne les verbes du 3e groupe.

Les deux enfants arrivent chez la grand-mère du Petit Chaperon Rouge...

Dans la maison, il (faire) très sombre. Une très vieille femme (se tenir) recroquevillée dans son lit. Nous lui (dire) ce qui nous est arrivé. Elle (se souvenir) bien du conte. « Le loup (venir) me manger la première, un point c'est tout. Ou il me (manger), ou il (repartir) chez lui. Je (voir) que vous (désobéir) au conte. Vous (faire) et vous (dire) n'importe quoi ! »

3* Relève les sujets et conjugue les verbes qu'ils commandent au présent.

Comme je (faire) ma page d'écriture, j'(entendre) un léger bruit. Si je m'(arrêter), il (cesser). Il (recommencer) dès que je (gratter) le papier. C'est une souris qui (sortir). [...] Elle (aller) près de la cheminée, sous l'évier, (venir) dans la vaisselle. Chaque fois que je (prendre) mon porte-plume, elle (croire) peut-être qu'il y a une autre souris et elle se (rassurer). Puis je ne la (voir) plus. Elle (aller) sous ma table et la voilà sur mes sabots. Je ne (pouvoir) plus bouger. Puis elle (repartir).

4 Ajoute les sujets proposés.

... avez visité le zoo. ... compte de nombreux animaux. ... y sont bien soignés. ... ai donné du pain aux poissons. ... a la peau épaisse. ... est très gros. ... ont beaucoup de travail.

il – les gardiens – vous – ce zoo – j' – ils – l'hippopotame – il

ORTHOGRAPHE

1 Classe les mots dans le tableau.

du mercurochrome – une machine – un paragraphe – un graphique – un Chinois – le chloroforme – le physique – choquer – un chœur – la richesse – un phénomène – la technique – tricher – un phare – le varech – un anchois – Christophe

Je vois la lettre ***h***		
J'entends [k]	J'entends [ʃ]	J'entends [f]
...	...	...

2 Trouve les mots qui ont permis de former ces mots.

1. permission – confusion – refuser – grosseur – épaisseur – grisaille
2. poterie – inquiétude – grandeur – gourmandise – sottise – toiture

3 Complète avec les homophones *et* ou *est*, *son* ou *sont*.

La Terre ... un satellite du Soleil ... la lune ... un satellite de la Terre.
Les planètes qui ... aussi des satellites du soleil ... au nombre de neuf.
Jupiter ... la plus proche ... Pluton ... la plus éloignée du Soleil.
Vénus a ... atmosphère si chaude que les hommes ne ... pas prêts de l'explorer.
On l'appelle la jumelle de la Terre car ... volume ... presque le même.

VOCABULAIRE

1 Classe les mots en deux familles. Pars du mot de base.

journal – plateau – aplatir – jour – platement – journée – plateforme – plat

2 Barre l'intrus dans chaque famille.

1. charge – chargement – charmant – décharger
2. solaire – soleil – ensoleillé – soldes – parasol
3. écrire – écriture – écrivain – écriteau – s'écrier
4. pays – paysage – dépayser – payant – paysagiste

3 Emploie les suffixes diminutifs proposés pour trouver le nom des petits de ces animaux. Aide-toi d'un dictionnaire.

on → un chat – un âne – un ours – un canard
elet → un porc – un agneau – un coq – un oiseau
eau → une baleine – une chèvre – un éléphant – une girafe

4 ** Relève seulement les mots qui comportent un suffixe.

1. un louveteau – un arbrisseau – un morceau – un souriceau – un couteau
2. un mouton – un oison – un croûton – un oisillon – un avion
3. un roitelet – coquet – un bouquet – un gantelet – un livret

5 Écris des mots de sens contraire.

1. avec *dé* ou *dés* → geler – équilibre – fait – cousu – obéir
2. avec *in* ou *im* → connu – poli – précis – patience – juste

6 ** Relève les mots qui comportent des préfixes. Entoure ces préfixes.

incorrect – démarrer – décoller – insulter – imagination – dévoiler – intéresser – remettre – descendre – ennemi

10

Minuscule passoire
rouge et noire
tu n'égouttes
que ta chance
d'être une coccinelle

22

Sous les frôlements
de la lumière
le caillou brun
fait son dos
de crapaud

30

Hérisson
tu transportais
la forêt
de l'autre
côté

35

En bondissant
la feuille morte
se fait
vive
grenouille

40

Renard
dans les flammes
de ta toison
un renard

50

Zèbre
Libère
sur le champ
ton beau
cheval blanc

69

La main
de l'oursin
recoiffe la marée
quand elle revient
du bain

1. Pourquoi l'auteur a-t-il donné ce nom à ce recueil de poèmes ? Qu'en penses-tu ?
2. Poème 10 : pourquoi peut-on comparer une coccinelle à une passoire rouge et noire ? Que dit-on quand on voit une coccinelle ? Pourquoi cette passoire égoutte-t-elle de la chance ?
3. Poème 30 : pourquoi dit-on que le hérisson transporte la forêt sur son dos ? Pourquoi ce poème est-il au passé ? Où allait le hérisson ? À ton avis, qu'a-t-il pu lui arriver ?
4. Poème 50 : quel est « le beau cheval blanc » du zèbre ? Crois-tu comme le poète que le zèbre serait plus libre s'il se débarrassait de ce qui caractérise son pelage ?

79

Le flamant
Travaille
son reflet
pour suggérer à l'eau
la rosée

85

Noircie
blanchie
on ne sait qui l'a prise
la frontière
où volait la pie

93

Pourquoi
le pivert
persécute-t-il
le battement sec
au cœur des arbres

95

Les cigognes
Laissent
dans l'air
de longs couloirs
d'espoirs

A. Serres, *Le Bestiaire des mots, Petits poèmes à cinq pattes*, collection « Poèmes pour grandir », Cheyne Éditeur.

5. Poème 79 : où vit le flamant ? De quelle couleur est-il ? Comment comprends-tu les trois derniers vers ?
6. Poème 93 : que fait habituellement le pivert sur le tronc des arbres ? À quoi ressemble le bruit qu'il fait ? Comment le poète glisse-t-il du battement sec du pivert au « battement du cœur des arbres » ?
7. Poème 95 : que sais-tu des cigognes ? Quel espoir apportent-elles lorsqu'elles reviennent ?
8. Explique comment tu comprends les poèmes 22, 35, 40, 69, 85 ?

Cendrillon et le prince (pas trop) charmant, film d'animation de Paul J. Bogler (2007).

Monde réel et mondes imaginaires

CE QUE TU VAS APPRENDRE DURANT CES SIX SEMAINES

LECTURE COMPRÉHENSION	Lire deux récits qui nous font basculer dans des mondes imaginaires et un document sur les oiseaux des marécages.
FONCTIONNEMENT DU TEXTE	Reconnaître qui parle à qui dans un dialogue. Observer des mots de liaison et savoir enchaîner des informations.
GRAMMAIRE	Étudier l'emploi des déterminants démonstratifs et possessifs. Comprendre le genre et le nombre des noms.
CONJUGAISON	Conjuguer des verbes courants à l'imparfait et au passé composé.
ORTHOGRAPHE	Ne pas confondre les homophones *ces/ses, mes/mais.* Faire les accords en genre et en nombre dans le GN simple.
VOCABULAIRE	Observer la construction des mots. Distinguer des homophones lexicaux.
ATELIER D'ÉCRITURE	Écrire un texte scientifique et légender un dessin.

La sorcière du placard aux balais

Monsieur Pierre a acheté une maison pour une pièce de 5 francs (moins d'un euro). Il s'y installe et va saluer ses voisins qui lui claquent la porte au nez, horrifiés. Furieux, M. Pierre retourne chez le notaire afin d'obtenir des éclaircissements…*

– Je peux bien vous le dire… la maison est hantée !

– Hantée ? Hantée par qui ?

– Par la sorcière du placard aux balais ! […]

– Mais dites-moi donc, j'y pense : je l'ai visité, ce placard aux balais, il y a un quart d'heure à peine… Je n'y ai pas vu de sorcière !

– C'est qu'elle n'y est pas dans la journée ! Elle ne vient que la nuit !

– Et qu'est-ce qu'elle fait, la nuit ?

– Oh ! Elle se tient tranquille, elle ne fait pas de bruit, elle reste là, bien sage, dans son placard… seulement, attention ! Si vous avez le malheur de chanter :

Sorcière, sorcière,
Prends garde à ton derrière !

À ce moment-là, elle sort… Et c'est tant pis pour vous !

Moi, en entendant ça, je me relève d'un bond et je me mets à crier :

– Espèce d'idiot ! Vous aviez bien besoin de me chanter ça ! Jamais il ne me serait venu l'idée d'une pareille ânerie ! Maintenant, je ne vais plus penser à autre chose !

– C'est exprès ! Hihihi !

Et, comme j'allais sauter sur lui, le notaire s'enfuit par une porte dérobée. […]

Les premiers mois, bien sûr, je me tenais sur mes gardes… Et puis, au bout d'un an et demi, la maison, je la connaissais, je m'y étais habitué, elle m'était familière… Alors j'ai commencé à chanter la chanson pendant le jour, aux heures où la sorcière n'était pas là… Et puis dehors, où je ne risquais rien… Et puis je me suis mis à la chanter la nuit, dans la maison – mais pas entièrement ! Je disais simplement : *Sorcière, sorcière*… et puis je m'arrêtais. Il me semblait alors que la porte du placard

* **Notaire** : officier public qui établit par exemple des contrats de vente de maisons.

Je comprends

1. De quel recueil est tiré ce conte ? Quel est son auteur ?

2. Qui raconte l'histoire ? À quelle personne ?

3. Quels sont les personnages présents dans cet extrait ?

4. Quels sont les lieux successifs ?

5. Quels mots et expressions de temps te permettent de mesurer la durée de l'action ?

6. Relève les mots de liaison qui marquent la succession des provocations de M. Pierre envers la sorcière (lignes 20 à 36). Que déclenchent ces provocations ? Quel est le rôle des points de suspension ?

aux balais se mettait à frémir… Mais comme j'en restais là, la sorcière ne pouvait rien. Alors, voyant cela, je me suis mis à en dire chaque jour un peu plus : *Prends garde…* puis *Prends garde à…* et puis *Prends garde à ton…* et enfin *Prends garde à ton derr…* Je m'arrêtais juste à temps ! Il n'y avait plus de doute, la porte frémissait, tremblait, sur le point de s'ouvrir… Ce que la sorcière devait rager, à l'intérieur !

Ce petit jeu s'est poursuivi jusqu'à Noël dernier. Cette nuit-là, après avoir réveillonné chez des amis, je rentre chez moi. […] Je m'engage dans le couloir en direction de l'escalier…

Sorcière, sorcière,
Prends garde à ton derrière !

Zut ! Ça y était ! Cette fois, je l'avais dit ! Au même moment j'entends, tout près de moi, une petite voix pointue, aigre, méchante :
– Ah, vraiment ! Et pourquoi est-ce que je dois prendre garde à mon derrière ?

C'était elle. La porte du placard était ouverte, et elle était campée dans l'ouverture. […] Bien entendu, j'essaye de m'excuser :
– Oh ! **Je vous** demande pardon, Madame ! C'est un moment de distraction… **J'**avais oublié que… Enfin, **je** veux dire… **J'**ai chanté ça sans y penser…

Elle ricane doucement :
– Sans y penser ? Menteur ! Depuis deux ans **tu** ne penses qu'à ça ! **Tu te** moquais bien de **moi**, n'est-ce pas, lorsque **tu t'**arrêtais au dernier mot, à la dernière syllabe ! Mais **moi**, **je me** disais : Patience, mon mignon ! Un jour, **tu** la cracheras, ta petite chanson, d'un bout à l'autre, et ce jour-là ce sera mon tour de **m'**amuser… Eh bien, voilà ! C'est arrivé ! […] **Tu** as trois jours pour **me** demander trois choses. Trois choses impossibles ! Si **je te** les donne, **je t'**emporte. Mais si, une seule des trois, **je** ne suis pas capable de **te** la donner, **je m'**en vais pour toujours et **tu** ne **me** verras plus. Allez, **je t'**écoute !

P. Gripari, *Contes de la rue Broca*, Éd. La Table ronde.

SI TU VEUX LIRE
les œuvres de Pierre Gripari :

- **Le Marchand de fessées,** Éd. Grasset.
- **Les Contes de la folie Méricourt,** Éd. Grasset.
- **Le Gentil Petit Diable et autres contes de la rue Broca,** Éd. Gallimard.

Je discute

1. Pourquoi peut-on dire que cette histoire se passe à la fois dans un monde réel et dans un monde imaginaire ? Donne des exemples.
2. Comment peut-on expliquer le comportement de M. Pierre ?
3. Que penses-tu du notaire ?

Je dis

Entraîne-toi à lire le passage de la ligne 20 jusqu'à la ligne 42. Veille à la ponctuation. Trouve un air pour la chanson.

Écris une des trois choses impossibles que M. Pierre va demander à la sorcière.

Reconnaître qui parle et à qui

– Je peux bien vous le dire… la maison est hantée !
– Hantée ? Hantée par qui ?
– Par la sorcière du placard aux balais ! […]
– Mais dites-moi donc, j'y pense : je l'ai visité, ce placard aux balais, il y a un quart d'heure à peine… Je n'y ai pas vu de sorcière ! […]
– Oh ! Elle se tient tranquille, […] elle reste là, bien sage, dans son placard… seulement attention ! Si vous avez le malheur de chanter :
Sorcière, sorcière,
Prends garde à ton derrière ! […]
– Espèce d'idiot ! Vous aviez bien besoin de me chanter ça !

- Sur quels indices t'appuies-tu pour repérer qui parle, à qui, et qui répond ?
- *Je* désigne-t-il toujours la même personne ? Argumente ta réponse.
- Qui est désigné par *vous* dans chaque cas ? Explique l'emploi de ce pronom.

MÉMO PAGE 25

EXERCICES

Est-ce que je sais faire ?

1 Relève les pronoms en gras dans le texte page 133 (lignes 49 à 61). Classe-les dans les tableaux en identifiant qui parle et à qui il s'adresse.

M. Pierre parle	à la sorcière
je	vous

La sorcière parle	à M. Pierre
…	…

Je m'entraîne

2 Entoure en rouge les pronoms qui désignent le poète et en vert ceux qui désignent la personne à qui il s'adresse. Qui désigne *nous* ?

SAISONS

Si je dis
les corbeaux font la ronde
au-dessus du silence
Tu me dis c'est l'hiver.

Si je dis
les rivières se font blanches
en descendant chez nous
Tu me dis c'est le printemps. […]

J.-P. Siméon, *À l'aube du buisson, poèmes pour grandir*, Cheyne Éditeur.

3 Qui est désigné par les pronoms soulignés : *Toa* ou *le petit garçon* ?

En Afrique, Toa le marchand a recueilli un petit garçon abandonné…

« Attends-moi là, avait ordonné Toa. […]
J'ai vendu le chameau !
– Comment ? Tu as vendu Casseroles ? À qui ?
– Ça ne te regarde pas. » Il avait un drôle de regard en coin.
« D'ailleurs, je t'ai vendu, toi aussi. »
Et il ajouta : « Te voilà berger, maintenant. »

D. Pennac, *L'Œil du loup*, Pleine Lune, Éd. Nathan.

EXERCICES SUPPLÉMENTAIRES P. 157

GRAMMAIRE

Les déterminants (2) : démonstratifs et possessifs

1. Il y a un placard aux balais dans la maison. Le notaire dit que ce placard est habité par une sorcière. Pourtant M. Pierre n'a jamais vu cette fameuse sorcière. Il entend bien quelques bruits, le soir… Mais ces bruits ne l'inquiètent pas. Cette nuit-là, après le réveillon de Noël, M. Pierre chante cet air qui excite la sorcière, en entier !

2. La sorcière ricane : « Alors mon mignon, tu l'as crachée ta petite chanson. Tu ferais mieux de faire très vite tes bagages. »
Et M. Pierre se dit aussitôt qu'il devrait prendre ses jambes à son cou.

- Dans le texte 1 :
  – Pourquoi l'auteur peut-il écrire *ce placard, cette sorcière* au lieu de *un placard, une sorcière* ? Fais des remarques pour les autres **déterminants démonstratifs** soulignés.
  – Remplace *placard* par *maison*, *sorcière* par *fantôme*, *nuit* par *jour*, *air* par *chanson*. Écris les GN que tu obtiens.
  – Écris maintenant ces GN au pluriel. Fais des remarques sur les formes que prennent ces déterminants. Justifie l'écriture de *cet*.
- Dans le texte 2 :
  – À qui sont : *le mignon, la chanson, les bagages, les jambes, le cou* ?
  – Relis le texte comme si la sorcière s'adressait à M. Pierre et au notaire.
  – Quels changements subit le **déterminant possessif** lorsque la personne varie en genre et/ou en nombre ?

> Essaie d'expliquer le rôle et les variations des déterminants démonstratifs et possessifs.

MÉMO PAGE 8

EXERCICES

Est-ce que je sais faire ?

1 Récris cette phrase en remplaçant successivement *un perroquet* par *une perruche, un geai, des mésanges, des toucans*.

J'ai vu un perroquet. Ce perroquet a un plumage si coloré !

2 Écris les groupes nominaux qui conviennent. Entoure les déterminants possessifs.

1. La montre → Mattéo : [sa] montre → Moi : … → Tim et Arthur : …
2. La poupée → Toi et moi : … → Cindy et toi : … → Lucie et Clara : …
3. Les jouets → Toi : … → Toi et moi : … → Kim et Alys : …

EXERCICES

Je m'entraîne

3 Écris les déterminants démonstratifs.

Dans Paris, il y a une rue.
Dans ... rue, il y a une maison.
Dans ... maison, il y a un escalier.
Dans ... escalier, il y a une chambre. [...]
Sur ... table, il y a un tapis.
Sur ... tapis, il y a une cage.
Dans ... cage, il y a nid.
Dans ... nid, il y a un œuf.
Et dans ... œuf, il y a un oiseau. [...]

P. Eluard, *Invraisemblances et hyperboles*, dans *Les sentiers et les routes de la poésie*, Éd. Gallimard.

4 Emploie *ma* ou *mon* devant ces noms féminins. Ton oreille va te guider.

... lettre – ... lecture – ... histoire – ... aventure – ... héroïne – ... légende – ... imagination – ... fable – ... amie

5 Emploie *ce* ou *cet* devant ces noms masculins. Ton oreille va te guider.

... lion – ... bison – ... écureuil – ... âne – ... escargot – ... éléphant – ... jaguar – ... tapir – ... ibis – ... loup

6 Écris un nom pour accompagner chaque déterminant. Veille aux accords.

ma – ton – tes – leurs – votre – ce – ces – leur – notre – mon – cette – sa – ses – nos – vos

7* Complète avec des déterminants possessifs.

La Belle a voulu sauver son père. Elle est prisonnière dans le château de la Bête. C'est la Belle qui parle.

« Comment pouvais-je laisser la Bête dévorer ... père ? Je regarde cette créature monstrueuse. ... visage est couvert de poils, de ... bouche énorme sortent de longues dents. Sous ... habits de grand seigneur, je devine ... corps d'animal. Je garde ... calme. ... mains ne tremblent pas. Lorsque la Bête parle, ... voix est assez douce. Elle ne correspond pas à ... physique effrayant. La Bête, voyant que je n'ai pas peur, admire ... courage. Elle promet que je reverrai ... famille si j'accepte ... demandes.

8** Complète avec des déterminants démonstratifs ou possessifs. Entoure en rouge ceux qui reprennent *Zeus* et en vert ceux qui reprennent *Europe*.

Zeus, le roi des dieux, avait de nombreux pouvoirs. Cela lui permettait de réaliser tous ... désirs. Un jour qu'il s'ennuyait dans ... palais, il aperçut, par-delà les nuages, la princesse Europe – c'était ... nom – qui dansait avec ... sœurs. ... princesse fêtait ... anniversaire. En voyant ... jeune fille si belle, Zeus fut bouleversé. Il se métamorphosa en un taureau blanc, prit ... élan et se posa près d'Europe. Europe trouva ... taureau si doux qu'elle monta sur ... dos. Aussitôt Zeus s'élança vers la mer, emportant jusqu'en Crète ... princesse qui donna ... nom à tout un ensemble de pays.

9** Lis le texte. Relève les déterminants en deux colonnes : les articles et les déterminants démonstratifs. Entoure les articles indéfinis.

LA BALEINE QUI PORTAIT LE MONDE
(légende d'Arabie)

Autrefois, un géant portait la Terre sur ses épaules.
Mais ce géant, qui le portait ?
Un rocher vert.
Et ce rocher vert ?
Un gros taureau.
Et ce gros taureau ?
Une énorme baleine.
Et cette énorme baleine, où vivait-elle ?
Dans un océan.
Et cet océan, où se trouvait-il ?
Sur une Très Grande Terre.
Et cette Très Grande Terre ?
Sur les épaules d'un géant. [...]
Cette histoire n'a pas de fin.
Peux-tu la continuer ?

E. Sanvoisin, *Les Baleines*, Éd. Hachette.

Écris une suite au texte de l'exercice 9. Emploie des articles indéfinis et des déterminants démonstratifs.

EXERCICES SUPPLÉMENTAIRES P. 157

L'imparfait

Les premiers mois, bien sûr, je me tenais sur mes gardes… Et puis, au bout d'un an et demi, la maison, je la connaissais, je m'y étais habitué […].
Je disais simplement : *Sorcière, sorcière…* et puis, je m'arrêtais. Il me semblait alors que la porte du placard aux balais se mettait à frémir. Mais comme j'en restais là, la sorcière ne pouvait rien.

Les contes de la rue Broca au théâtre Lucernaire à Paris (2002).

> Rappelle-toi : tu connais le temps du passé que l'on nomme l'**imparfait**.

- Trouve l'infinitif des verbes soulignés et classe-les selon leur groupe.
- Conjugue oralement, à l'imparfait et à toutes les personnes, les verbes : *chanter, finir, dire, faire, tenir, pouvoir, prendre, être, avoir.*
- Choisis un verbe de chaque groupe et écris sa conjugaison en entier.

MÉMO PAGES 11 À 15

EXERCICES

Est-ce que je sais faire ?

1 Complète ces tableaux. Un exemple t'est donné.

infinitif	personnes possibles	formes conjuguées
acheter	je, tu	achetais
pleurer	… , …	pleurait
frémir	nous	…
…	vous	veniez
attendre	ils, elles	…

infinitif	personnes possibles	formes conjuguées
…	je, tu	avançais
vouloir	il, elle	…
tendre	nous	…
choisir	…	choisissiez
…	ils, elles	lisaient

Je m'entraîne

2 Relève seulement les formes conjuguées à l'imparfait.

il nageait – ils ont plongé – nous sortions – vous avez vu – je me promenais – vous travaillez – tu écrivais – je jouais – nous commençons – nous avancions

3* Complète à l'imparfait.

rincer :	il …	nous …	ils …
ranger :	il …	nous …	ils …
nager :	il …	nous …	ils …
tracer :	il …	nous …	ils …

4* Récris les phrases à l'imparfait avec les sujets proposés.

1. Le notaire savait que la maison cachait une sorcière mais il n'avait rien dit.
Tu – Les voisins – Vous
2. La sorcière ne sortait que la nuit et faisait le ménage.
Je – Il – Nous

Écris des phrases pour expliquer ce que faisaient autrefois le porteur d'eau, la laveuse, le ramoneur, la raccommodeuse. Aide-toi d'un dictionnaire.

EXERCICES SUPPLÉMENTAIRES P. 158

Des homophones : ces/ses ; mes/mais

La sorcière n'aime pas qu'on la dérange dans sa maison. Elle y a ses habitudes. Elle déteste particulièrement les paroles d'une chanson. Dès qu'elle entend ces paroles, elle devient dangereuse. Elle prend aussitôt son balai.
Le notaire a pourtant prévenu M. Pierre : « Vous devriez suivre mes conseils ! » Mais M. Pierre n'en fait qu'à sa tête.

- Écris au pluriel : *sa maison, son balai.*
- Écris au singulier : *ses habitudes, ces paroles, mes conseils.*
- Quelles catégories de déterminants reconnais-tu ?
- Peux-tu remplacer *mais* par un autre mot ? Tu connais ce mot de liaison invariable.

> Essaie d'expliquer comment on peut distinguer *ses* et *ces* ; *mes* et *mais.*

MÉMO PAGE 16

EXERCICES

Est-ce que je sais faire ?

1 Choisis le mot qui convient. Surligne d'une couleur les déterminants possessifs et d'une autre couleur les déterminants démonstratifs.

Le dytique se propulse dans l'eau de la mare grâce à (ses/ces) pattes postérieures puissantes. Pour respirer, il ouvre (ses/ces) ailes rigides et emprisonne des bulles d'air dans la fine toison de (son/sont) abdomen. (Ses/Ces) bulles d'air lui permettent de chasser sous l'eau. (Mais/mes) au bout d'un certain temps, il doit remonter à la surface pour se réapprovisionner.
On dit que les dytiques (son/sont) des tigres d'eau. (Ses/Ces) chasseurs féroces attaquent des proies vingt fois plus grosses qu'eux. (Mais/Mes) ils peuvent être dévorés à leur tour.

D'après *Les Étangs*, Gros plan, Éd. Seuil Jeunesse.

Je m'entraîne

2 Complète avec *ces* ou *ses*.

... joueurs commencent leur match. Peter a mis ... chaussures de sport. ... spectateurs applaudissent. Peter a gagné, ... parents sont fiers de lui.

3 Complète avec *mes* ou *mais*.

... où sont passées ... chaussettes ? Je les avais mises dans ... bottes. ... mon jeune chien est passé par là. Il a dû jouer avec.

4 ** Complète avec *ses, ces, mais, mes*.

De pauvres bûcherons avaient sept enfants. Sur ... sept enfants, le dernier était plus avisé que ... frères. Il vint une année de famine si grande que ... pauvres gens ne pouvaient plus nourrir leurs enfants. Un soir, le père proposa de les abandonner dans la forêt. La mère pleura : « Je ne peux abandonner ... pauvres petits. » ... le Petit Poucet qui avait tout entendu, se leva de bon matin et remplit ... poches de petits cailloux.

EXERCICES SUPPLÉMENTAIRES P. 158

VOCABULAIRE

Former des mots avec un préfixe et un suffixe

1

une histoire incroyable
une voisine invivable
un conte irrésistible
une sorcière insensible

2

un enchaînement
un atterrissage
la défloraison
la réorganisation

> Rappelle-toi : tu sais construire des mots nouveaux à partir d'une base. Comment fais-tu ?

• Compare les adjectifs de la série 1. Trouve la base qui a permis de construire chacun d'eux. Comment sont-ils formés ? Trouve le sens des suffixes et des préfixes.
• Suis la même démarche pour les mots de la série 2. À quelle classe grammaticale appartiennent-ils ?

MÉMO PAGES 20 ET 21

Est-ce que je sais faire ?

1 Entoure la base en bleu, le suffixe en rouge et le préfixe en jaune.

inexactitude – immangeable – agrandissement – amerrissage – intouchable – indéchiffrable – illisible – assouplissement – incorrigible – enterrement

2 Trouve le mot correspondant à chaque définition. Entoure les préfixes et les suffixes.

1. qu'on ne peut pas supporter → ...
2. qu'on ne peut pas voir → ...
3. qu'on ne peut pas battre → ...
4. rendre pauvre → ...
5. rendre riche → ...
6. rendre plus beau → ...

Je m'entraîne

3 Dans chaque série, relève le mot qui est correctement découpé. Écris-le sans coupure.

1. dém/on/table – in/touch/able – ins/up/port/able – im/pit/oyab/le
2. ir/résist/ible –inv/isib/le – in/access/ible – ind/ivis/ible
3. ab/ord/age – désha/billa/ge – enr/oule/ment – ré/orient/ation
4. sur/natur/el – désé/qui/lib/rage – su/rcla/ssement – al/un/ir

4* Dans chaque série, relève les intrus qui ne comportent pas de suffixe.

1. feuillage – maquillage – page – sage – passage – visage – cage – arrosage – plage – délayage
2. maison – camion – opération – préparation – lion – allions – pion – réunion – champion – alimentation

Écris quatre phrases dans lesquelles tu emploieras des mots de la famille de *terre*. Pense aux suffixes mais aussi aux préfixes.

EXERCICES SUPPLÉMENTAIRES P. 159

Le doigt magique

Monsieur et Madame Cassard habitent la ferme à côté de la nôtre. Les Cassard ont deux enfants, deux garçons. Ils s'appellent Bernard et Richard. Quelquefois, je vais chez eux pour jouer. Je suis une fille et j'ai huit ans. Bernard aussi a huit ans. Richard a trois ans de plus. Il a dix ans. Quoi ? Ah ! non, c'est vrai. Il a onze ans.

La semaine dernière, il est arrivé quelque chose de très drôle à la famille Cassard. Je vais essayer de vous le raconter de mon mieux. En ce temps-là, Monsieur Cassard et ses deux garçons aimaient par-dessus tout aller à la chasse. […]

Un samedi matin, je vis Bernard et Richard sortir des bois avec leur père. Ils ramenaient un adorable petit daim. […]

Ça, ce fut le bouquet !

Je vis rouge.

Et sans réfléchir, je fis quelque chose que j'avais décidé de ne plus jamais faire.

JE POINTAI LE DOIGT MAGIQUE SUR EUX !

Oh ! là là ! Même Madame Cassard, qui n'était pas là, fut ensorcelée. J'avais pointé le Doigt Magique sur toute la famille Cassard. Pendant des mois, je m'étais dit que je n'utiliserais plus le Doigt Magique sur quelqu'un, après ce qui était arrivé à mon professeur, la vieille Madame Rivière.

Un jour, nous étions en classe et elle nous apprenait l'orthographe.

« Lève-toi, me dit-elle, et épelle le mot chat.

– C'est facile, dis-je. C-H-A.

– Tu es une stupide petite fille ! dit Madame Rivière.

– Je ne suis pas une stupide petite fille ! m'écriai-je. Je suis une très mignonne petite fille !

– Au coin ! » dit Madame Rivière.

Alors, je me mis en colère, je vis rouge et presque aussitôt, je pointai énergiquement le Doigt Magique sur Madame Rivière.

Je comprends

1. Qui raconte l'histoire ? De quels personnages parle-t-elle ? Qu'apprends-tu sur eux ?

2. Pourquoi la fillette en veut-elle à ses amis ?

3. Classe les mots et expressions de temps en deux colonnes :
- ceux qui ont un lien avec les Cassard ;
- ceux qui ont un lien avec Madame Rivière.

4. Retrouve l'ordre dans lequel les événements se sont réellement passés. Note-les dans l'ordre.

5. Relève les commentaires personnels que fait **la narratrice** (lignes 1 à 15). Dans quelles phrases s'adresse-t-elle au lecteur ?

Vous devinez la suite ?

Des moustaches se mirent à pousser sur son visage. C'était de longues moustaches noires, exactement comme celles d'un chat, mais beaucoup plus grandes.

Et qu'est-ce qu'elles poussaient vite !

En un clin d'œil, elles lui arrivèrent jusqu'aux oreilles !

Évidemment, comme toute la classe se mit à hurler de rire, Madame Rivière demanda :

« Vous voulez bien me dire ce que vous trouvez de si amusant ? »

Et lorsqu'elle se retourna pour écrire quelque chose au tableau, nous vîmes qu'une queue lui avait également poussé ! Une énorme queue touffue !

Je ne vais pas commencer à vous raconter la suite, mais si l'un de vous me demande si Madame Rivière est redevenue normale, la réponse est NON. Elle ne le sera jamais plus.

Depuis toujours, je sais me servir du Doigt Magique. Je ne peux pas vous dire comment j'y arrive, parce que je ne le sais pas moi-même. Mais cela arrive toujours quand je me mets en colère et que je vois rouge… […]

Eh bien ! le Doigt Magique était à présent sur la famille Cassard tout entière et il n'y avait pas moyen d'y échapper.

Je courus chez moi et j'attendis que les trucs commencent. Ils arrivèrent vite. Ces trucs, je vais vous les raconter. Bernard et Richard m'ont tout dit, le lendemain matin quand cela s'est terminé.

L'après-midi du jour où j'avais pointé le Doigt Magique sur la famille Cassard, Monsieur Cassard, Bernard et Richard repartirent à la chasse. Cette fois-ci, ils poursuivirent des canards sauvages, aussi ils prirent le chemin du lac.

R. Dahl, *Le Doigt Magique*, Folio Cadet, traduction M. Saint-Dizier et R. Farré, Éd. Gallimard, © Roald Dahl Nominee Ltd, 1981.

SI TU VEUX LIRE

– d'autres histoires d'enfant insupportable :

- P. Thiès, **La Princesse aux cheveux verts**, Cascade, Éd. Rageot.
- Astrid Lindgren, **Fifi Brindacier**, Le Livre de Poche Jeunesse, Éd. Hachette.

– d'autres romans de R. Dahl publiés aux Éditions Gallimard :

- **L'Énorme Crocodile**,
- **Un amour de tortue**,
- **Fantastique Maître Renard.**

Je discute

1. Relis le dernier paragraphe puis observe la couverture de l'ouvrage. À ton avis, qu'a fait la petite fille avec son doigt magique ?

2. Dans ce texte, qu'est-ce qui évoque le monde quotidien ? un monde imaginaire ?

3. Quelles sont les intentions de l'auteur : te faire rêver, rire, réfléchir, frissonner… ?

Je dis

Prépare-toi à lire le texte de la ligne 21 à la ligne 30. Donne tout son sens à la ponctuation et trouve le ton juste.

Écris ce que tu as compris de la mésaventure de la maîtresse.

Les mots de liaison (2)

La maîtresse m'envoya au coin. Alors, je me mis en colère. Je pointai le Doigt Magique sur Madame Rivière car cette punition était injuste. Et des moustaches se mirent à pousser sur son visage, exactement comme celles d'un chat. Ensuite, il lui poussa aussi une énorme queue touffue. J'avais donc métamorphosé Madame Rivière.

- Quels sont les mots soulignés qui permettent de suivre l'ordre des événements ?
- Quel mot peux-tu remplacer par *parque que* ? Quel sens lui donnes-tu ?
- Quel mot marque le résultat, la conséquence de ce qui arrive à Madame Rivière ?
- Essaie de trouver des **mots de liaison** pour remplacer *alors*.

MÉMO PAGE 23

EXERCICES

Est-ce que je sais faire ?

1 Choisis les mots de liaison qui conviennent au sens du texte.

La reine était morte (car, donc, mais) le prince Thibault n'avait plus de mère. La femme du valet devint la nourrice du prince (car, donc, alors) elle venait aussi d'avoir un fils, Guillaume. (Puis, Donc, Car) le roi et son valet partirent à la guerre (et, car, mais) la nourrice mourut à son tour.
Comme on avait retrouvé les bébés tout nus, personne ne put (car, mais, donc) savoir qui était Thibault, ni qui était Guillaume. (Et, Donc, Car) cela dura des années.

D'après E. Brisou-Pellen, *Le Vrai Prince Thibault*, collection Rageot Romans, Éd. Rageot.

Je m'entraîne

2 Lis le texte en entier. Relève les mots de liaison que tu reconnais.

Dans un village de Guyane...

Un jour, des fourmis-manioc envahirent le village. Alors, elles dévorèrent tout sur leur passage. D'abord les lianes puis les feuilles des arbres et ensuite les bananiers. Avant de prendre la décision de partir, la tribu tint conseil car l'heure était grave. Après avoir marché trois jours et trois nuits, franchi d'abord un marécage puis deux montagnes et enfin trois rivières, la tribu s'arrêta.

Sur une idée de Y. M. Clément, *Le Roi des piranhas*, Éd. Hatier-Rageot.

3 Lis le texte en entier et complète-le avec *car, puis, lorsque, et*.**

Les Tchouktches vivent au nord de la Sibérie, en Russie. Ils élèvent d'immenses troupeaux de rennes ... cet animal est bien adapté au grand froid. ... des animaux intrépides s'éloignent du groupe, les bergers imitent leur cri ... préparent leur saat (lasso). ... les hommes tuent ... écorchent un renne, les enfants accourent. Ils réclament la peau ... ils mangent les larves de taon nichées à la racine des poils ... ils en raffolent.

D'après *Les Tchouktches dans la toundra*, Baluchon, Éd. Nathan.

Écris trois phrases en employant les mots de liaison *car, mais, et*.

EXERCICES SUPPLÉMENTAIRES P. 157

Le genre des noms

> Rappelle-toi : comment reconnais-tu les noms communs et les noms propres ?

• Relève au moins vingt noms communs dans le texte de lecture pages 140 et 141.
• Classe ces noms en deux colonnes :
– ceux auxquels tu peux ajouter les déterminants *un* ou *le* ;
– ceux auxquels tu peux ajouter les déterminants *une* ou *la*.
• Classe ensuite dans ces colonnes les noms : *le vase, la mère, un coq, une artiste*. Essaie de faire passer chacun de ces noms d'une colonne à l'autre. Que peux-tu en conclure ? Combien de catégories observes-tu ?

MÉMO PAGE 6 3

Est-ce que je sais faire ?

1 Classe les noms dans le tableau. Aide-toi d'un dictionnaire si tu hésites.

ferme – artiste – fille – maître – vase – chien – marchand – quenouille – sorcier – chapeau – ombre – acteur – pièce – lapin – palais – berceau – violoniste – magicienne – caillou – ami – frère – puce – bouchée – paresseux – menteur – chatte – drap – mousse – rose – conteur – garçon – magasin

noms qui ont un genre unique	noms qui peuvent avoir deux genres			noms qui changent
	sans changer de forme	en changeant de sens	en prenant la marque du féminin	
la ferme	un/une artiste	un vase la vase	maître/maîtresse	fille/garçon

Je m'entraîne

2 Ajoute un article qui indique le genre de chaque nom.

1. oiseau – pie – moineau – corbeau – mésange
2. placard – chaise – table – tabouret – étagère
3. mur – porte – couloir – fenêtre – pièce
4. tasse – assiette – fourchette – couteau – plat
5. soupe – tarte – salade – fruit – sucre

3 Ajoute un article devant chaque nom et classe-les dans le tableau. Aide-toi d'un dictionnaire.

1. lièvre – lapin – perdrix – cerf – sanglier
2. cabane – forêt – bûcheron – arbre
3. source – chemin – sentier – ruisseau
4. mûre – fraise – gland – houx – châtaigne
5. cèpe – girolle – mousseron – amanite – coulemelle

masculin	féminin
...	...

EXERCICES

4 Écris M sous chaque nom masculin et F sous chaque nom féminin.

l'hirondelle – l'antilope – l'ogre – l'animal – l'hôpital – l'orage – l'étoile – l'hiver – l'été – l'aigle

5 Même consigne que pour l'exercice 4.

lecture – conte – poésie – légende – fable – roman – album – journal – bande dessinée – revue

6* Ajoute un déterminant devant chaque nom.

... famille Cassard aime ... chasse. ... semaine dernière, ... père est parti avec ... fils le plus âgé dans ... bois voisin. Chacun avait pris ... fusil. Vers midi, ils ont ramené ... adorable petit daim. J'ai pointé ... doigt magique sur eux. Et j'ai attendu que ... magie commence. J'avais déjà utilisé ... doigt magique sur ... maîtresse et elle avait été métamorphosée en ... gros chat.

7* Relie le nom masculin de chaque espèce animale au nom féminin qui lui correspond. Vérifie dans un dictionnaire.

le taureau •	• la truie
le bélier •	• l'oie
le cheval •	• la brebis
le porc •	• la jument
le jars •	• la chèvre
le bouc •	• la vache

8* Recopie seulement les noms d'animaux qui ont un genre unique. Aide-toi du dictionnaire.

un canard – un cygne – une gazelle – une lionne – un tigre – une pie – un zèbre – une chienne – un chaton – un mammouth – une oiselle – une rate

9* Recopie seulement les noms qui peuvent avoir deux genres sans changer de forme.

camarade – larme – secret – élève – dent – pommier – libraire – palais – ministre – pianiste

10 Ajoute un déterminant devant chaque nom propre. Classe ces groupes nominaux dans le tableau.**

France – Seine – Rhône – Portugal – Maroc – Turquie – Allemagne – Loire – Bretagne – Nord-Pas-de-Calais – Provence

masculin	féminin
...	...

11 Forme le féminin de ces noms masculins. Aide-toi d'un dictionnaire. Ajoute un article devant chaque nom.**

1. fleuriste – secrétaire – acrobate – pianiste
2. Chinois – Anglais – Allemand – Français
3. maître – diable – ogre – âne
4. berger – passager – cuisinier – messager
5. coureur – voyageur – vendeur – marcheur
6. Breton – gardien – Algérien – polisson
7. ours – absent – voisin – président
8. spectateur – directeur – lecteur – auditeur
9. oncle – sœur – fils – grand-père

12 Relève les noms soulignés en trois colonnes :**
– ceux qui sont toujours au masculin ;
– ceux qui sont toujours au féminin ;
– ceux qui peuvent avoir deux genres.

un dictionnaire – une trousse – un cartable – le maître – un bureau – une règle – un voisin – un élève – une histoire – un conte – un prince – un roi – un château – une rivière – un homme – un cheval – une forêt – un magicien – l'école – le trapéziste

Écris une phrase pour chacun de ces métiers d'autrefois. Explique quels services ils rendaient.

l'arracheur de dents – la laitière – le décrotteur de souliers – le porteur d'eau – le chansonneux – la ravaudeuse de vêtements

EXERCICES SUPPLÉMENTAIRES P. 157

Le passé composé (1)

La fillette a regardé par la fenêtre et elle a pris une décision.
Elle a pointé son Doigt Magique sur la famille Cassard. Elle a dit :
« J'ai décidé de vous punir parce que vous avez chassé un petit daim. »
Elle a fait un grand geste et des trucs bizarres ont commencé.

• Comment sont formés les verbes soulignés ?
– À quel temps est le verbe *avoir* ? Il aide à conjuguer d'autres verbes, c'est un **auxiliaire**.
– Donne l'infinitif de chaque verbe. Observe la forme qu'il prend ici.
On appelle cette forme le **participe passé**.

MÉMO PAGES 11 À 15

Est-ce que je sais faire ?

1 **Complète ces tableaux en t'appuyant sur les tableaux de conjugaison du mémo.**

infinitif	personnes possibles	formes conjuguées
cuisiner	...	as cuisiné
salir	il, elle	...
avaler	nous	...
manger	..., ...	ont mangé
rougir	j'	...

infinitif	personnes possibles	formes conjuguées
faire	..., ...	ont fait
dire	nous	...
pouvoir	..., ...	a pu
prendre	tu	...
tenir	...	avez tenu

Je m'entraîne

2 **Relève seulement les formes conjuguées au passé composé. Donne l'infinitif de chaque série de verbes.**

1. elle a joué – nous jouons – tu jouais – ils ont joué – tu joues – j'ai joué
2. ils ont pâli – tu pâlis – nous pâlissons – tu as pâli – vous avez pâli – ils pâlissaient
3. elles prennent – je prends – tu as pris – nous avons pris – je prenais – ils ont pris
4. j'ai voulu – elle a voulu – je veux – tu voulais – nous avons voulu – nous voulons
5. tu as dit – tu dis – elles ont dit – nous disons – vous avez dit – j'ai dit

Écris **ce que tu as fait ce matin avant de venir à l'école.**

3* **Relève les verbes au passé composé.**

Pablo cherche à savoir d'où vient Mila et quel est son secret.

Mila a relevé la tête. Ses yeux verts ont accroché les miens aussi intensément que le premier jour. Au lieu de m'apaiser, son regard m'a affolé. Dans ma tête, j'ai entendu :
Sor-cière, sor-cière ! [...]
Toute la soirée, deux questions m'ont tourmenté. [...]
1. *Quand j'ai regardé par la porte ouverte, Mila n'était pas dans la pièce.*
2. *Quand j'ai regardé par la fenêtre, elle y était. Pourquoi ?*

T. Lenain, *La Fille de nulle part*, Demi-lune, Éd. Nathan.

EXERCICES SUPPLÉMENTAIRES P. 158

Le féminin des noms

un ami / une amie	un écolier / une écolière	un lion / une lionne
un invité / une invitée	un vendeur / une vendeuse	un chien / une chienne
un voisin / une voisine	un lecteur / une lectrice	un sportif / une sportive
un client / une cliente	un prince / une princesse	

- Observe comment ces noms varient à l'oral.
Que remarques-tu ?
- Observe comment ces noms varient à l'écrit.
Poursuis tes remarques.
- Explique comment certains noms féminins sont formés.
Que dois-tu faire si tu hésites ?

EXERCICES

Est-ce que je sais faire ?

**1 Associe chaque nom masculin au nom féminin qui lui correspond.
Entoure les marques du féminin.**

un boulanger •	• une pharmacienne	un âne •	• une directrice
un inspecteur •	• une tigresse	un loup •	• une ânesse
un pharmacien •	• une boulangère	un polisson •	• une louve
un sorcier •	• une inspectrice	un envieux •	• une polissonne
un tigre •	• une sorcière	un directeur •	• une envieuse

Je m'entraîne

2 Écris les noms au féminin.

1. un voyageur – un skieur – un visiteur – un patineur – un campeur
2. un instituteur – un auditeur – un aviateur – un téléspectateur – un éducateur
3. un musicien – un comédien – un magicien – un gardien – un Italien

3 Même consigne que pour l'exercice 2.

1. un cuisinier – un berger – un ouvrier – un passager – un étranger
2. un confident – un étudiant – un ours – un président – un Lillois
3. un employé – un ennemi – un cousin

4 Écris le masculin de ces GN.

une remplaçante	une actrice
une ogresse	une curieuse
une traductrice	une technicienne
une absente	une paysanne
une Française	une romancière
une actrice	une Allemande
une marchande	une vendeuse

Écris la définition des noms féminins : *princesse, cavalière, lectrice*. Aide-toi d'un dictionnaire.

EXERCICES SUPPLÉMENTAIRES P. 159

Des homophones

Moi, sans réfléchir, je dirige le Doigt Magique
vers la mère de Bernard et Richard.

• Cherche des mots qui se prononcent comme les mots soulignés, mais qui n'ont pas le même sens.
• Essaie de les écrire. Compare avec tes camarades.
Utilise un dictionnaire pour vérifier l'orthographe de ces **homophones**.
• Emploies-en quelques-uns dans des phrases.

MÉMO PAGE 21

Est-ce que je sais faire ?

1 Retrouve les deux homophones cachés dans chaque devinette. Écris-les. Surligne les différences d'orthographe.

1. a. Je suis une partie de ta chemise.
b. Je sers à faire tenir le papier peint au mur.

2. a. On me vaporise sur les cheveux.
b. Je suis une étendue d'eau douce plus grande qu'une mare ou qu'un étang.

3. a. J'ai une queue en tire-bouchon.
b. Situé en bord de mer, j'accueille les bateaux.

4. a. Je suis la femelle du canard.
b. Les personnes blessées ou âgées s'appuient sur moi.

Je m'entraîne

2 Trouve un homophone pour chaque nom. Aide-toi des indices entre parenthèses.

1. selle/... (il donne du goût aux aliments)
2. pâte/... (le chien en a quatre)
3. compte/... (une histoire imaginaire)
4. chaîne/... (un arbre très connu)
5. coque/... (il chante dans la basse-cour)
6. coup/... (celui du héron est très long)

3* Complète avec l'homophone qui convient.

1. Ce loup est très ... . Il a plongé le ... dans l'eau glacée. Pour échapper au chasseur, il a fait un grand ... mais il a perdu sa queue dans l'aventure !
saut/seau/sot

2. Nous étudions le ... de terre. Nous l'avons placé sur une plaque de ... . Il s'étire et va ... le tas de sable humide.
vers/verre/ver

4 Complète ces comptines avec les homophones proposés.**

1. Je ne suis pas beau.
– Mais si, tu l'....
Assurément, tu n'... pas laid.
J'... un ami.
Ça y ... je l'... !
Assurément, j'... bien choisi. [...]
est/es/ai

2. L'hirondelle a bâti son ....
Ne l'abîmez pas mes amis.
... touchez pas, soyez gentils.
... la maman, ... les petits
Ne trouveront meilleur abri.
ni/n'y/nid

Cl. Derouireau, *Mots futés pour écrire sans se tromper*, Éd. Actes Sud, 2003.

Écris deux phrases avec les homophones *peau* et *pot*.

EXERCICES SUPPLÉMENTAIRES P. 159

Les oiseaux aquatiques palmipèdes

Les étangs, les lacs, les marais sont des lieux de vie qui conviennent parfaitement aux oiseaux aquatiques palmipèdes. Ils peuvent s'y nourrir, y nicher pour se reproduire, s'y reposer de leurs longs voyages de migration.

Voler, nager

Les canards, les oies, les cygnes sauvages, les harles sont très bien adaptés au vol et à la nage. Ils glissent aussi facilement dans l'air que sur l'eau.

Un couple de canards colvert

Se nourrir

Tous **les palmipèdes** se nourrissent d'herbes aquatiques, d'insectes, de mollusques, de têtards, de petits poissons.

– **Les canards barboteurs** comme le colvert, la sarcelle… vivent en surface et en eau peu profonde.

– **Les canards plongeurs** comme le harle, le fuligule, la nette rousse… vont jusqu'à plusieurs mètres de profondeur pour trouver leurs proies. Une fois son bec rempli, l'oiseau remonte et sort la tête. Puis il filtre l'eau qu'il rejette. Enfin, il garde les aliments piégés et les avale.

Je comprends

1. Comment ce document est-il organisé ? Repère le titre, l'introduction, les paragraphes, les illustrations accompagnées de légendes ou d'explications.

2. Quel est le rôle de l'introduction ? Quels liens vois-tu entre l'introduction, le titre des paragraphes et leur contenu ?

3. Quelles informations t'apporte la grande illustration ? Ce dessin légendé reprend-il ce que tu as lu, complète-t-il le texte ou est-il seulement décoratif ?

4. De quelles caractéristiques physiques les palmipèdes disposent-ils pour nager ? pour voler ? pour se nourrir ?

5. Quels renseignements te donnent les textes encadrés ?

Nicher, se reproduire

Au début du printemps, un mâle et une femelle s'accouplent. Ils cherchent un endroit à l'abri des ennemis (rats, serpents, rapaces…).
La femelle pond de 6 à 10 œufs. Puis elle les couve pendant 25 à 28 jours. Tous les poussins n'atteindront pas l'âge adulte. Le danger est partout dans le marécage.

Contrairement aux oiseaux des jardins et des bois, les canetons peuvent voir, nager, se nourrir au bout d'une heure.

Le vol en V diminue l'effort. Quelques oiseaux expérimentés guident le voyage.

Migrer

Avant l'hiver, les canards, les oies et autres oiseaux aquatiques quittent la région où ils ont niché. Ils s'envolent en bandes vers des pays plus chauds. Ces déplacements s'appellent **les migrations**.
La sarcelle d'été quitte nos marais.
La sarcelle d'hiver y arrive.

Les changements climatiques, le réchauffement planétaire, la pollution bouleversent les migrations. Certaines espèces deviennent sédentaires ou disparaissent.

6. Complète les GN qui légendent la grande illustration pour préciser le rôle des différentes parties du corps du colvert.
Ex. : *un corps fuselé pour glisser sur l'eau.*

Je dis, j'explique

1. Cite deux canards barboteurs et deux canards plongeurs.
2. Liste les aliments dont les oiseaux palmipèdes se nourrissent.
3. Explique ce qu'est la migration et à quoi elle sert.
4. Forme des noms à partir des verbes suivants : *informer, disparaître, s'alimenter, se reproduire.*
Ex. : *migrer → la migration.*

Écris quelques phrases pour expliquer comment les canards plongeurs se nourissent.

L'enchaînement des informations

Les canards, les oies, les harles sont des **oiseaux aquatiques**. Les oiseaux aquatiques vivent dans des zones marécageuses. Ces zones sont bien adaptées aux outils qu'ils possèdent. Les échassiers et les palmipèdes y sont les plus nombreux.
Les palmipèdes ont des pieds palmés et un bec en spatule pour nager et barboter. Tous ces outils permettent aux oiseaux aquatiques de se déplacer et de se nourrir.

Un flamant rose.

- Qu'est-ce qui te permet de bien suivre l'enchaînement des informations entre les phrases ? Comment appelle-t-on ce procédé ?
- Quels GN sont ainsi repris ?
- Dans la dernière phrase, quels sont les GN repris par *tous ces outils* ?

EXERCICES

Est-ce que je sais faire ?

1 Surligne les procédés qui permettent aux phrases de bien s'enchaîner.

Le roi Louis IX règne vers l'an 1200. Ce roi que l'on appelle aussi Saint Louis, est épris de justice. Pour rendre la justice, il s'installe sous un vieux chêne. Le chêne est l'arbre qui symbolise la sagesse. Cette sagesse, le roi la met au service des plaignants qui attendent son jugement. Le jugement tombe sans distinction, ni de richesse, ni de rang. Ces moments solennels font du roi Saint Louis, un des rois de France les plus connus.

Je m'entraîne

2 Écris les phrases de ce texte dans l'ordre. Entoure les éléments qui t'ont aidé.

a. L'eau s'évapore.
b. En altitude, la vapeur se transforme en minuscules gouttelettes d'eau.
c. Le vent pousse les nuages chargés de gouttes plus ou moins grosses.
d. Le soleil chauffe l'eau de la mer.
e. Les grosses gouttes finissent par tomber : il pleut.
f. Les gouttelettes se rassemblent pour former les nuages.

Écris la suite de cette comptine « en escalier ».

Dans Paris, il y a une rue.
Dans cette rue, il y a une maison.
Dans cette maison, ...

EXERCICES SUPPLÉMENTAIRES P. 157

Le nombre des noms

> Rappelle-toi : comment marque-t-on généralement le pluriel des noms ?

• Relève des noms communs dans les textes de lecture pages 132 et 133 et pages 140 et 141.
• Classe ces noms en deux colonnes :
– noms singuliers si tu peux les accompagner des déterminants *un, une, le, la, l'* ;
– noms pluriels si tu peux les accompagner des déterminants *les* ou *des*.
• Comment écrirais-tu au pluriel :
– *le palais, le pois, la noix, un curieux, le nez, le matelas, le dos* ?
– *le berceau, un morceau, un cheveu, le feu, un jeu, un joujou, un hibou* ?
• Dis le pluriel des noms suivants : *le journal, le carnaval, le cheval, le chacal, un travail, un éventail*. Ton oreille doit te guider.

MÉMO PAGE 6 4

EXERCICES

Est-ce que je sais faire ?

1 Écris les noms au pluriel. Classe-les dans le tableau. Aide-toi d'un dictionnaire si tu hésites.

le louveteau – la souris – un paysan – le chou – un vassal – le corps – un hibou – le bal – le travail – le nez – un château – un lieu – un corbeau – le renard – une brebis – un crapaud – l'eau – un trou – l'hôpital – le chapeau – un épouvantail – un animal – un régal – l'adieu – un caillou – le tuyau – un clou – le puits – le bœuf – le tapis

J'ajoute un *s*.	J'ajoute un *x*.	Je remplace *al* ou *ail* par *aux*.	Je ne change rien.
...	...	...	...

Je m'entraîne

2 Écris les groupes nominaux au pluriel.

un album – un monstre – l'auteur – un œil – un chapeau – un poireau – une fois – un cou – un cours – une cour – un paradis – un canal – un pou – un fou

3 Écris les groupes nominaux au singulier. Tu peux t'aider d'un dictionnaire.

les consignes – les chapitres – les pages – des numéros – les signaux – les paresseux – les oiseaux – les pneus – les détails – des os – les genoux – les bleus – les refus – des pas – les corps – les dos

4 Écris S sous les noms au singulier et P sous les noms au pluriel. Entoure le mot qui t'a permis de répondre même si tu ne connais pas le sens des noms.

un marquis – les tamaris – la perdrix – des encyclopédies – le rébus – le printemps – des enclos – un héros – un anchois – le puits – des chamois – des remords – l'engrais – un portefaix

EXERCICES

5 * Relève les GN dans le tableau.

Miette est prisonnière de l'ogresse Babayaga.

Tout dans la pièce inspirait de la méfiance à Miette : une guitare à deux cordes, une encyclopédie pour les verrues, des poireaux près d'une moulinette. Une collection impressionnante de brosses à dents.
En s'approchant de la baignoire, elle s'aperçut avec horreur qu'à sa surface flottaient les morceaux d'une grosse carotte, trois patates et un petit navet...

Sur une idée de T. M. Le Thanh, *Babayaga*, Éd. Gauthier-Languereau.

singulier	pluriel
...	...

6 * Complète avec le déterminant qui convient.

Souviens-toi de l'histoire de Max et Gardénia. C'est le C.N.D.M. qui parle.

« Je l'ai échappé belle, hier soir. Les monstres ont emporté ... Chien Rouge Du Parc il y a deux jours, ... chat siamois, ... poissons rouges et ... carpes chinoises du bassin ; hier, ... petite chèvre et ... petit cochon idem, ... tortue, ... poules et même ... coq si courageux et, cette nuit, ... mère de Max. Il faut intervenir coûte que coûte, ... oiseaux n'osent même plus se poser dans ... parc. »

D'après F. Bernard, *Le Jardin de Max et Gardénia*, Éd. Albin Michel Hatier.

7 * Complète avec le déterminant qui convient. C'est l'accord du verbe avec le sujet qui va te guider.

1. ... souris aiment sortir la nuit.
2. ... souris trottine dans le noir.
3. ... nez remue lorsqu'on ment.
4. ... nez des clowns sont souvent rouges.
5. ... voix du fantôme résonne dans le noir.
6. ... voix des chanteurs portent loin.
7. ... poids du seau casse le dos du loup.
8. Autrefois, ... poids en fonte ou en cuivre servaient à peser sur les balances à plateaux.

8 ** Relève les noms qui sont au pluriel. Entoure le déterminant qui les précède. Accorde les verbes entre parenthèses.

Des miniatures du Moyen Âge (raconter) les travaux des champs. Ces miniatures (représenter) les mois de l'année. En janvier, le paysan (couper) du bois. En mars, il taille ses vignes et prépare ses terres pour les semailles du printemps. Les brebis (être) tondues au mois d'avril. En juillet et en août, les paysans (moissonner) et (battre) le blé pour obtenir le grain. En septembre, les vendanges (commencer). En décembre, les villageois (tuer) le cochon. C'est la fête ! Mais la vie (être) très dure pour les paysans.

9 ** Recopie seulement ce qui est vrai.

1. Le plus souvent, le pluriel des noms s'écrit en ajoutant un ***s*** ou un ***x*** au singulier.
2. Tous les noms terminés par ***s*** ou ***x*** sont au pluriel.
3. Tous les noms terminés par ***ou*** prennent un **s** au pluriel.
4. Tous les noms terminés par ***al*** au singulier font leur pluriel en ***aux***.
5. Certains noms sont toujours au pluriel (pensez aux noms propres de lieux).

Écris une liste d'instruments et de matériel d'écolier en utilisant des GN au singulier et au pluriel. Dis à quoi ils servent.

Ex. : des feutres pour écrire en couleur

EXERCICES SUPPLÉMENTAIRES P. 157-158

CONJUGAISON

Le passé composé (2)

En septembre, les hirondelles sont parties vers des pays plus chauds.
Une famille est arrivée sur le lac voisin.
Kim a eu le plaisir de les observer.
Il a été émerveillé.

> Rappelle-toi : tu sais former le passé composé avec l'auxiliaire *avoir*.

• Dis ce texte au présent puis donne l'infinitif des verbes soulignés.
• À quel temps sont-ils conjugués ? Quels auxiliaires sont utilisés ?
Dans les deux premières phrases, de qui parle-t-on ? Qu'est-ce que cela entraîne pour la terminaison du participe passé ?
• Récris ces deux phrases comme s'il s'agissait d'un héron, puis de plusieurs hérons. Veille aux accords.

MÉMO PAGES 11 À 15

Est-ce que je sais faire ?

1 **Complète ces tableaux en t'appuyant sur les tableaux de conjugaison du mémo.**

infinitif	personnes possibles	formes conjuguées
venir	je (Mélanie)	...
aller	ils	...
tomber	nous (garçons)	...
passer	elle	...
être	tu	...

infinitif	personnes possibles	formes conjuguées
rester	vous	...
avoir	..., ...	ont eu
être	..., ...	a été
devenir	elles	...
partir	il	...

Je m'entraîne

2 **Relève seulement les formes conjuguées au passé composé.**

1. elle est sortie – il sort – elles sortent – elles sont sorties – elle sortait
2. il a – elle a eu – il avait – ils avaient – ils ont – elles ont eu
3. ils étaient – elle a été – il est – elles sont – elles ont été
4. il venait – il est venu – ils sont venus – ils viennent
5. elle est allée – il allait – ils sont allés – il va – ils vont

3 ** **Écris les verbes au passé composé. Veille aux accords.**

C'est Charles Perrault qui (écrire) les *Contes de ma mère l'Oye*. Ses enfants (aller) en nourrice à la campagne et il venait les voir régulièrement. Il (avoir) l'idée d'écrire les histoires que les nourrices leur racontaient. Il (être) un des tout premiers auteurs à écrire des contes. Ses personnages (devenir) célèbres dans le monde entier.

Écris **deux ou trois phrases pour parler des hirondelles. Emploie les verbes *venir*, *partir*, *arriver* au passé composé.**

EXERCICES SUPPLÉMENTAIRES P. 158

Le pluriel des noms

1

une souris → des souris
une perdrix → des perdrix
un nez → des nez

2

un cheveu → des cheveux
un oiseau → des oiseaux
un hibou → des hiboux
Mais :
un minou → des minous

3

un animal → des anim**aux**
un travail → des trav**aux**
Mais :
un chacal → des chacals
un portail → des portails

- Dis ces mots. Dans quelle série entends-tu des différences ?
Dans la série 3, entends-tu toujours la marque du pluriel ?
- À l'écrit, quelles marques du pluriel vois-tu ?
Connais-tu d'autres noms en ***ou*** qui prennent un ***x*** au pluriel ?
Cherche *bijou, caillou, chou, genou, clou, trou, coucou* dans un dictionnaire.
Qu'y trouves-tu à propos du pluriel de ces noms ?

MÉMO PAGE 6 4

EXERCICES

Est-ce que je sais faire ?

1 Cherche le pluriel de ces noms et classe-les dans le tableau. Tu peux t'aider d'un dictionnaire.

un milieu – un étang – une eau – un curieux – un cours – un roseau – un canal – une pie – un sou – un prix – du gaz – un joujou – un journal – un bal – un bocal – un éventail – une grue – un vitrail – un tuyau

Le nom ne change pas	Le nom prend un ***s***	Le nom prend un ***x***	Le nom se termine par ***aux***
...	...	...	...

Je m'entraîne

2 Écris les GN au pluriel.

1. un château – un manteau – un chapeau – un veau – un couteau
2. un jeu – un lieu – un feu – un neveu
3. un matelas – un choix – un refus – un tamis
4. un signal – un carnaval – un cheval – un hôpital – un festival
5. un kangourou – un pou – un verrou – un caribou – un trou

3* Écris les noms au singulier. Utilise un dictionnaire si tu hésites.

des moineaux – des pneus – des locaux – des végétaux – des barreaux – des vitraux – des noix – des rôtis – des tapis – des propos – des fourmis – des adieux – des paresseux – des radis – des noyaux – des bureaux – des bleus – des toutous – des yeux

Écris quelques phrases pour raconter les tours d'un magicien. Utilise ces noms.

colombes – souris – lapin – foulards

EXERCICES SUPPLÉMENTAIRES P. 159

Des noms génériques

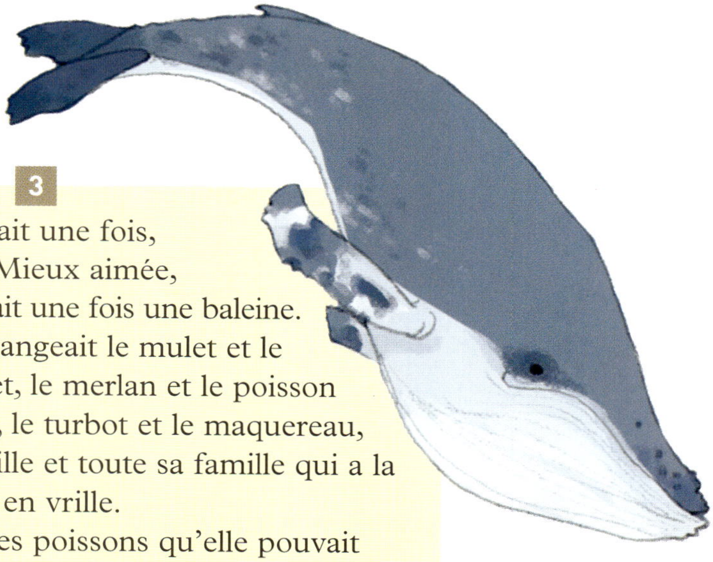

1

Le canard colvert, l'oie cendrée, la sarcelle, le harle, le cygne sont des oiseaux aquatiques.

2

Mercure, Vénus, la Terre, Mars, Jupiter, Saturne, Uranus, Neptune et Pluton sont les neuf planètes qui tournent autour du soleil.

3

Il y avait une fois,
ô ma Mieux aimée,
il y avait une fois une baleine.
Elle mangeait le mulet et le carrelet, le merlan et le poisson volant, le turbot et le maquereau, l'anguille et toute sa famille qui a la queue en vrille.
Tous les poissons qu'elle pouvait attraper…

R. Kipling, *La Baleine et son gosier, Histoires comme ça*, Éd. Hachette.

• Peux-tu dire que le canard colvert est un oiseau aquatique ? Neptune une planète ? le merlan un poisson ?
• Quel est le nom qui définit chaque énumération ?
• Classerais-tu *la pie* dans la série 1 ? Et *le héron* ?

MÉMO PAGE 21

EXERCICES

Est-ce que je sais faire ?

1 Attribue à chaque liste le nom générique qui lui correspond.

villes – animaux domestiques – héros de contes – volailles – fruits – saisons

1. Petit Poucet – Cendrillon – Chaperon Rouge
2. Paris – Lille – Lyon – Marseille
3. pomme – orange – prune – raisin
4. printemps – été – automne – hiver
5. chien – chat – cheval – hamster
6. poule – canard – oie – coq

Je m'entraîne

2 Surligne le nom générique dans chaque série.

1. choux – légume – pois – fève – haricot
2. jouet – poupée – pantin – balle – quille
3. lièvre – sanglier – cerf – gibier – faisan

3* Attribue un nom générique à chaque série de noms. Retrouve l'intrus dans chaque série.

plantes – oiseaux échassiers – mammifères – poissons

1. grue, héron, cigogne, flamant, merle
2. nénuphar, roseau, libellule, iris des marais, jonc
3. carpe, brochet, truite, escargot, goujon
4. loutre, castor, rat musqué, grenouille

4 Pour chaque nom générique, trouve trois noms particuliers.**

1. gâteaux : …
2. vêtements : …
3. oiseaux : …
4. arbres : …
5. mers et océans : …
6. pays : …

Écris le plus vite possible cinq noms pour le nom générique *fleur*.

EXERCICES SUPPLÉMENTAIRES P. 159

Écrire les légendes d'un documentaire

Le râle d'eau

Le râle d'eau vit et niche au bord des étangs, des lacs et dans les marécages. Ses longues pattes très fines terminées par des longs doigts porteurs de griffes lui permettent de ne pas s'enfoncer dans la vase. Son œil vif repère rapidement les proies qu'il va pêcher grâce à son grand bec pointu. Le râle d'eau est bien adapté au vol. Il a un corps fuselé couvert de plumes marron sur le dessus, grises sous le jabot et blanches et noires sous le ventre. Ses plumes sont imperméables et le protègent du froid.

Je prépare mon travail

• Observe à nouveau le dessin légendé du couple de colverts page 148 : quel est le titre de ce dessin ? Rappelle le rôle des légendes. Comment sont-elles rédigées ? Comment peux-tu les rendre plus explicatives ?
• Lis le texte documentaire ci-dessus. Quelles informations vont te permettre de légender l'illustration du râle d'eau ? Note-les.

J'écris des légendes

• Reproduis le dessin du râle d'eau.
• Au brouillon, écris des légendes pour expliquer le rôle des différentes parties du corps du râle d'eau.
• Écris-les au propre autour du dessin.

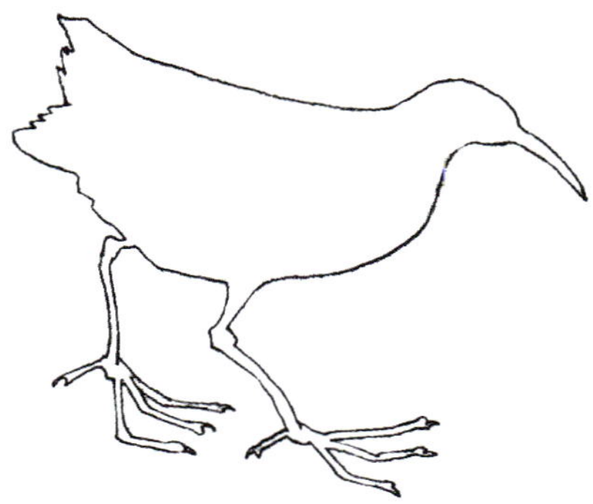

Les règles que tu dois respecter

1. Titrer le dessin.
2. Ne retenir que les informations les plus importantes.
3. Expliquer le rôle des différentes parties du corps de l'oiseau.
4. Veiller à utiliser l'infinitif après *pour*.
5. Relier chaque légende au dessin à l'aide d'une flèche.

POUR T'AIDER

Des verbes d'action à l'infinitif
- des pieds palmés → pour nager
- un bec en spatule → pour fouiller, barboter et filtrer
- de très longues pattes → pour se déplacer – dans l'eau
- des ailes puissantes → pour voler longtemps
- des doigts longs et griffus → pour marcher dans la vase

FONCTIONNEMENT DU TEXTE

1 Classe les pronoms en gras dans le tableau.

Le chef des brigands qui avait kidnappé la bibliothécaire, lui sauve la vie…

« Oh, mademoiselle Labourdette, ce n'est sans doute pas le moment pour **vous** le demander… mais si **j'**abandonne ma vie de crime et si **je** deviens honnête… accepterez-**vous** de **m'**épouser ? **Vous** avez besoin de quelqu'un qui **vous** sauve des avalanches de livres. […]
– Bien sûr que **je** veux, répliqua Mlle Labourdette avec simplicité. Après tout, **je vous** ai bien emprunté avec ma carte de lectrice. Cela signifiait que **je vous** admirais en secret depuis longtemps. »

M. Mahy, traduction M. Saint-Dizier et R. Farré, *L'Enlèvement de la bibliothécaire*, Éd. Gallimard.

le brigand	Mlle Labourdette
…	…

2 * Complète le texte avec les mots de liaison *et, car, ni, mais.*

La princesse Aurore a disparu. Le roi et la reine vont à l'orphelinat et ramènent Elsa au château en croyant que c'est leur fille.

Elsa avait été très gaie et très rieuse, … maintenant qu'elle était la fille de la reine et du roi, elle ne s'amusait plus, … même, elle s'ennuyait terriblement. […] Elsa apprit en une semaine : qu'elle ne devait pas courir, … ce n'est pas élégant ; … sauter … ce n'est pas digne ; … manger avec les doigts, … ce n'est pas décent ; … s'habiller elle-même, … ce n'est pas convenable ; … rire fort, … ce n'est pas bienséant.

E. Brisou-Pellen, *La Vraie Princesse Aurore*, collection Rageot Romans, Rageot.

3 ** Relève les indices qui montrent l'enchaînement des informations.

D'abord Léonard de Vinci a peint et sculpté en Italie. L'Italie a été le pays où les artistes ont créé des œuvres inspirées par les légendes grecques et romaines. Ces légendes racontaient l'origine du monde, les exploits des personnages fantastiques… Tu connais certains de ces personnages que les Italiens ont fait renaître. En France, la Renaissance rayonne par la construction de nombreux châteaux. Aujourd'hui, les châteaux de cette époque sont des monuments très visités.

GRAMMAIRE

1 Écris les groupes soulignés au pluriel.

1. J'aime beaucoup ce film. Je connais bien cet acteur et cette actrice. Connais-tu ce producteur ?
2. La sorcière prépare son balai et sa potion maléfique. Et le chat noir cache sa queue.

2 * Ajoute des déterminants possessifs.

1. Lison met … manteau, … cagoule, … chaussons, … bottes dans sa valise.
2. Tu prends … cartable, … trousse, … crayons, … lunettes.
3. Nous apprenons … leçon, … rôle, … poèmes, … règles de grammaire.
4. Vous rangez … casier, … chambre, … cahiers, … feuilles.
5. Les enfants font … problème, … lecture, … exercices, … opérations.

3 Trouve le nom masculin correspondant à chaque nom féminin.

une tigresse – une élève – une journaliste – une cousine – une nageuse – une aviatrice – une cuisinière – une acrobate – une villageoise

4 Recopie seulement les déterminants qui indiquent le pluriel.

trois – ces – des – la – ses – l' – mon – vos – cette – ton – leurs – ma – un – tes – le – quelques – leur – cet

5 Complète chaque GN avec un déterminant. Tu peux t'aider d'un dictionnaire.

... bateaux – ... chou – ... bambous – ... vagues – ... ruisseau – ... journaux – ... bals – ... capitale – ... voix – ... amis

6* Écris ces GN au singulier. Aide-toi d'un dictionnaire.

des radis – des colis – des noix – des métaux – des travaux – des hôpitaux – des nez – des bras – des prix – des permis

CONJUGAISON

1 Écris les verbes à l'imparfait.

tu (remplacer) – il (grandir) – vous (avancer) – nous (manger) – ils (plonger) – tu (voir) – nous (effacer) – elle (savoir) – ils (pouvoir) – je (faire)

2 Conjugue les verbes entre parenthèses à l'imparfait en les accordant avec leur sujet.

a. Les savants disent que la famille des dinosaures (compter) environ 800 espèces. Les dinosaures (pouvoir) être herbivores ou carnivores. Ils (être) bipèdes ou quadrupèdes. Le diplodocus (se nourrir) d'herbe. Il (mesurer) 27 mètres de long et (peser) au moins 10 tonnes. Sa longue queue lui (servir) de fouet.

b. Le terrible Tyrannosorus rex (dévorer) d'autres dinosaures. Avec ses 15 mètres de long et ses six mètres de haut, il (avoir) une puissance énorme. Ce chasseur solitaire (poursuivre) ses proies sur de courtes distances. On pense qu'il (manger) aussi des animaux morts. De nombreuses espèces (peupler) l'Amérique du Nord. Tous (faire) partie de la famille des reptiles.

3 Écris les verbes au passé composé.

Au début du Moyen Age, on (construire) des châteaux en bois sur des collines. Ensuite la pierre (remplacer) le bois. On (bâtir) des donjons carrés puis ronds. Ces châteaux, protégés par d'épais remparts, (résister) mieux aux attaques ennemies. Seuls, les seigneurs les plus riches (pouvoir) entretenir leurs châteaux forts.

4* Conjugue les verbes au passé composé avec *il*, *elle*, *ils* et *elles*.

arriver – venir – pouvoir – grandir – rester

5 Écris les phrases au passé composé. Puis récris-les avec les sujets proposés.**

1. Les cigognes (partir) vers le Sud et (survoler) la mer Méditerranée.

je (une fille) – l'oie cendrée – tu (un garçon) – les coucous – il

2. Le canard (prendre) son envol et (monter) très haut dans le ciel.

je (un moineau) – les hirondelles – tu (une cigogne) – ils

ORTHOGRAPHE

1 Complète le texte avec les homophones *ses/ces, mes/mais*.

Sur le chemin de l'école, Émilie a trouvé un crayon magique.

a. Arrivée chez elle, Émilie prend tout juste le temps d'embrasser ... parents et file dans sa chambre. ... elle ne fait pas ... devoirs, elle écoute le crayon qui raconte :
« Un jeune comptable voulait écrire ... chiffres bien lisiblement. Il m'a acheté et j'ai écrit des chiffres, toujours des chiffres.

b. Au début, c'était amusant ... je n'ai pas tardé à m'ennuyer. Il y a deux jours, le comptable, plongé dans ... pensées, a tracé des gribouillis. ... gribouillis étaient horribles. Et tout à coup, ma mine a tracé une cerise qui s'est mise à gonfler. Depuis, ... amis du magasin disent que je suis magique. »

D'après H. Bichonnier, *Émilie et le crayon magique*, Éd. Hachette.

2 **Écris les GN au masculin. Entoure la finale muette lorsqu'elle existe.**

une Hollandaise – une Italienne – une Polonaise – une Anglaise – une Belge – une Espagnole – une Allemande – une Tunisienne – une Irlandaise – une Russe

3 **Relève seulement les noms qui peuvent se mettre au masculin. Écris ces noms masculins.**

une maline – une sardine – une voisine – une minette – une fourchette – une assiette – une paysanne – une panne – une tonne – une lionne – une originale – une cale – une camarade – une montagnarde – une amie – une pie

4 **Écris les GN au pluriel.**

1. un envieux – un peureux – un poids – un gaz – la toux
2. un général – un bal – un aveu – un cheveu
3. un fou – un cou – un sou – un caillou – un pou

5 **Récris les phrases au pluriel. Pense à tous les accords.**

1. L'enfant lance un caillou.
2. Ce maréchal ferre le cheval.
3. La perdrix vole au-dessus du bois.
4. Le garçon va à ce festival.
5. La pie mange une noix.
6. Le hibou se moque du chacal.
7. Le bateau navigue sur le canal.
8. Le matou chasse le moineau.

6 **Écris les GN soulignés au singulier.**

1. La tempête a cassé les vitraux.
2. Le commerçant a baissé les prix.
3. La renarde chasse les curieux.
4. Zoé aime les animaux.
5. Les touristes visitent les châteaux.
6. Le peintre a commencé les travaux.
7. Le chien ronge les os.
8. Jules César décore les généraux.
9. Le roi habite des palais.
10. La sorcière prépare ses balais.

VOCABULAIRE

1 **Construis des mots de sens contraire en employant les préfixes *dé* ou *dés*, *in* ou *im*.**

utile – cousu – défini – ordre – habitable – congeler – puissant – régler – agréable

2 **Entoure la base en bleu, le préfixe en jaune et le suffixe en rose.**

malheureusement – désarmement – défavorable – recommandation – impardonnable

3 **Complète les phrases avec l'homophone qui convient.**

1. a. Il y a un trésor dans la ...
   b. Paul a ... à la tête.
   mal/malle
2. a. La ... de mon vélo est à plat.
   b. Inès a les cheveux ...
   roue/roux
3. a. Le feuillage du hêtre est ...
   b. Le ... de terre s'appelle le lombric.
   c. Louane a bu un ... d'eau.
   ver/vert/verre
4. Je ... un livre dans mon ...
   lis/lit

4 **Trouve le nom générique qui peut définir les mots de chaque série. Aide-toi d'un dictionnaire.**

1. moineau – mésange – merle – rouge-gorge
2. lion – tigre – panthère – léopard
3. orange – clémentine – citron – pamplemousse

1. QUAND TOMBE

Quand tombe la nuit
Comme une plante

Et cherche les yeux
fragiles des pierres

Et puis très lentement
Épuise le silence

Pour après tendrement
parler aux bêtes

2. LE CIEL

Le ciel ne bouge pas
L'ombre couvre le toit

Les plus beaux souvenirs
Se détachent de moi

Et dans le clair-obscur
Un arbre imaginaire

Fait éclater le ciel
Qui tourne entre ses doigts

J. L. Depierris, *Naufragé du bestiaire*, La Tour de Feu, 1955.

3. LES CORRIDORS OÙ DORT ANNE QU'ON ADORE

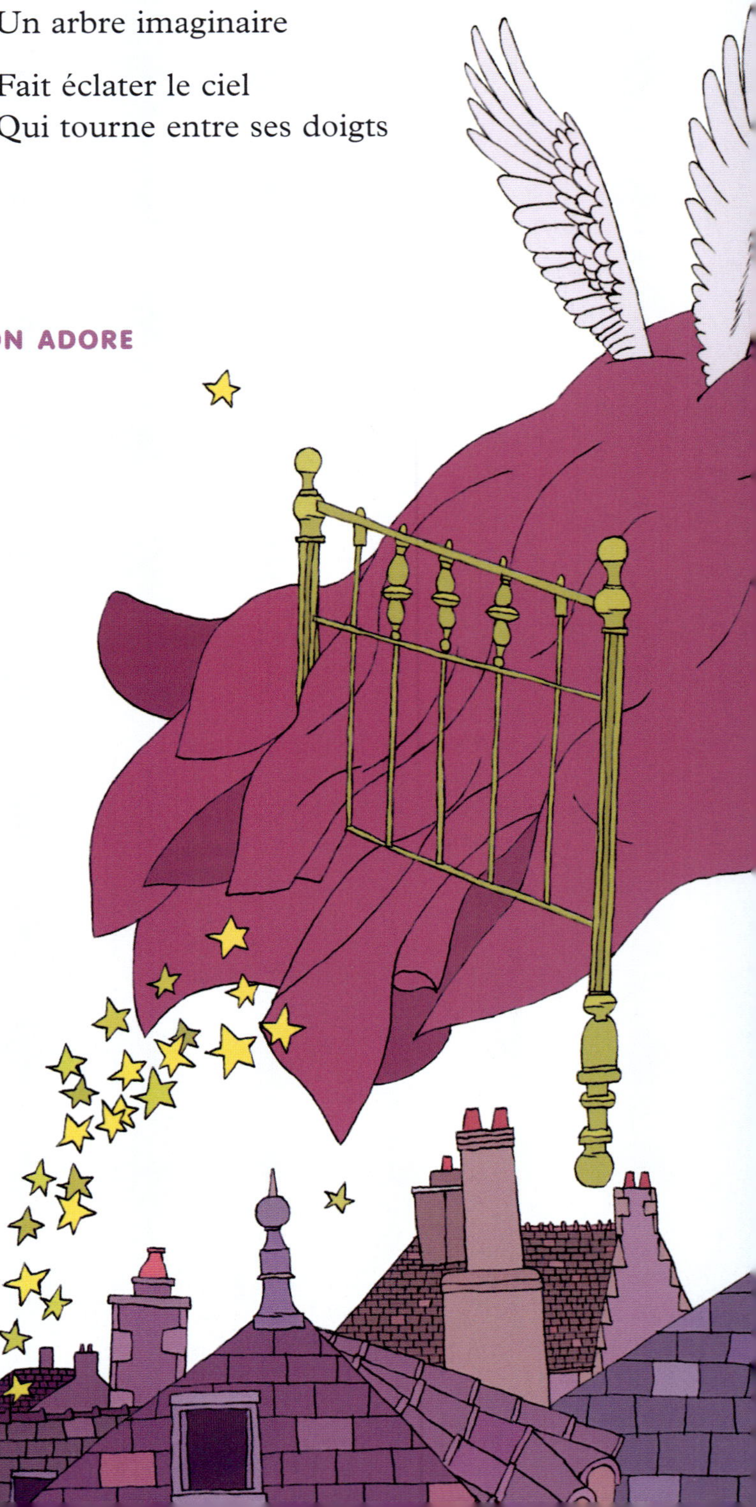

La petite Anne, quand elle dort,
    où s'en va-t-elle ?
Est-elle dedans, est-elle dehors,
    et que fait-elle ?

Pendant la récré du sommeil,
    à pas de loup,
entre la terre et le soleil
    Anne est partout.

Les pieds nus et à tire-d'aile
    Anne va faire
les quatre cents coups dans le ciel.
    Anne s'affaire.

La petite Anne, quand elle dort,
    qui donc est-elle ?
Qui dort ? Qui court par-dessus bord ?
    Une autre, et elle.

L'autre dort et l'une a des ailes,
Anne dans son lit, Anne dans le ciel.

Cl. Roy, *Nouvelles enfantasques*,
Collection « Poèmes et collages », Éditions Gallimard, 1978.

4

Je te parle d'un pays qui erre
entre les figures d'un vieux tapis
et les failles d'un plafond
relativement bas

B. Grégoire, Lion de Cluj – traits d'union, Obsidiane.

5. COFFRE À LUMIÈRE

D'abord il y a l'univers
comme un grenier obscur
sans sol ni plafond
plein d'un silence énorme
et de vents immobiles

Dans le grenier un coffre
plein de soleil et de lunes
et du butin des ombres
dans ces ombres vivantes
un cercle coloré
où j'ai mis ma maison

Dans la plus haute chambre
le rêve d'un enfant
où grandissent les jours
dans le rêve d'un enfant
toute la lumière
qu'il faut à l'univers

J. P. Siméon, *La nuit respire*,
collection « Poèmes pour grandir », Cheyne Éditeur.

1. Commence par lire le poème 3. Toi aussi, comme Anne, t'en vas-tu voyager la nuit dans ton sommeil ?
2. Ne peut-on voyager aussi la nuit sans dormir ? Voir, sentir autre chose du monde ?
3. Le poème 1 donne une recette pour communiquer avec des éléments du monde. Lesquels ? Qu'en penses-tu ?
4. Dans la nuit, qu'est-ce qui apparaît aux yeux du poète ? Pourquoi peut-il dire que le ciel « tourne entre les doigts de l'arbre » (poème 2) ?
5. Lis le poème 4. Dans ton lit, as-tu déjà observé le plafond et vu de choses imaginaires se dessiner ? Et dans les motifs d'un vieux tapis ?
Pourquoi le poète peut-il parler d'un « pays qui erre » entre plafond et tapis ?
6. As-tu toi aussi une maison dans l'univers, avec « un coffre à lumière » ?
Raconte.
Et dans tes rêves, fabriques-tu « toute la lumière » pour éclairer cet univers, ce monde qui n'appartient qu'à toi ?

L'arbre vivant

CE QUE TU VAS APPRENDRE DURANT CES SIX SEMAINES

LECTURE COMPRÉHENSION	Découvrir deux textes et un documentaire sur les arbres.
FONCTIONNEMENT DU TEXTE	Revoir le sens des signes de ponctuation les plus courants. Apprendre à utiliser des GN pour suivre une idée dans un texte.
GRAMMAIRE	Savoir compléter un nom avec des adjectifs qualificatifs et d'autres noms. Faire les accords dans un GN comportant des adjectifs.
CONJUGAISON	Utiliser le futur et réviser tous les temps étudiés.
ORTHOGRAPHE	Appliquer les règles d'accords sur l'adjectif qualificatif. Réviser les valeurs de la lettre *x*. Revoir toutes les règles d'accords dans le GN.
VOCABULAIRE	Apprendre comment sont composés certains noms. Découvrir que le français comprend beaucoup de mots d'origine étrangère.
ATELIER D'ÉCRITURE	Écrire une quatrième de couverture.

L'arbre, Ditz (artiste contemporain).

L'arbre qui chante

C'est l'hiver. Isabelle et Gérard vivent chez leurs grands-parents, à la campagne. Un matin, ils aperçoivent une étrange silhouette au loin, dans la neige. On dirait un grand lapin mécanique vêtu de poils gris et portant de longues oreilles… Il se dirige vers la maison…

On entendit frapper à la porte. Les grands-parents se regardèrent, puis regardèrent la porte. Enfin, comme on frappait plus fort, Grand-père cria :

– Entrez !

La porte s'ouvrit lentement, et ce fut tout d'abord une large bouffée de bise qui pénétra dans la cuisine. Cette fois, c'était le lapin qui apportait l'hiver dans son poil gris. Car c'était bien lui qui se tenait là, debout sur le seuil, tout surpris par la chaleur et l'odeur du feu de bois où cuisait la pâtée des vrais lapins.

Grand-mère se précipite pour fermer la porte. Et voilà que le lapin se met à parler :

– Bonjour, bonjour, dit-il. Je viens très tôt, il faut m'excuser, mais…

Les poils gris s'écartent à la hauteur du visage, de grosses lunettes paraissent, puis un nez tout rouge, puis des moustaches raides comme un balai de crin, puis un visage piqueté de barbe blanche pareille à celle de Grand-père.

– Mais c'est Vincendon ! s'exclame Grand-père. C'est Vincendon !

Et c'était vrai ! C'était bien Vincendon. Et ce fut seulement quand il eut ôté son bonnet à oreilles relevées et quitté sa pelisse dont le col montait à hauteur de ses yeux que les enfants eurent la certitude que le lapin mécanique était un homme. Ils ne l'avaient jamais vu, mais Grand-père leur avait souvent parlé de ce vieil ami. […]

Les enfants sont déjà retournés à la fenêtre. […] Une ombre passe sur la neige, un gros oiseau noir descend pour aller se poser sur l'arbre mort. Gérard se retourne.

– Grand-père, il y a un aigle sur l'arbre mort ! Viens vite ! Viens vite voir, Grand-père !

Grand-père ne bouge pas, mais Vincendon se lève et rejoint les enfants.[…]

Je comprends

1. Quel est le nom de l'auteur ? Cherche des renseignements sur lui. A-t-il écrit seulement pour les enfants ?

2. Où et quand se déroule cette scène ?

3. Quels sont les personnages présents ?

4. Pourquoi les enfants ont-ils pris le visiteur pour un lapin ?

5. Connaît-on le but de la visite de Vincendon ?

6. Quel est le sujet du désaccord entre Grand-père et son vieil ami ?

Il dit :

– Ce n'est pas un aigle, c'est un corbeau. Et l'arbre, c'est un érable, mais il n'est pas mort.

De son fauteuil, Grand-père crie :

– Il est mort depuis deux ans. Et je l'abattrai dès que je pourrai.

– Je te dis qu'il n'est pas mort, affirme Vincendon. Les arbres ne meurent jamais…

– Ne me raconte pas des choses pareilles, dit Grand-père, l'air surpris. Je t'assure que ça fait deux printemps qu'il n'a pas bourgeonné. Je te dis qu'il est mort et bon pour le feu.

Vincendon les regarde tous, et pourtant, on dirait qu'il ne les voit pas, qu'il voit autre chose, très loin, bien plus loin que le bout de la plaine.

– Je vous répète que les arbres ne meurent jamais, dit-il… Et je vous le prouverai… Je vous le prouverai en faisant chanter votre vieil érable.

Grand-père paraît incrédule. Mais il se tait. Vincendon est son ami, sans doute ne veut-il pas le contrarier.

Les enfants se regardent. Ont-ils bien entendu ?

Déjà Vincendon a regagné son fauteuil et repris le cours de ses histoires. Et il va rester là jusqu'à la tombée de la nuit, partageant avec eux le repas du midi.

Lorsqu'il s'en va, Grand-père l'accompagne jusqu'à l'érable. Ils tournent tous deux autour du gros arbre, comme s'ils jouaient à la cachette, tout petits dans le crépuscule qui éloigne tout et donne au paysage l'aspect d'une carte postale de bonne année.

Lorsque Grand-père rentre, les enfants se précipitent pour demander :

– Alors, qu'est-ce qu'il a dit ?

– Vincendon soutient que l'érable n'est pas mort. En tout cas, il m'a promis de le faire chanter.

– Mais comment, Grand-père, comment fera-t-il ?

– C'est son secret. Vous verrez plus tard. Je ne peux rien vous dire puisqu'il ne m'a rien expliqué. Il faut attendre.

B. Clavel, *L'Arbre qui chante,* © Bernard Clavel et Josette Pratte, Éd. Hatier.

La Pie, Claude Monet, 1869.

SI TU VEUX LIRE d'autres histoires sur les arbres :

- J. Giono, **Le Petit Garçon qui avait envie d'espace,** Folio cadet, Éd. Gallimard.
- M. Lasseray, **Aliocha, l'épouvantail,** Éd. Seuil Jeunesse.
- D. Dumortier, **Les Hommes qui sont des arbres,** Cheyne Éditeur.

Je discute

1. Essaie d'imaginer ce que Vincendon voit en pensée (lignes 41 et 42).
2. Que peuvent bien se dire Grand-père et son ami en faisant le tour de l'érable ?
3. Comment comprends-tu les lignes 43 et 44 ?
4. À ton avis, Grand-père sait-il pourquoi Vincendon s'intéresse à l'érable mort ?

Je lis

Préparez-vous à lire le texte à quatre voix (le narrateur, Grand-père, les enfants), lignes 50 à 60.

Écris le portrait de Vincendon lorsqu'il arrive à la maison des grands-parents de Gérard et Isabelle.

La ponctuation (1)

Grand-mère se précipite pour fermer la porte. Et voilà que le lapin se met à parler :
– Bonjour, bonjour, dit-il. Je viens très tôt, il faut m'excuser, mais…
Les poils gris s'écartent à la hauteur du visage, de grosses lunettes paraissent, puis un nez tout rouge, puis des moustaches raides comme un balai de crin […].
– Mais c'est Vincendon ! s'exclame Grand-père. C'est Vincendon !

- Justifie la présence des **deux points** et des **tirets** dans ce texte.
- Quel sens donnes-tu aux **points de suspension** ? Pourrais-tu continuer cette phrase ? Retrouve des points de suspension dans d'autres textes de lecture : quel est leur sens ?
- Quel est le rôle des virgules ?
- Lis le texte à voix haute en t'appuyant sur la ponctuation.

MÉMO PAGES 28 ET 29

EXERCICES

Est-ce que je sais faire ?

1 Ajoute les signes de ponctuation que tu juges utiles au sens du texte. Relis avec un autre élève, corrigez à deux.

Il était une fois ■ dans le temps jadis ■ un pêcheur avec sa femme ■
Ils vivaient ensemble dans une cabane au bord de la mer ■
Un jour ■ le pêcheur était assis près de sa ligne et il regardait l'eau claire ■ Tout à coup ■ la ligne plongea ■ Quand il la remonta ■ il tira dehors un grand turbot ■ Alors ■ le turbot parla ■
■ Écoute ■ pêcheur ■ je te le demande ■ laisse-moi la vie ■
Je ne suis pas un vrai turbot ■ je suis un prince ensorcelé ■

J. et W. Grimm, *Le Pêcheur et sa femme*.

Je m'entraîne

2 Place des virgules pour donner du sens au texte.

Iris l'incomparable impératrice d'Irlande imaginait d'infaillibles inventions. Incroyablement ingénieuse inventeur incontestable inspirée d'idées invraisemblables Iris inventa d'insolites instruments : l'imperméable ininflammable l'iceberg incolore l'icône inoxydable l'iguane indigo l'infusion d'immortelles inodores l'igloo incassable…

R. Détembel, *L'Arbre à palabres*, Castor poche, Éd. Flammarion.

3* Change la ponctuation pour changer le sens.

Ex. : Qui coasse ? Le crapaud ?
→ Qui coasse ? Le crapaud !

1. Qui croasse ? Le corbeau ?
2. Qui jacasse ? La pie ?
3. Qui hulule ? La chouette ?
4. Qui siffle ? Le merle ?

Écris un début de conte. Pense à la ponctuation.

EXERCICES SUPPLÉMENTAIRES P. 189

GRAMMAIRE

L'adjectif qualificatif

Un grand lapin mécanique recouvert par des poils gris et portant des longues oreilles frappe à la porte. Des grosses lunettes apparaissent puis un nez tout rouge, puis des moustaches raides, puis un visage piqueté de barbe blanche. C'est Vincendon, le vieil ami de grand-père. Dehors, un corbeau noir se pose sur l'arbre vert.

> Rappelle-toi : tu sais repérer les différentes expansions du groupe nominal.
Compare ces expansions : *un **grand** lapin **mécanique**, un lapin **de garenne**.*

- Quelles formes prennent les expansions du nom dans les groupes soulignés ?
Ces expansions sont des **adjectifs qualificatifs.**
- Repère la place de ces adjectifs qualificatifs et fais des remarques.
Essaie de les changer de place. Est-ce toujours possible ?
Argumente tes réponses.
- Relis le texte en supprimant les adjectifs qualificatifs.
Le texte a-t-il toujours du sens ? Le même sens ? Explique-toi.

> Essaie de définir le rôle des adjectifs qualificatifs.

MÉMO PAGE 9

EXERCICES

Est-ce que je sais faire ?

1 Entoure les adjectifs qui qualifient chaque nom souligné.

Un jour d'été, un petit rat qui vivait dans un joli nid suspendu à une grosse tige de blé, invita un de ses cousins, qui habitait la ville voisine, à venir passer une journée chez lui.
Le rat des villes admira beaucoup les beaux épis dorés et les coquelicots rouges, mais il trouva le dîner un peu maigre.
À quelque temps de là, le rat des champs partit pour la ville lointaine. Il espérait y découvrir une vie étonnante, de nouveaux amis et surtout une délicieuse nourriture.

D'après La Fontaine.

Le rat des villes et le rat des champs, illustration de Félix Lorioux.

EXERCICES

Je m'entraîne

2 Souligne les adjectifs dans ces GN.

la lune ronde – l'étoile filante – un chaud soleil – cette nuit obscure – des nuages sombres et menaçants – une fine pluie glaciale – un agréable petit vent

3 Voici des titres de livres. Relie par une flèche chaque adjectif au nom qu'il qualifie.

1. Si j'avais un copain grand et fort
2. Maudit corbeau
3. Parfaite petite poupée
4. Benjamin et son papa géant
5. Les trésors du petit matin
6. Les guerriers verts

4 * Relève les groupes nominaux. Relie par une flèche chaque adjectif au nom qu'il qualifie.

Les hommes préhistoriques étaient des populations nomades. Ils effectuaient de nombreux et longs déplacements pour se nourrir. Durant les froides nuits d'hiver, ils se réfugiaient dans des grottes peu sûres. Au printemps, ils construisaient des huttes provisoires en branchages et des grandes tentes en peaux d'animaux séchées.

5 * Complète avec l'adjectif qui convient.

Le fennec

C'est un ... mammifère des déserts d'Afrique du Nord. Il a une ... ressemblance avec le renard. Il porte une ... queue ... . Son pelage est de couleur ... .

marron clair, longue, grande, petit, touffue

LE RENARD POLAIRE

Il vit au pays du ... froid, bien protégé par une ... fourrure ... . Sous sa fourrure, il a un duvet ... et très ... qui l'empêche de frissonner jusqu'à -70 degrés. Ses pieds ... de poils épais ne craignent pas le gel.

épaisse, grand, blanche, couverts, chaud, fin

6 ** Entoure les noms et leurs déterminants et souligne les adjectifs qui qualifient ces noms.

Dans la steppe, entre la Chine et la Russie, vit Anga, une jeune bergère... C'est l'hiver.

Au cours de la nuit précédente, la neige était tombée, saupoudrant de blanc les herbes drues. Le sol gelé crissait sous les sabots des chevaux. Un pâle soleil d'hiver brillait sur la vaste plaine et les montagnes rocheuses. Anga, la jeune Mongole grande et élancée, portait de chauds vêtements fourrés. Deux longues nattes encadraient son fin visage cuivré.

D'après F. de Cesco, *Khan, cheval des steppes*, Castor Poche, Éd. Flammarion.

7 ** Relève les groupes nominaux comportant un ou deux adjectifs.

Au musée, dans un tableau, une fille semble jouer du piano pour Victor...

C'est un petit air léger, joyeux. Je m'approche à petits pas. Je m'assieds par terre et j'écoute la fille en robe blanche. Elle a une allure du tonnerre avec son petit chignon lié par deux rubans bleus. Pour tout dire, je n'ai jamais vu une fille aussi sensationnelle.

D'après G. Moncomble, *Prisonnière du tableau !* Demi-lune, Éd. Nathan.

8 ** Ajoute les adjectifs qui conviennent à ces GN. Attention au sens et aux accords.

1. un arbre
2. deux amis
3. une journée d'hiver
4. des moustaches
5. un manteau
6. des enfants

épais – sages – givrées – vieux – vivant – gentils – froide – chaud

Écris un petit texte avec les noms *chat* et *oiseau* et les adjectifs *apeuré, gourmand, patient, inquiet, gros, jeune.*

EXERCICES SUPPLÉMENTAIRES P. 189

Le futur (1)

De son fauteuil, Grand-père crie :
– Cet arbre est mort depuis deux ans : je l'abattrai **dès que** je pourrai.
– Je vous dis que les arbres ne meurent jamais. Et je vous le prouverai.
Vincendon a regagné son fauteuil. Il va rester là **jusqu'à la tombée de la nuit**.
– Grand-père, comment fera-t-il ? demandent les enfants.
– C'est son secret. Vous verrez **plus tard**.

> Rappelle-toi : tu sais situer un événement dans le futur.

- Pourquoi l'auteur a-t-il situé certaines phrases dans le futur ?
- Quels mots ou groupes de mots t'aident à comprendre qu'il s'agit d'événements à venir ?
- De quels éléments est formé *va rester* ? Ce verbe exprime-t-il le futur ? Explique.

MÉMO PAGES 11 À 15

EXERCICES

Est-ce que je sais faire ?

1 Relève les verbes au futur. Classe-les selon leur forme.

Les hommes ont peur. Noé, un vieux sage, prend la parole. « Il va pleuvoir pendant quarante jours et quarante nuits. La pluie sera terrible. Les fleuves vont déborder. Les eaux noieront tout. En quelques jours, notre village disparaîtra. Cela va être le déluge. Nous allons chercher une solution. Nous construirons une grande embarcation. Nous emmènerons un couple de chaque espèce.

Futur simple	Futur proche : *aller* + verbe à l'infinitif
...	...

Je m'entraîne

2 Entoure les mots et les expressions de temps. Souligne les verbes au futur.

1. Bientôt nous lirons des poèmes.
2. Elle jouera le rôle de Cendrillon prochainement.
3. Elle finira son histoire tout à l'heure.
4. Je passerai chez toi dans cinq minutes.

3* Récris les phrases de l'exercice 2 au futur proche.

4* Écris ce texte au futur simple.

Un jour, on (habiter) peut-être sur la Lune. Mais l'homme ne (poser) jamais le pied sur Vénus car son atmosphère est deux fois plus chaude qu'un four. Des robots très puissants (fournir) encore de nombreux renseignements sur la planète Mars. Plus tard, tu (aller) sur Mars en fusée !

Écris ce que tu penses faire dimanche prochain.

EXERCICES SUPPLÉMENTAIRES P. 190

Les valeurs de la lettre x

1. s'excuser – exagérer – un texte – expliquer – exiger – une taxe – vexer – exact – un exemple – extérieur
2. six corbeaux – dix violons – deux ans – dix enfants – j'en ai six et toi dix
3. des chevaux – des vitraux – des châteaux – des hiboux – des lieux – des feux
4. avantageux – un choix – une perdrix – faux – je peux – des cheveux – heureux – le prix – furieux

- Dans la série 1, quels sons attribues-tu à la lettre *x* ? Quelles lettres encadrent *x* lorsque l'on entend [ks] ? Et lorsque l'on entend [gz] ? Trouve d'autres exemples et classe-les en deux colonnes.
- Dans la série 2, dans quels cas entend-on [z] en faisant la liaison ? Dans quels cas entend-on le son [s] ?
- Justifie la présence de la lettre *x* dans la série 3.
- Dans la série 4, quels mots comportent un *x* porteur de sens. Explique.

EXERCICES

Est-ce que je sais faire ?

1 Classe les mots dans le tableau.

deux ans – six – un textile – l'oxygène – six éléphants – exiler – le prix – des jeux – vingt-six – des chameaux – excellent – des tuyaux – mieux – soixante-dix – exposer – deux amis – extensible – une noix – eux – des coraux – des joujoux – un exercice – je veux – la ville de Foix

Je vois *x*				
J'entends [ks]	J'entends [gz]	J'entends [s]	J'entends [z]	La lettre est muette
...	...	...	...	...

Je m'entraîne

2 Classe ces mots dans le tableau de l'exercice 1.

un examen – exploser – une exploration – un lynx – fixer – une explication – un taxi – l'exactitude – exaspérer – le larynx

3 Écris les mots au masculin.

capricieuse – malheureuse – curieuse – peureuse – frileuse – envieuse – creuse

4 Marque les liaisons que tu entends.

dix poulets – six oies – un heureux événement – des agneaux blancs – des chevaux emballés – deux hirondelles – des dindonneaux affamés – dix hérissons

5 Écris les verbes *vouloir* et *pouvoir* au présent avec *je* et *tu*.

Écris une phrase avec des mots dans lesquels la lettre *x* s'entend.

EXERCICES SUPPLÉMENTAIRES P. 191

Les noms composés

Vincendon va travailler le bois dans son arrière-boutique. De temps à autre, il consulte un vieux livre dans lequel il a glissé des marque-pages. Puis il reprend son tête-à-tête avec son ouvrage. Il crée sûrement un chef-d'œuvre.

- Comment les noms soulignés sont-ils composés ?
- Comment s'appelle le signe placé entre les éléments qui forment chaque **nom composé** ?

MÉMO PAGE 22

EXERCICES

Est-ce que je sais faire ?

1 Relie chaque nom composé à sa définition. Vérifie dans un dictionnaire.

arc-en-ciel •	• oiseau aux couleurs vives qui vit au bord de l'eau et se nourrit de poissons
porte-monnaie •	• ustensile servant à extraire le jus des agrumes
presse-citron •	• arc lumineux qui se forme dans le ciel après la pluie
martin-pêcheur •	• pochette pour ranger les pièces de monnaie

Je m'entraîne

2 Forme six noms composés avec ces étiquettes. N'oublie pas le trait d'union.

demi | heure | clés | tour | porte | mère

grand | bonheur | avions | père | bébé

3 Complète ces noms composés. Aide-toi d'un dictionnaire.

un cache-...	un demi-...	un essuie-...
un sapeur-...	un lave-...	un timbre-...
un taille-...	un pare-...	un point-...

4 Classe les mots dans le tableau selon leur composition.

une reine-claude
un ouvre-boîte
un chou-fleur
un grille-pain
un tire-bouchon
un porte-serviette
un presse-purée
un casse-noisettes
un chauffe-plat
un garde-manger

nom + nom	verbe + nom
...	...

Écris des phrases avec ces noms composés : ***mille-pattes, rouge-gorge, pic-épeiche.***

EXERCICES SUPPLÉMENTAIRES P. 191

Voyage au pays des arbres

Les gens qui ne savent pas apprivoiser les arbres disent que les forêts sont silencieuses. Mais dès que tu siffles, et que tu siffles bien, comme un oiseau, tu commences à entendre le bruit que font les arbres. Il y a d'abord ces bâillements et ces respirations aiguës. Puis tu perçois d'autres bruits. Il y a des coups lourds, comme s'il y avait un cœur qui battait quelque part sous la terre. Puis tout un tas de craquements, des branches qui se redressent avec des explosions, des feuilles qui se mettent à trembler, des troncs qui se dérident. Il y a surtout des bruits de sifflements, parce que les arbres te répondent. Ça c'est le langage des arbres. Si tu ne fais pas attention, tu peux croire que ce sont des oiseaux qui sifflent […] ce sont les arbres. Le petit garçon avait appris à reconnaître le sifflement des arbres. […]

Ce qui est bien aussi quand on est dans le pays des arbres, et qu'on les a apprivoisés, c'est de savoir que les arbres pourront vous voir. Il y a des gens qui disent que les arbres sont aveugles, et sourds, et muets. Mais ce n'est pas vrai. Il n'y a rien de plus bavard qu'un arbre, quand il est apprivoisé. Et aussi ils ont des yeux partout, sur toutes les feuilles. Mais ça personne ne le sait. Comme les arbres sont un peu timides, ils gardent généralement leurs yeux fermés quand il y a un homme dans les environs. Le petit garçon lui, qui voulait voyager au pays des arbres, avait appris petit à petit à faire ouvrir les yeux. Il sifflait le plus doucement qu'il pouvait, pas un air de musique, mais comme les arbres, une ou deux notes, très doucement. Alors sur toutes les petites feuilles agitées il voyait des yeux s'ouvrir les uns après les autres, lentement, comme les yeux des escargots. Il y a des yeux de toutes les couleurs, des noirs, des jaunes, des roses, des bleu foncé et des bleu pervenche. Tous ils regardent le petit garçon assis au milieu de la clairière, et ça fait une drôle d'impression, parce qu'ils ont des regards très doux.

Je comprends

1. Lis le titre. Pour toi, qu'est-ce que « le pays des arbres » ?
2. Cherche des renseignements sur l'auteur dans un grand dictionnaire et sur Internet.
3. Quels pouvoirs l'enfant accorde-t-il aux arbres ? Comment ces pouvoirs se manifestent-ils ?
4. Quelles espèces d'arbres sont les mieux décrites et te prouvent que l'enfant est dans une vraie forêt ? Relève les informations qui te paraissent exactes. Lesquelles sont imaginaires ?
5. À qui s'adresse le narrateur lorsqu'il dit *tu* ?
6. Relève huit groupes nominaux constitués d'un déterminant + un nom + un adjectif.

Évidemment, tous les arbres ne sont pas pareils. Il y a le chêne (qui s'appelle Hudhudhudhud) qui est un arbre très sérieux. Il a un regard profond qui vous fait un peu frissonner. Il pense tout le temps à des tas de choses sérieuses. C'est lui qui regarde interminablement les étoiles, la nuit. Il connaît le nom de toutes les constellations, et il suit gravement les phases de la lune. Il y a le bouleau, qui porte un nom très compliqué : il s'appelle Phuiii Wooo Woooit Tihuit, qui ne pense qu'à s'amuser. Il aime bien la lumière du soleil, et il s'amuse à envoyer des reflets dans les yeux des autres arbres. Non, il n'est vraiment pas sérieux. Il y a aussi un érable vénérable, qui s'appelle Whoot. Il est très vieux et son tronc est séparé en deux au niveau des racines. Il a reçu plusieurs fois la foudre, et il aime bien raconter aux autres comment ça s'est passé. Il y a beaucoup d'autres arbres dont le petit garçon ne connaît pas bien les noms, des cèdres, des frênes, des chênes-lièges, des lauriers, des sycomores, des peupliers, des saules, des poivriers, des noisetiers. Ils sont tous là, dans la forêt, serrés les uns contre les autres, et ils bavardent sans cesse. Il y a aussi beaucoup de sapins sombres, élancés. Eux ne disent pas grand-chose. Ils sont un peu taciturnes, comme les ifs. Mais ils servent de gardiens à la forêt. Dès que quelqu'un s'approche, ils font trembler leurs aiguilles, et ça fait un bruit de froissement précipité, comme si la pluie allait tomber. Immédiatement tous les arbres cessent de parler et ils se mettent au garde-à-vous. Ils ferment tous leurs yeux et resserrent leurs branches, et ils font les morts.

J. M. G. Le Clézio, *Voyage au pays des arbres*, Folio cadet, Éd. Gallimard.

SI TU VEUX LIRE d'autres histoires magiques et poétiques :

- J. M. G. Le Clézio, **Balaabilou,** Éd. Gallimard.
- M. Mopurgo, **Mon cygne argenté,** Éd. Kaléidoscope.
- C. Ponti, **Georges Lebanc**, Éd. L'École des Loisirs.
- M. Butor, **Vergers d'enfance** (poésie), Éd. Lo Païs.

Je discute

1. Pourquoi les arbres ne s'animent-ils que pour le petit garçon ?

2. À ton avis, a-t-il fallu longtemps pour que naisse cette complicité entre l'enfant et les arbres ? Imagine comment elle s'est peu à peu construite.

3. Le chêne est considéré comme le « roi de la forêt ». L'enfant fait-il sienne cette idée ?

4. Qu'est-ce qui donne un ton littéraire poétique à ce texte ?

Je dis

Choisis un passage que tu as beaucoup aimé. Prépare-toi à le lire devant la classe, comme si c'était un poème.

Écris ce que tu as retenu sur le chêne, le bouleau, l'érable. Quels noms leur sont donnés dans ce texte ?

La ponctuation (2)

1

Le petit garçon lui, qui voulait voyager au pays des arbres, les a apprivoisés. Évidemment, tous les arbres ne sont pas pareils. Le bouleau aime bien la lumière du soleil, et il s'amuse à envoyer des reflets. Il y a beaucoup d'autres arbres dont le petit garçon ne connaît pas bien les noms, des cèdres, des frênes, des chênes-lièges, des lauriers, des sycomores, des peupliers, des saules, des poivriers, des noisetiers.

2

La forêt est composée :

– de grands arbres (chêne, hêtre, châtaignier, bouleau, charme, pin, sapin...)

– d'arbustes (noisetier, aubépine, houx, buis, buisson noir, viorne, ronces...)

– de petits végétaux (fougère, ajonc, muguet, fraisier sauvage, lichen, mousse, champignon...)

• Repère la place des virgules dans le texte 1. Quels rôles ont-elles ? Habituellement, la virgule est-elle suivie du mot de liaison *et* ? Pourquoi l'auteur a-t-il choisi cette ponctuation ?
• Dans le texte 2, donne du sens à tous les signes de ponctuation en couleur. Argumente tes réponses.
• Explique pourquoi les textes 1 et 2 ne sont pas ponctués de la même façon.

MÉMO PAGES 28 ET 29

EXERCICES

Est-ce que je sais faire ?

1 Ajoute les signes de ponctuation.

L'autruche rencontre le Petit Poucet...

C'est moi qui fais ce bruit ▢ je suis heureuse ▢ j'ai un estomac magnifique ▢
je peux manger n'importe quoi ▢ Ce matin ▢ j'ai mangé deux trompettes ▢
trois douzaines de coquetiers ▢ j'ai mangé une salade avec son saladier ▢
et les cailloux blancs que tu semais ▢ eux aussi ▢ je les ai mangés ▢

J. Prévert, *L'Autruche*, issu de *Contes pour enfants pas sages*, Folio cadet, Éd. Gallimard.

Je m'entraîne

2* Place les deux points et les virgules qui te paraissent utiles au sens.

Pour son déjeuner Pantagruel a dévoré sept outardes vingt et six perdrix seize faisans neuf bécasses quinze petits sangliers deux blaireaux trois grands renards.

F. Rabelais, *Pantagruel*.

Écris une liste de plats servis lors d'un repas de nains. Pense à la ponctuation.

3* Récris et ponctue ce documentaire. Aide-toi du texte 2 pour l'organiser.

Le lagopède du Grand Nord résiste au froid grâce à un plumage imperméable une peau épaisse des pattes recouvertes de bottes en duvet une troisième paupière qui maintient son œil humide

EXERCICES SUPPLÉMENTAIRES P. 189

L'adjectif qualificatif : genre et nombre

1. un arbre bavard – un petit bouleau – un vieil érable – un regard doux – un enfant rêveur – un bois silencieux – un tronc blanc – un gros nuage – un bon caractère – un oiseau gris – un vent vif

2. un arbre aveugle – un chêne timide – un sapin sombre – un regard noir – un bouleau élancé – un vrai labyrinthe – un endroit idéal

Un érable au Canada, pendant l'été indien.

> Rappelle-toi : tu sais identifier les adjectifs qualificatifs. Quel est leur rôle dans le groupe nominal ?

- Dans chaque série de groupes nominaux, remplace oralement chaque nom masculin par un nom féminin. Que remarques-tu ?
- Écris les GN au féminin. Quels changements vois-tu ?
- Dis puis écris les GN au pluriel. Quels changements entends-tu ? Quels changements vois-tu ?

> Essaie d'expliquer comment s'accordent les adjectifs.

MÉMO PAGE 9

EXERCICES

Est-ce que je sais faire ?

1 Écris le féminin des adjectifs dans le tableau. Surligne les adjectifs qui changent à l'écrit.

vert – solide – piqueté – rond – peureux – pareil – franc – joyeux – jaune – amical – touffu – long – énervé – bleu – sévère – neuf – ravi – beau – chaud – voisin – ancien – magique – soutenu – souple

L'adjectif ne change pas à l'oral	L'adjectif change à l'oral
solide, piquetée, ...	verte, ...

2 Écris le pluriel des adjectifs dans le tableau. Surligne les adjectifs qui changent à l'écrit.

vrai – original – heureux – aimable – inquiet – bas – nouveau – salé – principal – couvert – jaloux – frais – fané – tardif – spatial – épais – faux – doux

L'adjectif ne change pas à l'oral	L'adjectif change à l'oral
vrais, heureux, ...	originaux, ...

Je m'entraîne

3 Dans chaque série, associe le groupe nominal à l'adjectif qui le qualifie.

1. a. un homme – un corbeau – la neige – le feu – un paysage
   b. blanche – noir – rêveur – brumeux – pétillant

2. a. une femme – une corneille – le manteau – la flamme – une campagne
   b. blanc – noire – rêveuse – brumeuse – pétillante

EXERCICES

4 Écris des GN avec les mots proposés.

1.

ce le la	crayon cartable trousse	bleue rouge neuf

2.

un les ces une	fougère bouleaux érable branches	solide sèche souples flexibles

5 * Écris les adjectifs au féminin.

Le jeune prince Blub veut épouser une sirène. Le roi s'y oppose. Il fait capturer la sirène.

La sirène était là, (ligoté) et (couché) sur la table de zinc d'un poissonnier. Elle était là, (tranquille) et toute (souriant). Le poissonnier lui coupa la queue. À sa (grand) surprise, la queue repoussa et, au lieu d'une sirène (blanc) et (rose), il avait une sirène (vert). [...] Un peu troublé, le poissonnier coupa la queue (palmé). Cette fois, la sirène était (bleu)...

D'après P. Gripari, *Le Gentil Petit Diable*, Éd. La Table ronde.

6 * Récris ces débuts de contes en mettant les GN soulignés au féminin.

1. C'était <u>un prince fort laid, timide et peureux</u>.

2. Il était une fois <u>un jeune homme métamorphosé</u> en <u>loup blanc</u>.

3. <u>Ce pauvre vieux roi</u> demanda <u>à son fils aîné</u> d'aller lui quérir la jeunesse.

4. <u>Le garçon</u> n'avait pour héritage qu'<u>un malheureux chat courageux et gourmand</u>.

5. <u>Le voisin curieux et bavard</u> de Nasreddine voulait savoir si <u>le nouveau vendeur</u> pourrait lui procurer <u>un âne docile</u>.

7 * a. Récris cette phrase en ajoutant le nom *yeux* avant chaque adjectif de couleur.

Il y a des yeux de toutes les couleurs, des noirs, des jaunes, des roses, des bleus, des verts.

b. Récris cette phrase en remplaçant le nom *yeux* par *feuilles*.

8 * Trouve le singulier de ces adjectifs. Aide-toi d'un dictionnaire.

durs – communaux – affectueux – roux – poilus – beaux – matinaux – fragiles – jolis – contents – nombreux – pleins – originaux

9 ** Accorde les adjectifs entre parenthèses.

Les six milliards d'habitants occupent inégalement la planète. (Différente) causes expliquent cette inégale répartition :
– des causes (naturelle) : les hommes sont plus nombreux là où on trouve de l'eau, des terres (cultivable), des climats (doux) et (tempéré), et moins nombreux là où on trouve des conditions (difficile) : les régions (polaire), les déserts (aride), les (immense) forêts ;
– des raisons (économique) : les hommes sont installés là où se trouvent les (grand) sites (commercial), les (riche) zones (agricole).

Magellan CE2, Éd. Hatier.

10 ** Accorde les adjectifs en genre et en nombre lorsque c'est nécessaire.

La Forêt Interdite est peuplée de Minuscules qui la protègent d'un monstre...

Les Minuscules commencèrent à sentir le souffle (répugnant) du monstre. La fumée (rouge) enveloppait les (bas) branches d'(épais) nuages. [...] Certains Minuscules disent avoir vu ses (énorme) pattes (noir) et (poilu) qui ontla forme de pattes de lion, mais dix fois plus (grande). On prétend qu'il a une tête de crocodile avec des rangées et des rangées de dents (pointu).

R. Dahl, *Les Minuscules*, traduction de M. Saint-Dizier, Éd. Gallimard.

Écris des acrostiches en suivant cet exemple.

Mot de départ : FLEURS
Fanées
Lisses
Elégantes
Utiles
Roses
Sages

Utilise les mots de départs suivants. Veille aux accords.
DRAGONS, SIRÈNE, CENTAURE

EXERCICES SUPPLÉMENTAIRES P. 190

le futur (2)

Ce qui est bien quand on est au pays des arbres, et qu'on les a apprivoisés, c'est de savoir que les arbres pourront vous voir. Ils regarderont le petit garçon assis au milieu de la clairière. Le chêne aura un regard profond. Le bouleau ne pensera qu'à s'amuser. Les sapins ne diront pas grand-chose. Ils feront trembler leurs aiguilles. Le petit garçon verra les arbres lui sourire. Ils seront tout en joie. Alors, ils choisiront d'ouvrir leurs yeux.

> Rappelle-toi : qu'exprime le futur ?

• Donne l'infinitif des verbes soulignés. Lesquels subissent un changement important lorsqu'ils sont conjugués au futur ?

• Conjugue ces verbes au futur à toutes les personnes.
Quels changements entends-tu ?
Écris quelques formes conjuguées. Entoure les terminaisons. Que remarques-tu ?

MÉMO PAGES 11 À 15

EXERCICES

Est-ce que je sais faire ?

1 Complète ces tableaux en conjuguant les verbes au futur simple.

infinitif	personnes	formes conjuguées
siffler	je	...
commencer	nous	...
appeler	tu	...
jouer	ils, elles	...
crier	vous	...
avoir	il, elle	...

infinitif	personnes	formes conjuguées
rougir	vous	...
aller	j'	...
vouloir	nous	...
revoir	tu	...
prendre	ils, elles	...
être	je	...

Je m'entraîne

2 Relève les formes conjuguées au futur.

1. nous allons – nous irons – ils vont – tu iras
2. je pourrai – je pouvais – ils pouvaient – tu pourras
3. elle voyait – je verrai – nous voyons – ils verront
4. nous voulons – nous voulions – nous voudrons – ils voudront
5. elles sont – nous serons – nous étions – ils seront

3* Conjugue les verbes au futur simple.

Des enfants ont trouvé un Mistouflon.

Nous lui (donner) des bonbons. Nous l'(aimer). Nous le (peigner) le matin. Nous lui (mettre) des rubans. Nous lui (astiquer) les cornes et nous lui (brosser) la queue. Et quand il (avoir) soif, nous lui (faire) de la picole – la boisson du Mistouflon – tant qu'il en (vouloir). Voilà !

A. M. Chapouton, *L'Année du Mistouflon*, Castor poche, Éd. Flammarion.

EXERCICES SUPPLÉMENTAIRES P. 190

L'accord en nombre dans le GN

un sanglier fouilleur
un hibou endormi
un paysage désertique

un chêne sérieux
un vent doux
un air frais
un terrain communal
un animal génial
un record mondial
un repas familial

- Dis ces GN au pluriel. Quels changements entends-tu ?
- Écris les groupes obtenus. Quels changements vois-tu ?
- Que peux-tu dire du pluriel des adjectifs qui se terminent au singulier par ***s*** ou ***x*** ? Et de ceux qui se terminent par ***al*** ?
- Observe : *des froids glacials, des résultats finals*. Fais des remarques.

EXERCICES

Est-ce que je sais faire ?

1 Écris les groupes nominaux au singulier. Tu peux t'aider d'un dictionnaire si tu hésites.

des plumages gris – des caramels mous – des hiboux jaloux – des ouvrages originaux – des artistes connus – des gâteaux exquis – des parents furieux – des jours nouveaux – des cheveux roux – des résultats faux

2 Écris ces adjectifs au pluriel. Aide-toi d'un dictionnaire.

central – fatal – natal – commercial – moral – bancal

Je m'entraîne

3 Écris les groupes nominaux au pluriel.

un chevreuil peureux – un gland mûr – un geai occupé – un étourneau curieux – un fruit vert – un jeune faon – un petit lapin – un arbre mort – un écureuil surpris – un feuillage fané

4 Même consigne que l'exercice 3.

un vieux journal – un film ennuyeux – un beau joujou – un court récit – un poète inconnu – un livre épais – un hebdomadaire local – un dessin original – un joyeux repas – un escabeau bancal

Écris les noms d'arbres cités page 173 lignes 49 à 51. Cherche-les dans un dictionnaire puis récris-les sous forme de liste accompagnés d'un adjectif. Veille aux accords.

EXERCICES SUPPLÉMENTAIRES P. 191

L'origine des mots

Sais-tu que les mots que tu emploies viennent parfois de mots très anciens.

1. Les Romains ont introduit des mots latins qui se sont mêlés aux langues gauloises. Certains n'ont pas changé depuis 2 000 ans comme : *agenda, album, aquarium, lavabo, maximum, mémento, prospectus…* D'autres ont changé mais gardent des traces du latin, comme le nom des doigts de la main (*digitus, manus…*).

2. On utilise aussi des mots d'origine grecque (rappelle-toi *Héraclès* et l'*Hydre de Lerne*). La plupart de ces mots sont employés en sciences et technologies. D'autres désignent des personnages fantastiques légendaires : *Europe, amazone, furie, méduse, océan…*

- Tu as lu un document sur les oiseaux *aquatiques*. Dans un dictionnaire, cherche des mots de la même famille que *aquatique*. Écris-les. Entoure la partie latine commune. Ces mots ont-ils un lien de sens ?
- Trouve un mot formé à partir de *palma* + *pédis.*
- Écris les mots : *graphie, graphisme, graphique, graphologie, paragraphe, géographe.* Entoure la partie grecque commune. Ces mots ont-ils un lien de sens ? Lequel ?

MÉMO PAGE 22

ERCICES

Est-ce que je sais faire ?

1 Relie le nom des doigts de la main à leur origine latine. Trouve le sens que les Romains donnaient à quatre d'entre eux.

pollex •	• majeur •	• pour aller dans l'oreille
index •	• auriculaire •	• pour indiquer
major •	• pouce •	• le plus grand
anulis •	• index •	• pour mettre un anneau
auricula •	• annulaire •	

Je m'entraîne

2 Associe chaque nom de mois à son origine latine.

a. september – julius – martius – januarius – december – junius – fébruarius – maius – october – augustus – aprilis – november

b. janvier – février – mars – avril – mai – juin – juillet – août – septembre – octobre – novembre – décembre

3* Fais la même chose avec ces noms d'origine grecque.

a. chronos + métron – hippos + patamos – rhinos + kéras – ortho + graphé – phôtos + graphé

b. hippopotame – photographe – chronomètre – rhinocéros – orthographe

Écris les noms d'origine grecque *furie, chimère, méduse* dans une phrase qui les expliquera. Cherche d'abord leur sens dans un dictionnaire.

EXERCICES SUPPLÉMENTAIRES P. 191

Un milieu de vie : l'arbre feuillu

Dans nos forêts, nos haies, on compte au moins quarante espèces d'arbres. L'arbre est vivant. Il naît, grandit, se reproduit puis meurt après de longues années rythmées par les changements de saisons et les activités des hommes. L'arbre feuillu est peuplé de nombreuses espèces animales : petits mammifères, oiseaux, insectes s'y croisent et y cohabitent pour se nourrir, se reproduire, s'y abriter, hiberner.

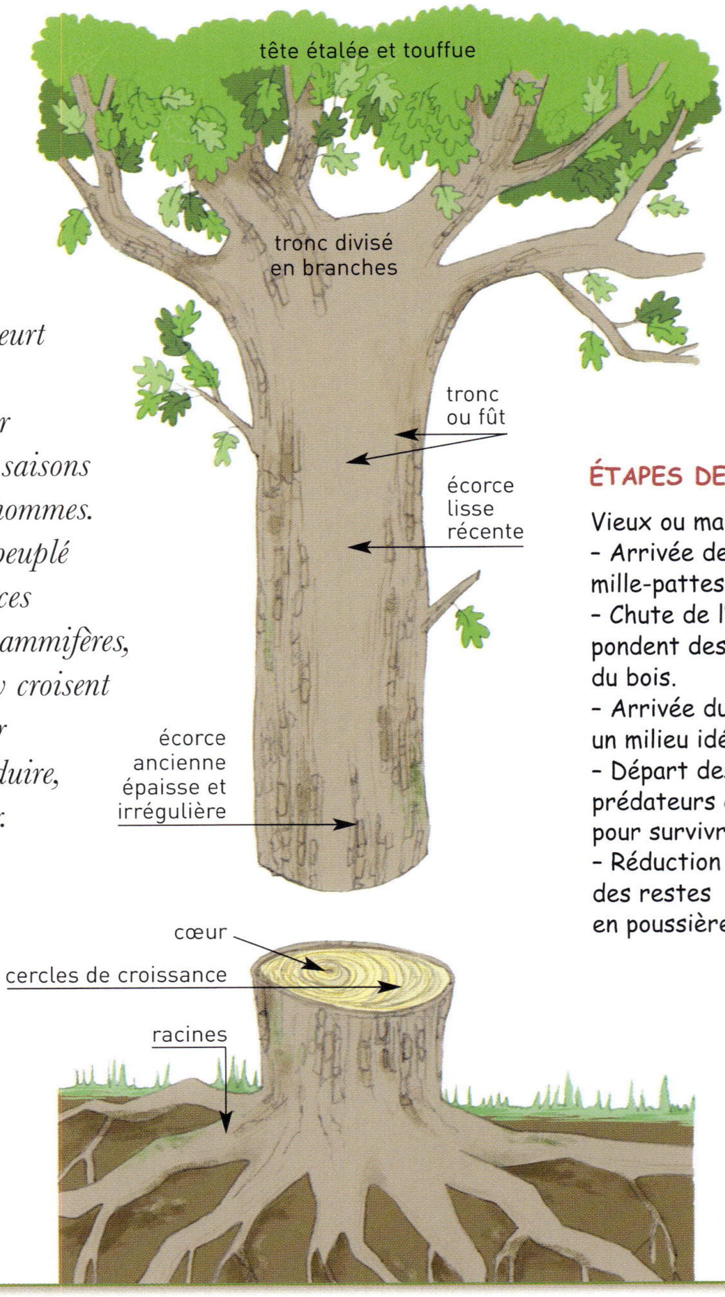

Naissance d'un chêne

ÉTAPES DE LA MORT D'UN ARBRE

Vieux ou malade, l'arbre se fend et se bris
- Arrivée des limaces, des cloportes, des mille-pattes.
- Chute de l'écorce, les insectes coléoptèr pondent des larves qui broient les fibres du bois.
- Arrivée du pic-épeiche qui trouve là un milieu idéal pour se nourrir et nicher.
- Départ des occupants et de leurs prédateurs qui n'ont plus rien pour survivre.
- Réduction des restes en poussière.

Je comprends

1. Décris ce document à partir de ce que tu as appris pages 148 et 149. Fais des remarques.

2. Quelles espèces d'arbres feuillus étaient citées dans le texte pages 172 et 173 ?

3. Relève les mots de l'introduction qui sont expliqués sur les deux pages.

4. Sur quoi vas-tu t'appuyer le plus pour comprendre :
- comment est organisé un arbre ?
- que l'arbre est un être vivant ?
- que de nombreuses espèces animales dépendent de lui ?

5. Grâce à quoi connaît-on l'âge d'un arbre ? Y a-t-il une seule partie ou un seul élément de l'arbre qui échappe à un animal ?

6. Classe les animaux que tu vois sur ce dessin en trois colonnes selon leur nom générique : *mammifère*, *insecte* ou *oiseau*.

7. Relève les noms composés.

8. Cherche et écris deux autres chaînes alimentaires.

Écris **une définition pour les mots *nocturne* et *diurne*. Aide-toi d'un dictionnaire.**

Des GN pour reprendre d'autres noms

Le cerf commun d'Europe ou cerf rouge ou cerf élaphe est un mammifère ruminant. **Ce** mammifère appartient à la famille des cervidés. **Ce** cervidé porte de grands bois qui se renouvellent à la fin de l'été.
L'habitant majestueux des forêts est discret et paisible. Mais, en automne, lorsqu'il cherche **ses** compagnes, **cet** animal peut devenir dangereux. Il lance **son** brame et promène fièrement **ses** bois dans la nuit. De tout temps, le cerf a été un gibier royal lors des chasses à courre.

- Repère les GN qui reprennent *le cerf commun d'Europe*. Lesquels sont des noms génériques ? Lesquels sont des expressions imagées ? Quel est leur rôle ?
- Pourquoi peut-on dire ***ce** mammifère, **ce** cervidé, **ses** compagnes, **son** brame, **ses** bois* ?
- Explique le rôle des déterminants démonstratifs et possessifs en gras.

MÉMO PAGE 24

EXERCICES

Est-ce que je sais faire ?

1 Souligne les GN qui reprennent le nom souligné. Indique à quoi ou à qui renvoie chaque déterminant en gras.

Mozart n'a que sept ans lorsqu'il joue du clavecin à la cour du roi Louis XV. **Ce** jeune compositeur joue des morceaux qu'il a créés. Avec **son** père, il va de pays en pays. Très jeune, il est déjà un grand artiste. **Cet** artiste deviendra un musicien très célèbre. Aujourd'hui encore, tu peux écouter **ses** œuvres. **Ce** génie a composé des centaines de pièces de musique. **Ses** morceaux les plus célèbres sont interprétés dans le monde entier.

Je m'entraîne

2 Relève les GN qui reprennent les GN soulignés.

1. Cendrillon était très malheureuse. La pauvrette travaillait beaucoup. Ce conte est connu dans de nombreuses régions. On appelle parfois cette jeune fille, la Cendrouse.

2. Un roi devenait vieux. Le monarque avait trois fils. Il leur demanda d'aller quérir la jeunesse. Les garçons partirent. Le vieil homme attendit longtemps mais ses enfants ne revirent pas leur père vivant.

Écris un petit texte sur un animal ou un personnage de conte. Utilise d'autres GN pour reprendre son nom.

3* a. Même consigne que pour l'exercice 2.

Barbe Bleue avait épousé une jeune fille assez jolie. Mais **cet** homme était dur avec **sa** nouvelle femme. Dans **son** château, le maître interdisait qu'on aille dans une pièce fermée à clé. Mais la dame trouva la clé et ouvrit la porte de **cette** pièce. **Son** mari se mit très en colère contre la curieuse. Il voulut la punir. Alors la pauvre femme appela **ses** frères à **son** secours. Ils délivrèrent la prisonnière et chassèrent **leur** épouvantable beau-frère.

b. Indique à qui renvoie chaque déterminant en gras.

Ex. : **son** mariage → Barbe-Bleue

EXERCICES SUPPLÉMENTAIRES P. 189

GRAMMAIRE

Le complément de nom

1	2	3
les oiseaux forestiers les oiseaux **de** la forêt	la queue **en** panache un nid **avec** protection le coucou **sans** nid le geai **des** chênes une mésange **à** tête noire	le roi **de** la forêt le roi **des** forêts le roitelet ami **du** bûcheron le roitelet ami **des** bûcherons

> Rappelle-toi : tu sais que l'on peut préciser un nom avec des adjectifs qualificatifs.

- Dans la série 1, les GN ont-ils le même sens ? Les noms soulignés sont tous les deux précisés. Compare ces précisions.
- Dans la série 2, comment sont formés les groupes qui complètent les noms soulignés ? Repère les petits mots en gras qui introduisent ces **compléments de nom** : ce sont des **prépositions**.
- Dans la série 3, observe les changements. Explique-les.

> Essaie de dire comment on peut compléter un nom par un GN.

MÉMO PAGE 9 2

Est-ce que je sais faire ?

1 Souligne les compléments de nom.

SE NOURRIR DANS LES CAMPAGNES AU XVIIIe SIÈCLE

Au pain, on rajoute une soupe au sel et à l'eau, des pois du jardin, parfois des choux d'hiver, des navets à la saveur amère.

Selon les régions, on mange des bouillies de farine grise ou des galettes de sarrasin. On a parfois du lait de vache, de chèvre ou de brebis. On consomme les produits de mauvaise qualité. Les meilleurs sont vendus à la foire du bourg voisin.

L'aliment de base est le pain. On le cuit une fois par mois dans le four du village. Le pain de seigle est indigeste. Les gens ont des maladies de l'intestin. Dans les régions plus riches, on mange du pain de froment, quelques volailles de la ferme, des fruits et on utilise de l'huile de noix.

Giuseppe Arcimboldo, *L'Été*, Musée du Louvre, Paris.

Partout, on élève un porc. Vers Noël, pour la fête du cochon, on se régale de boudin aux pommes, de soupes avec du lard bien gras. Dans des saloirs en terre cuite, on alterne couche de viande et couche de sel. Au plafond de la pièce principale, on accroche des quartiers de lard salé et les jambons. Ces provisions de viande et de graisse devront durer jusqu'à l'automne de l'année suivante.

EXERCICES

Je m'entraîne

2 Lis ces titres de romans ou de contes. Souligne les compléments de nom. Entoure les prépositions.

1. Un vampire aux longues dents
2. Le fils du diable
3. Le voyage de Gulliver
4. Le plus grand roi du monde
5. Sept farces pour écolier
6. La montagne aux trois questions
7. La guerre du feu
8. Une surprise pour Sophie
9. L'abominable gosse des neiges
10. La maison à cinq étages

3 Complète les GN par un complément de nom.

un placard à ...
une glace à ...
une compote sans ...
une brosse à ...
une table en ...

4 Relève les compléments de nom. Entoure le mot qui introduit chacun d'eux.

1. L'écureuil à la queue touffue cherche des noisettes.
2. Le geai cache les glands d'un chêne.
3. La pie sans scrupules vole les œufs dans les nids.
4. Le renard guette le lapin de garenne.
5. Le busard des marais fonce sur une grenouille.

5 Ajoute des compléments de nom.

un château
- de ...
- avec ...
- sans ...
- en ...

la maison
- en ...
- avec ...
- sans ...
- pour ...
- des ...

6 ** Entoure les prépositions qui introduisent des compléments de nom. Souligne ces compléments de nom.

Le roi Arthur vit dans la forêt de Brocéliande. Il y invite ses compagnons sans fortune. Dans le palais de pierre et de bois, on rencontre la fée du lac, le bon génie des forêts. Tous recherchent un pays de rêve. Là ils trouveront un vase magique en or et à la couleur étincelante.

7 ** Remplace chaque adjectif par un GN complément de nom. Appuie-toi sur la série 1 que tu as observée page 183.

un gâteau chocolaté – un yaourt sucré – un flan vanillé – un dessert rêvé – un cake salé

8 ** Récris les GN en mettant les compléments de nom au pluriel. Entoure les mots qui les introduisent.

les animaux de la mare – les becs-croisés du sapin – les pics au bec dur – les pigeons de la ferme – les œufs à la coquille bleue

9 ** Entoure les prépositions introduisant un complément de nom et souligne celles introduisant un complément de verbe.

Le héron se promenait sur le bord de l'étang. Il allait à la pêche. Il dédaigna une tanche de belle taille et une bande de goujons. Bientôt, il ne trouva rien à manger. Il dut se contenter d'un limaçon à pauvre allure !

10 ** Lis ce poème. Relève les précisions que le poète donne au nom *oiseau*.

COQ

Oiseau de fer qui dit le vent
Oiseau qui chante au jour levant
Oiseau bel oiseau querelleur
Oiseau plus fort que nos malheurs
Oiseau sur l'église et l'auvent
Oiseau de France comme avant
Oiseau de toutes les couleurs

Louis Aragon, *Le nouveau Crève-Cœur*, Gallimard, 1948.

Écris un poème qui aura la même forme que celui de Louis Aragon.

EXERCICES SUPPLÉMENTAIRES P. 190

Bilan

Le coucou ne fait pas de nid. Il pond un seul et gros œuf dans un nid de pinsons ou de rouges-gorges. Lorsque le propriétaire du nid revient, il couve l'œuf du coucou avec les siens. Le jeune coucou sort de sa coquille le premier. Il pousse les autres œufs hors du nid. Il reste seul. Le couple de pinsons le nourrit. Mais le petit coucou grandit et grossit très vite. Ses parents adoptifs peuvent à peine satisfaire son appétit. Au bout de deux mois, à la mi-juillet, le jeune intrus s'envole pour l'Afrique du Sud.

> Rappelle-toi : quels temps as-tu appris à employer et à conjuguer ?

• À quel temps sont conjugués les verbes soulignés ? À quelles personnes ? Écris leur infinitif et leur groupe.

• Relis ce texte en conjuguant les verbes à l'**imparfait**, au **passé composé** puis au **futur**. Écris les formes que tu obtiens.

MÉMO PAGES 10 À 15

EXERCICES

Est-ce que je sais faire ?

1 Indique le temps employé dans chaque phrase.

1. Le canard colvert migre deux fois par an.
2. Aujourd'hui nous étudions la vie de l'arbre.
3. Louis XIV a régné sur la France très longtemps.
4. Les vacances commenceront le 3 juillet.
5. Nous allons visiter un musée.
6. Le mulot cherchait des noisettes.
7. La buse a foncé sur le rongeur et l'a emporté dans ses serres.
8. Le pigeon se nourrit de graines.
9. À Noël, il neigera sûrement.
10. Autrefois, on croyait aux fées.

Je m'entraîne

2 Écris les verbes aux formes demandées.

manger (présent, 1re pers. du plur.)
grossir (imparfait, 3e pers. du sing.)
pouvoir (passé composé, 1re pers. du sing.)
vouloir (présent, 2e pers du sing.)
prendre (passé composé, 3e pers. du plur.)
dire (présent, 2e pers. du plur.)
faire (futur, 3e pers. du sing.)
aller (présent, 3e pers. du sing.)
revenir (futur, 2e pers. du sing.)
rester (passé composé, 1re pers. du plur.)

3 Classe les formes conjuguées en quatre colonnes : passé composé – imparfait – présent – futur.

il pouvait – tu as vu – je viens – ils verront – vous êtes restés – nous avancions – vous dites – vous pourrez – elle veut – tu prendras – j'ai fini – ils peuvent – il va – nous faisions – tu es devenu – nous rangeons – tu jettes – ils appelleront – je soulève – ils finissaient

Écris quelques phrases au passé pour raconter ce qui est arrivé au Petit Chaperon Rouge dans la forêt. Emploie les verbes *marcher, jouer, rencontrer, demander.*

EXERCICES SUPPLÉMENTAIRES P. 190

18 ORTHOGRAPHE

Les chaînes d'accords en genre et en nombre dans le GN

1

des petits pigeons gris
des chats sauvages et agressifs
des chevreuils discrets et silencieux
des cerfs agiles et élégants

2

des petites pigeonnes grises
des chattes sauvages et agressives
des chevrettes discrètes et silencieuses
des biches agiles et élégantes

> Rappelle-toi : comment se font les accords dans le GN ?

- Compare les GN de chaque série. Fais toutes les remarques que tu peux.
- De quelle couleur sont les marques du féminin ? Et celles du pluriel ? Que remarques-tu ?
- Quelles règles dois-tu suivre pour faire les accords dans le GN ?

EXERCICES

Est-ce que je sais faire ?

1 À l'aide de flèches, indique les chaînes d'accords dans les GN dont le nom est souligné.

Pour peindre le haut des grottes, les hommes préhistoriques construisaient de petits échafaudages. Ils éclairaient les grottes sombres avec des lampes remplies de graisse. Ils fabriquaient de la peinture naturelle à partir de minéraux et de végétaux. Ils choisissaient des terres rouges, jaunes, orangées. Ils ajoutaient des plantes broyées. Ils obtenaient ainsi des couleurs chaudes pour peindre des animaux sauvages sur les longues parois lisses.

Je m'entraîne

2 Écris des groupes nominaux à partir des mots proposés.

un des cette ces	yeux regard couleurs peinture	vif vifs vive vives

3 Ajoute un déterminant et accorde les adjectifs entre parenthèses.

... (joli) robe (bleu) – ... chaussettes (rayé) – ... (vieux) pulls (gris) – ... (épais) capuche (rouge) – ... (bon) chaussures (solide)

4* Choisis les déterminants qui conviennent. Accorde les adjectifs.

Ce cirque possède (un/des) lamas (dressé). (Deux/un) (gros) lions bâillent dans (une/des) (grand) cages. Les visiteurs

envoient (une/des) cacahuètes (épluché) à (un/trois) (petit) singes (curieux) et (agile). (Trois/une) trapézistes (élégant) préparent leur numéro.

5 Récris cette phrase en remplaçant les noms soulignés par : *poupées* et *peluches* – *poupon* et *chat* – *poupons* et *chats*.**

Anna a acheté une belle poupée blonde et une petite peluche blanche.

Écris des phrases pour faire le portrait d'un oiseau ou d'un animal sauvage. Emploie des adjectifs et fais les accords. Tu peux te renseigner sur Internet.

EXERCICES SUPPLÉMENTAIRES P. 191

VOCABULAIRE

Des mots venus d'ailleurs

• Dans chaque bulle, repère les mots empruntés à l'italien, l'espagnol, l'arabe et le japonais.
• Cherche des mots d'origine anglaise. Pense aux sports, aux vêtements, aux aliments. Cherche ces mots dans un dictionnaire. Écris-les.

> Fais le point sur ce que tu as appris à propos de l'origine des mots.

MÉMO PAGE 22

Est-ce que je sais faire ?

1 Relie chaque mot d'origine anglaise à sa définition. Aide-toi de dictionnaires.

pull-over •	• fin de semaine
sweat-shirt •	• courrier électronique
tee-shirt •	• tricot que l'on enfile par la tête
rock and roll •	• maillot de coton à manches courtes
week-end •	• musique populaire anglo-saxonne
mail •	• vêtement molletonné serré à la taille et aux poignets

Je m'entraîne

2* Associe chaque mot (liste a) à son pays d'origine (liste b). Aide-toi d'un dictionnaire pour adultes.

a. litchi – yaourt – café – loukoum – pudding
b. pays arabes – Chine – Angleterre – Bulgarie

3* Cherche ses noms empruntés à une autre langue.

1. Je suis un mot esquimau. Construit avec des blocs de neige, j'ai une forme arrondie. Qui suis-je ?
2. Je suis un pantalon de toile bleue. J'étais porté par les chercheurs d'or en Amérique. J'habille aujourd'hui le monde entier. Qui suis-je ?
3. Je suis un gardien de vaches ou de chevaux en Amérique. Qui suis-je ?
4. Je suis une fête déguisée et masquée d'origine italienne. Qui suis-je ?

4 Trouve le nom venu d'ailleurs qui correspond à chaque définition.**

1. (Espagne) Petit insecte volant dont la piqûre provoque des démangeaisons et un gonflement de la peau.
2. (Hollande) Crustacé ayant de grosses pinces et se déplaçant de côté. Très bon à manger.
3. (Allemagne) Petit rongeur au pelage beige et au ventre blanc que tu peux élever.

Écris des phrases avec les noms *pyjama* (mot hindou) et *anorak* (mot esquimau).

Écrire la quatrième de couverture d'un roman

Je prépare mon travail

• Voici la quatrième de couverture de l'ouvrage de J. M. G. Le Clezio, *Voyage au pays des arbres.*
Comment débute-t-elle ?
Pourquoi certains mots sont-ils écrits en rouge ?
Quel est le rôle de la dernière phrase ?
• Manipule d'autres livres. Observe chaque quatrième de couverture.

FOLIO CADET

Un petit garçon qui s'ennuie et qui rêve de voyager s'enfonce dans la forêt, à la rencontre des arbres. Il prend le temps de les apprivoiser, surtout le vieux chêne qui a un regard si profond. Il peut même les entendre parler. Et quand les jeunes arbres l'invitent à leur fête, le petit garçon sait qu'il ne sera plus jamais seul.

Un voyage magique et poétique au pays des arbres raconté par un grand auteur contemporain.

à lire dès 8 ans

FOLIO CADET www.gallimard-jeunesse.fr

ISBN 2-07-053665-3 9 782070 536658 A 53665 catégorie 3

J'écris une quatrième de couverture

• Choisis un livre que tu as particulièrement aimé.
• Relève les renseignements utiles pour écrire sa quatrième de couverture.
• Liste tout ce dont tu te souviens sur le début de l'histoire : personnages, lieux, temps du récit, problème qui survient...
Garde seulement ce qui te paraît important.
Décide à quel moment tu vas arrêter ton résumé.
• Fais un ou deux commentaires sur le contenu de l'histoire.
• Écris au présent.

Les contraintes que tu dois respecter

1. Résumer la situation de départ :
– présenter le personnage principal ;
– amorcer le problème qui survient ;
– interrompre le texte au moment où le lecteur a envie d'en savoir plus.

2. Commenter l'histoire : le ton de l'écriture (drôle, poétique...), ce qu'on apprend, découvre....

3. Vérifier les accords et la ponctuation.

4. Mettre des mots clés en relief.

POUR T'AIDER

Des compléments de nom
un histoire, un roman pour rêver..., pour voyager ...
un roman d'aventures, de science-fiction
un récit à mystère et à suspense
un conte de fées

Des GN pour reprendre des noms
un garçon → ce garçon → l'enfant
une fillette → cette fillette → la pauvrette
un oiseau → cet oiseau → le beau voilier
une souris → cette souris → le rongeur → la curieuse

FONCTIONNEMENT DU TEXTE

1 Ponctue ce début de conte en plaçant des virgules.

Il y a bien longtemps au fond d'une forêt sombre vivait un géant.
Toutes les nuits le géant ronflait très fort.
Un jour le lièvre le cerf l'écureuil le sanglier les oiseaux vinrent lui dire qu'ils ne pouvaient pas dormir.
Réveillé en sursaut le géant se mit en colère cria menaça gesticula.
Pris de panique les plaignants changèrent de forêt.

2 Ponctue ce texte pour lui donner du sens.

Il était une fois ■ par delà les terres et les mers ■ un prince dragon nommé Céladon ■ Il vivait seul dans son grand château ■ au milieu de mille richesses ■ Un jour ■ l'oiseau de nuit entra dans son palais ■ « Dragon Céladon ■ dit-il ■ je reviens d'un long voyage et je voudrais bien me reposer ■ je suis si fatigué ■ »

Le Dragon Céladon, Saperlipopette, Éd. Hatier.

3 Ponctue les phrases avec des virgules.

1. En classe après la lecture nous allons en récréation.
2. De 13h30 à 16h30 nous faisons du calcul mental des sciences du chant.
3. Tous les vendredis à 15h30 nous partons à la piscine.

4* Ponctue les phrases. Utilise les deux points, les virgules, des points de suspension.

1. Dans son sac de sport Aziz a une trousse deux cahiers un livre de lecture un classeur
2. La forêt de feuillus compte de nombreuses espèces des chênes des hêtres des bouleaux des charmes
3. Au musée nous avons vu des tableaux des tapisseries des meubles des plafonds peints le lit du roi

5 Ponctue le texte documentaire. Aide-toi du texte 2 en haut de la page 174.**

Le supermarché est organisé selon les produits en vente
les produits frais les fruits la viande les laitages
les produits de longue conservation les fruits et légumes en boîte les pâtes le riz le thé le café le sucre les gâteaux secs les bonbons les eaux les boissons capsulées

6 Souligne les GN qui reprennent le GN souligné. Pour chaque déterminant en gras, indique à quoi et à qui il renvoie.

Pour augmenter la gloire de la France, le roi Louis XIV a fait construire un immense château à Versailles. La construction de **ce** palais a duré presque trente ans. C'est une véritable petite ville. Aujourd'hui, **ce** monument historique est visité par des milliers de personnes.

GRAMMAIRE

1 Complète chaque nom avec deux adjectifs qualificatifs.

une rose – une feuille – un arbre – une pie – une forêt

2 Relève les GN qui comportent des adjectifs qualificatifs. Écris sous chaque mot sa classe grammaticale : D (déterminant), N (nom), A (adjectif).

Le grand chêne a produit des centaines de glands. Le sanglier gris, le grand cerf, le chevreuil peureux, le geai bleu en ont mangé une grosse quantité. Ils adorent leur chair croquante. Pendant les rudes gelées d'hiver, des glands ont péri. Les mulots affamés en ont grignoté d'autres.
Au printemps, quelques rescapés ont germé. Ils ont enfoncé leurs jeunes racines dans le sol. Leurs tiges fragiles sont montées vers la lumière. Aujourd'hui, ces élégants et superbes vieux chênes ont plus de 400 ans.

3 ** **Trace les flèches pour justifier les accords dans les groupes en gras.**

Odeur **des pluies** de mon enfance
Derniers soleils de la saison !
À **sept ans** comme il faisait bon
Après d'**ennuyeuses vacances**,
Se retrouver à la maison !
La vieille classe de mon père,
Pleine de **guêpes écrasées**,
Sentait l'encre, le bois, la craie
Et **les merveilleuses poussières**
Amassées par tout un été.

Ô temps charmant **des brumes douces**
Des gibiers, **des longs vols d'oiseaux** [...]

R. G. Cadou, *Les Amis d'enfance*,
Maison de la culture de Bourges.

4 **Souligne le GN qui complète un nom dans ces titres de chansons populaires anciennes.**

1. La fille de la meunière
2. La fille à gros Jean
3. Le laboureur au champ
4. La complainte de Mandrin
5. Le temps des cerises
6. Sur le pont de Nantes
7. La bergère en sabots
8. Sur le pont d'Avignon
9. La casquette du père Bugeaud

5 **Classe les qualifiants des noms soulignés dans le tableau.**

un vieil arbre rabougri – le roi de la forêt – un jeune bouleau – un arbre sans feuille – une hulotte endormie – un rapace à aigrettes – un écureuil curieux – le superbe pic-épeiche de la forêt

adjectif	complément de nom
...	...

CONJUGAISON

1 **Relève seulement les verbes conjugués au futur.**

1. je pleurais – ils pleuraient – nous pleurons – nous pleurerons – je pleurerai
2. ils grandiront – nous grandissons – nous grandissions – vous grandirez – vous grandissez
3. elle viendra – vous venez – vous veniez – vous viendrez – ils viendront – nous venons
4. je savais – ils savaient – nous saurons – nous savions – ils sauront – vous savez
5. vous preniez – nous prenions – je prendrai – vous prendrez – nous prendrons – je prenais
6. je pouvais – je pourrai – nous pourrons – nous pouvions – vous pouvez – vous pourrez

2 **Complète avec un pronom qui convient.**

... rangeras – ... réunirons – ... voudrai – ... prendront – ... écoutera – ... écriront – ... réciterai – ... apprendrez – ... applaudira – ... fera

3 **a. Conjugue les verbes au futur simple.**

1. Je (choisir) un livre ce soir.
2. Demain, nous (écrire) un poème.
3. Vous (faire) de la conjugaison tout à l'heure.
4. Bientôt, les parents (organiser) la fête de l'école.
5. Vers cinq heures, tu (prendre) le bus.
6. Charlotte (partir) en vacances en juillet.

b. Récris ces phrases au futur proche sans mots ou expressions de temps.

4 **Récris les phrases en employant chacun des temps suivants : présent, imparfait, passé composé, futur simple.**

Le petit sapin (venir) de la forêt. Ses branches (crouler) sous les décorations. Il (réjouir) les enfants à Noël.

ORTHOGRAPHE

1 Relève seulement les mots dans lesquels la lettre *x* marque le pluriel. Cherche dans un dictionnaire si tu hésites.

des noix – des poux – des animaux – des joujoux – les châteaux – des jeux – des peureux – des envieux – des généraux

2 a. Classe les mots dans le tableau.

fixer – mixte – texto – exister – exactitude – exemplaire – expérience – exode – extrait – examiner

Je vois la lettre *x*	
J'entends [ks]	J'entends [gz]
...	...

b. Trace une croix sous la lettre qui t'a permis de répondre.

3* Fais accorder les adjectifs en genre et en nombre.

1. des pommes (mûr) et (juteux) – une orange (mûr) et (juteux) – des kiwis (mûr) et (juteux) – un melon (mûr) et (juteux)
2. une (gros) galette (doré) – un (gros) gâteau (doré) – des (gros) brioches (doré) – des (gros) croissants (doré)
3. une (beau) nappe (blanc) – un (beau) napperon (blanc) – des (beau) serviettes (blanc) – des (beau) draps (blanc)
4. des cafés (chaud) et (fumant) – des boissons (chaud) et (fumant) – un thé (chaud) et (fumant) – une tisane (chaud) et (fumant)
5. une recette (équilibré) et (rapide) – des plats (équilibré) et (rapide) – un menu (équilibré) et (rapide) – des goûters (équilibré) et (rapide)

4* Fais les accords.

Le Petit Robert a fait tomber le dictionnaire.
Il y a des mots partout, comme un sac de billes renversé, des (nom commun), des (nom propre), des (mot simple) comme « bonjour » et d'autres très (compliqué), comme « zygomatique, xérodermie, yttrialite », etc. Catastrophe ! on dirait des (insecte) grouillant sur le parquet, des (chenille noir) qu'on n'ose pas toucher tant elles sont (long et sinueux). D'autres (mot plus court), comme « ah ! eh ! », sautent, (pareil) à des (puce) [...].

P. Garnier, *Dico Dingo*, Éd. Nathan.

VOCABULAIRE

1 Forme des noms composés comportant une préposition. Pense aux traits d'union. Aide-toi d'un dictionnaire.

tête •	• à •	• ciel
gueule •	• de •	• queue
arc •	• en •	• biche
pied •		• loup

2 Retrouve des mots français d'origine grecque. Écris-les. Aide-toi d'un dictionnaire.

calli •	• graphie
techno •	
météoro •	• métrie
hydro •	
géo •	• logie
bio •	

3 Écris le mot français bien connu qui est formé à partir des deux premières lettres de l'alphabet grec : *alpha* et *bêta*.

4* Relie chaque nom latin au nom français correspondant.

1. lupus	a. vache
2. piscis	b. poule
3. pulla	c. âne
4. vacca	d. poisson
5. asinus	e. loup
6. caballus	f. colombe
7. capra	g. baleine
8. merula	h. cheval
9. colomba	i. merle
10. balena	j. chèvre

18 FABLE À ÉCOUTER ET À COMPRENDRE

Le chêne et le roseau

Le chêne dit un jour au roseau :
« Vous avez bien sujet d'accuser la nature ;
Un roitelet[1] pour vous est un pesant fardeau
Le moindre vent qui d'aventure
Fait rider la face de l'eau,
Vous oblige à baisser la tête,
Cependant que mon front, au Caucase[2] pareil,
Non content d'arrêter les rayons du soleil,
Brave l'effort de la tempête.
Tout vous est aquilon[3], tout me semble zéphyr[4],
Encore si vous naissiez à l'abri du feuillage
Dont je couvre le voisinage,
Vous n'auriez pas tant à souffrir :
Je vous défendrais de l'orage ;
Mais vous naissez le plus souvent
Sur les humides bords des royaumes du vent[5]
La nature envers vous me semble bien injuste.
– Votre compassion, lui répondit l'arbuste
Part d'un bon naturel ; mais quittez ce souci :
Les vents me sont moins qu'à vous redoutables ;
Je plie et ne romps pas. Vous avez jusqu'ici
Contre leurs coups épouvantables
Résisté sans courber le dos ;
Mais attendons la fin. » Comme il disait ces mots,
Du bout de l'horizon accourt avec furie
Le plus terrible des enfants
Que le Nord eut porté jusque là dans ses flancs,
L'arbre tient bon ; le roseau plie.
Le vent redouble ses efforts,
Et fait si bien qu'il déracine
Celui de qui la tête au ciel était voisine
Et dont les pieds touchaient à l'empire des morts[6]

Jean de la Fontaine

1. Quelles fables de La Fontaine connais-tu ?
2. Retrouve celle que tu as lue pages 16 et 17 ? Sous quelle forme est-elle présentée ?
3. Rappelle-toi les informations que tu avais trouvées sur l'auteur.

4. Quels sont les deux personnages de la fable « Le chêne et le roseau »? Où vit chacun d'eux ? Compare-les. Note tes remarques.
5. Qui parle en premier ? Comment se comporte-t-il ?

1. **roitelet** : oiseau de très petite taille
2. **Caucase** : chaîne de montagnes qui forment comme une barrière
3. **aquilon** : vent du nord, froid et violent
4. **zéphyr** : vent tiède et léger
5. **les royaumes du vent** : ici les zones humides ventées
6. **l'empire des morts** : l'enfer

6. Que répond le roseau ? Comment comprends-tu le début du vers 24 ?
7. Explique les vers 31 et 32.
8. Trouve la morale de cette fable. Qu'en penses-tu ?

9. Entraîne-toi à lire les paroles du chêne ou celles du roseau.
10. Résume cette fable en quelques phrases. Ton lecteur doit comprendre le scénario.

La phrase

Je fais le point

■ La phrase est **une suite ordonnée de mots qui a un sens.**
Elle commence par une majuscule et se termine par un point.
Ce point varie selon le type de la phrase : **. ? !**

■ Il existe **plusieurs types** de phrases.
– **La phrase déclarative** raconte, explique. Elle est la plus présente dans les textes.
À l'automne, l'écureuil fait ses provisions pour l'hiver.
– **La phrase interrogative** pose une question. Elle peut être construite de différentes façons. Elle peut être introduite par **un mot interrogatif.**
Les élèves sont en classe ? ***Est-ce que*** *les élèves sont en classe ?*
Les élèves sont-ils en classe ?
– **La phrase exclamative** permet de s'étonner, d'exprimer un sentiment fort. Elle peut être introduite par un **mot exclamatif.**
Je suis si contente ! ***Comme*** *je suis heureux !*

■ Il y a **deux formes** de phrases :
– la **forme affirmative** ; *La pie a le plumage terne.*
– la **forme négative.** Des mots de négation encadrent alors le verbe.
La pie ***n'a pas*** *le plumage terne.*

Consulte le mémo pages 3 et 4.

Je vérifie mes connaissances

1 Lorsque c'est possible, forme une phrase en remettant les mots dans l'ordre. Pense aux majuscules et aux points.

1. capitale/France/est/la/de la
2. des/Romains/Paris/temps/au/Lutèce/s'appelait
3. construire/une/sur/Seine/île
4. ville/aussi/appelée/Parisis/la/s'est
5. du/Parisis/vient/Paris/nom
6. roi/le/France/de/Moyen Âge/habitait
7. s'appellent/Parisiens/habitants/de/les/Paris/les

2 Ponctue les phrases. Pense aux majuscules.

la mésange bleue fréquente les bois comme elle a des ailes courtes, elle vole facilement entre les branches elle se nourrit de petits insectes et de larves en hiver, elle se rapproche des habitations près des maisons et dans les arbres du jardin, elle trouve à manger mais c'est une mésange moins familière que la mésange à tête noire

3* Ponctue le texte. Souligne les mots interrogatifs en vert et les mots exclamatifs en rose.

Blanche-Neige est perdue dans la forêt ☐
Sept nains rentrent de leur travail ☐
Quelle surprise pour eux lorsqu'ils voient la jolie jeune fille ☐
– Est-ce que c'est une princesse ☐ grogne Grincheux ☐
– Que ses cheveux sont noirs ☐ Et comme sa peau est blanche ☐ s'écrie Atchoum ☐
– Qui l'a amenée ici ☐ interroge Simplet ☐

4 Indique le type de chaque phrase dans le tableau.

1. Je pense avoir un chien pour Noël.
2. Est-ce que tes parents sont d'accord ?
3. Je l'ai demandé à ma grand-mère.
4. Quelle chance tu as, Gabin !
5. Qui s'occupera de ton chien pendant les jours de classe ?
6. Je le dresserai. Il restera tranquille dans la cuisine.
7. Mais c'est impossible, un chien n'est pas une poterie !
8. Sais-tu que si tu as un chien, Gabin, tu devras le nourrir, le faire sortir ?
9. Et tu devras le laver, l'emmener chez le vétérinaire.
10. Comme vous êtes jaloux, les copains !

Phrases déclaratives	Phrases interrogatives	Phrases exclamatives
...	...	...

5* Récris ces phrases interrogatives d'une autre façon. Entoure toutes les marques de l'interrogation.

1. As-tu préparé ton sac de sport ?
2. Est-ce que tu sais nager ?
3. Clara vient-elle jouer mercredi ?
4. Avez-vous appris votre poésie ?
5. Est-ce que ta sœur sait lire ?

6* Trouve une question correspondant à chaque réponse proposée.

1. Je cherche les mots dans un dictionnaire.
2. Emma vient à cinq heures.
3. Ling joue parce qu'il a fait ses devoirs.
4. Tu as payé ce magazine deux euros.
5. Papi et mamie arrivent samedi.

7* Lis le texte. Relève deux phrases déclaratives, deux phrases interrogatives, une phrase exclamative.

Le petit Robert a fait tomber un gros dictionnaire. Les mots sont tous mélangés. Des invités arrivent.

C'est M. Robert qui se jette à l'eau.
– Chérie, si tu servais l'alpaga à nos invités avec quelques ampoules farcies et des tranches de mobylette ?
Mme Robert écarquille les yeux.
– Pardon ?
– Je te demande si tu veux nous servir l'alpaga avec des ampoules farcies et des tranches de mobylette, qu'y a-t-il d'étonnant à ça ?
– Tu peux répéter ?
M. Robert commence à devenir tout rouge.
– Mais enfin, Arlette, sers-nous l'alpaga, des ampoules et de la mobylette !
– Et pourquoi pas du cerf-volant avec une bonne couche de serpentin ?
– Parce que ça me fait mal au foie, tu le sais très bien.

P. Garnier, *Dico Dingo*, Demi-Lune, Éd. Nathan.

8* Transforme ces phrases affirmatives en phrases négatives. Entoure les mots de négation que tu as employés.

1. Alice fait de la gymnastique le mercredi.
2. Zoé regarde toujours le même dessin animé.
3. Elie suit encore avec son doigt pour lire.
4. En classe on a le droit de parler fort.
5. On joue toujours au foot dans la cour.

9* Lis le texte. Relève les phrases négatives. Entoure les mots de négation.

Le marin grec Ulysse ne retrouve plus la route d'Ithaque, son île bien-aimée. Il est perdu. Il subit beaucoup d'épreuves. Il ne suit pas les sirènes qui veulent l'entraîner au fond de la mer. Il rencontre la magicienne Circé. Cette dernière transforme ses compagnons en pourceaux. Elle ne touche pas à Ulysse. Mais Ulysse ne lui accorde guère sa confiance. À peine sauvés, Ulysse et son équipage accostent sur une île fort agréable. Mais qui vit sur cette île avec ses moutons ? Le géant Cyclope. Il n'a qu'un œil au milieu du front ! Et il enferme les hommes d'Ulysse dans sa grotte. Il ne veut pas qu'ils s'échappent. Là encore, Ulysse ne désespère jamais. Personne ne le détourne de son but : retrouver Ithaque.

Le groupe nominal

Je fais le point

Un groupe nominal est formé au minimum d'un déterminant et d'un nom.

■ **Le nom commun** est accompagné d'un déterminant : *une poule, le renard.*

■ **Le nom propre** est accompagné ou non d'un déterminant : *Paris, la Seine.*

■ Les noms peuvent varier **en genre** (pour certains noms de personnes et d'animaux) et **en nombre**.

un acteur → une actrice
des acteurs → des actrices

■ **Les déterminants** accompagnent les noms. Il existe plusieurs catégories de déterminants :
- les articles indéfinis : *un, une, des*
- les articles définis : *le, la, l', les*
- les déterminants démonstratifs : *ce, cet, cette, ces*
- les déterminants possessifs : *mon, ton, son, ma, ta, nos, vos…*

■ Le nom peut être précisé, complété par :
- un ou plusieurs **adjectifs qualificatifs** ;
  *une **grosse** pomme **rouge***
- un **complément de nom** (groupe nominal introduit par une préposition).
  *un sac **à main***   *un sac **de billes***

Consulte le mémo pages 5 à 9.

Je vérifie mes connaissances

1 Classe les GN dans le tableau.

le Rhône – une rivière – des montagnes – un lac – la Garonne – la Manche – une ville – une mer – la Provence – un océan – une plaine – la Bretagne

nom commun	nom propre
…	…

2 Ajoute *le, la, l'* devant les noms. Écris M sous les noms masculins et F sous les noms féminins. Aide-toi d'un dictionnaire.

escargot – asticot – avocat – ibis – hotte – ours – enfance – honte – encre – hache – imagination – hôtel – angine – hibou – addition – escabeau – illumination – hutte – assiette – arbre

3* Indique la catégorie à laquelle appartient chaque déterminant en gras.

Un château se dresse sur un pic rocheux. **Ce** château a été construit au Moyen Âge. **Son** premier propriétaire s'appelait Ansiau de Chastel. Il possédait toutes **les** terres à **des** kilomètres à **la** ronde, avec **leurs** villages, **leurs** forêts, **des** ponts, **un** moulin à eau. On raconte que **le** seigneur Ansiau était très bon avec **ses** paysans. Contrairement à tous **les** châtelains voisins, il ne faisait payer ni pour passer sur **les** ponts, ni pour utiliser **le** moulin. En l'an 1150, il partit vers **des** terres lointaines avec **son** fils aîné.
La légende dit que **cette** expédition s'est mal terminée.

4 ** **Souligne *le, la, les* en vert lorsque ce sont des articles et en rose lorsque ce sont des pronoms.**

1. La lionne a suivi une gazelle. Elle la guette près du point d'eau.
2. Les lionceaux attendent leur mère. Elle les allaite encore. Elle les nourrit aussi de petits morceaux de viande.
3. Dans la savane, le rhinocéros fuit devant les photographes. Les hommes le pourchassent pour le plaisir. Le vétérinaire le capture seulement pour le soigner.

5 **Souligne les adjectifs qualificatifs. Trace une croix sous le nom qu'ils qualifient.**

1. une maison ancienne
2. de vieux meubles cirés
3. une cuisine claire et ensoleillée
4. une grande cheminée noire
5. un confortable petit fauteuil
6. une superbe table ronde
7. un canapé vert et rouge
8. de gros et douillets coussins
9. un tapis marocain
10. des rideaux blancs brodés
11. des petits bibelots exotiques
12. une commode vernie

6 **Complète avec des adjectifs qualificatifs.**

1. Le ... chat ... miaule dans la panière.
2. La merlette ... et ... a peur du chat.
3. La ... sorcière ... effraie Blanche-Neige.
4. La ... ... fille fait des grimaces.
5. L'oisillon ... et ... grelotte de froid.
6. Le ... garçon ... ne craint pas l'ogre.
7. La mère-poule ... et ... surveille sa couvée.
8. Un ... ours ... dérive sur la banquise.

7 **Souligne les compléments de nom. Entoure les prépositions. Trace une croix sous le nom complété.**

Dans mon coffre à jouets, j'ai rangé un ours en peluche, une voiture sans roues, le vieux train de papa, une trousse à maquillage, des cubes en plastique, une boîte à musique, des hochets pour bébé, un pantin avec un corps articulé.

8 **Trouve des noms pour compléter les noms proposés.**

un livre
- sans ...
- pour ...
- de ...

une tour
- en ...
- de ...
- sans ...
- pour ...

9 * **Souligne les adjectifs qualificatifs en vert et les compléments de nom en rose.**

La grande ville s'étale au pied du Mont Blanc. Les hauts immeubles de la banlieue s'élèvent dans un joli ciel bleu. Dans la cour d'une école, de nombreux enfants jouent. Des cris joyeux animent ce quartier du centre ville. À l'horizon, les sommets enneigés dominent la cité de Chamonix.

10 ** **Complète chaque nom de deux façons différentes.**

une poupée – un vélo – une histoire – un dessert – une soupe – une cabane

11 ** **Indique la nature des mots soulignés : article, dét. possessif, dét. démonstratif, adjectif, nom.**

Ex. : le → article

Le moment était arrivé. Demi-Lune quitta son tipi. L'aube venait de se lever et le camp était encore assoupi. Demi-Lune prépara ses affaires : un sac de provisions, une couverture et une lance. Aujourd'hui était le grand jour. Il devait tuer un aigle et ramener une plume comme preuve de son courage. Les montagnes se découpaient dans un ciel absolument pur. Là, se trouvaient les grands aigles [...]. Bientôt, Demi-Lune dut laisser son cheval qui ne pouvait plus grimper les sentiers étroits et escarpés.

N. De Hirsching, *Un vilain petit loup*, Rageot Éditeur.

Le verbe

Je fais le point

■ Le verbe permet de **décrire des actions**, de **raconter des événements**, de **dire ce qui se passe**.

Le Petit Poucet ***entend*** *ses parents. Ils* ***discutent*** *à voix basse.*

■ **Le verbe est commandé par un sujet avec lequel il s'accorde.**
Le sujet peut être un nom, un groupe nominal ou un pronom.
Le plus souvent, il est situé avant le verbe.

Le soleil ***chauffe****. Il* ***éclaire*** *la Terre.*
Les étoiles ***brillent****. Elles* ***scintillent*** *dans le ciel sombre.*

■ Le verbe peut être **complété** :
– par un complément d'objet direct (COD) ou indirect (COI) ;

Le feu ***réchauffe*** *la grotte* (COD). *Les hommes* ***s'approchent*** *de lui* (COI).

– par un ou plusieurs compléments circonstanciels (CC).

Dans la forêt (CC lieu), *un soir* (CC temps), *le loup et le renard marchent d'un bon pas.*

■ Le verbe peut être **précisé par un adverbe** invariable.

Ils marchent vite.

Consulte le mémo pages 3 à 5.

Je vérifie mes connaissances

1 Entoure les verbes et souligne les sujets.

1. Le soleil chauffe la surface des mers, des lacs, des fleuves.
2. L'eau s'évapore en gouttelettes invisibles.
3. La vapeur d'eau provient aussi des sols mouillés.
4. Les plantes rejettent de la vapeur.
5. Les nuages se forment à partir de toute l'eau évaporée.

2 ** Entoure les verbes et souligne les sujets.

– Je n'ai qu'un ours en peluche ! pleurniche Grégoire.
– Eh bien, moi, j'ai un jeu vidéo ! s'exclame Hubert.
– Regardez comme Grégoire est jaloux, se moque Marie.
– Est-ce que tu me prêteras ta patinette ? demande le petit frère.
– Tu n'aimes pas ton cadeau ? s'étonne papa.

3 ** a. Entoure les verbes et souligne les sujets.

Le papillon pond ses œufs sous une feuille. Six ou sept jours après, ils éclosent. Des larves sortent des œufs. Ces larves mangent les feuilles. Elles se nourrissent aussi de pucerons. Elles grandissent. Puis elles s'enferment dans des cocons. Ces cocons protègent bien les nymphes. Ils ont une enveloppe rigide. Au bout de 40 jours, de nouveaux papillons naissent et s'envolent. Ils pondront à leur tour dans quelques semaines.

b. Indique la nature des sujets : groupe nominal ou pronom.

4 Écris chaque verbe entre parenthèses au présent. Fais les accords sujet-verbe.

1. La vache (meugler).
2. Les moineaux (piailler).
3. Les pies (jacasser).
4. Le lion (rugir).
5. Les éléphants (barrir).

5 ** Même consigne que pour l'exercice 4.

1. Ils (escalader) un rocher.
2. Tu (tenir) bien la corde de rappel.
3. Elles (préparer) le goûter.
4. Matthis et Théo (arriver) au sommet.
5. Lola et moi (couper) le pain.
6. Kim et toi (distribuer) le chocolat.

6 Entoure les verbes et souligne les compléments d'objet.

À sept heures, Arthur se lève. Il prend une douche. Il enfile ses vêtements. Il boit du lait chocolaté. Il mange des céréales. Puis il se brosse les dents. Il peigne ses cheveux et met ses chaussures. À huit heures, il vérifie son cartable. Ensuite, il attend le bus devant chez lui.

7 * Ajoute un COD ou un COI aux verbes soulignés.

À la mer, nous prenons ... . Nous cherchons ... . Pour nous protéger des coups de soleil, nous mettons ... . Avec le sable, nous construisons ... . Parfois nous jouons ... . Vers cinq heures, nous rangeons ... et nous rentrons.

8 ** Ajoute un COD ou un COI au verbe lorsque c'est possible.

1. Je me lève.
2. Les élèves écoutent.
3. Tu pars.
4. Aline rêve.
5. Karim lit.

9 Souligne les compléments d'objet en bleu et les compléments circonstanciels en vert.

1. Près du jardin public, on voit un théâtre.
2. La rue prend des couleurs à Noël.
3. Au bord du lac, dans les roseaux, le héron guette un petit poisson.
4. Avec précision, la buse plonge sur la basse-cour.

10 * Classe les compléments circonstanciels soulignés dans le tableau selon les précisions qu'ils apportent.

Dans la cour de la ferme, un petit coq grattait la terre. Tout à coup, au milieu des petits cailloux, il vit briller une pièce d'or. Il prit la pièce dans son bec.
Au même moment, le roi passa. Il vit la pièce. D'un geste autoritaire, il s'en empara.
Le soir même, le petit coq partit vers le château du roi.
Après de multiples aventures, le petit coq revint à la ferme en chantant. Il avait récupéré sa pièce d'or.

CC de lieu	CC de temps
...	...

11 * Écris la fonction de chaque groupe souligné : sujet, complément d'objet, complément circonstanciel.

Depuis quelques années, des gens fortunés réservent des voyages à destination de la lune.

12 Complète chaque phrase avec un des adverbes proposés.

Tu travailles ... . Mais tu dois soigner ... ton écriture. Par exemple tu soulignes ... les verbes sans déborder. Tu relis ... ta copie. Attention ! Tu oublies ... les signes de ponctuation.

souvent – davantage – attentivement – vite – bien

13 ** Écris des phrases correspondant aux structures données.

1. S + V + CO
2. S + V + CO + CC de lieu
3. CC de temps + S + V + CO
4. CC de lieu + S + V + CO
5. S + V + CO + CC de manière

Conjuguer un verbe

Je fais le point

■ Le verbe a **une forme invariable, l'infinitif** *(chanter)*, et **des formes conjuguées** *(je chante, tu chantais)*.
Dans les dictionnaires, on trouve les verbes à l'infinitif.

■ Les verbes se répartissent en **trois groupes** :
– premier groupe : les verbes comme *chanter, sauter* (sauf *aller*) ;
– deuxième groupe : les verbes comme *finir, grandir (nous fini**ss**ons, vous grandi**ss**ez)* ;
– troisième groupe : tous les autres verbes comme *aller, dire, faire, venir, sortir, apprendre, croire...*
Être et *avoir* peuvent se conjuguer seuls *(je suis)* ou servir à conjuguer d'autres verbes *(je suis parti)*. Ce sont alors des **auxiliaires**.

■ Dans une phrase, le verbe est **le seul mot qui change avec le temps**.
Il peut être accompagné d'un mot ou d'une expression de temps.
*Je **range** ma chanbre.* *Hier, **j'ai rangé** ma chambre.*

■ Le verbe **varie aussi selon la personne** : il y a trois personnes au singulier *(je, tu, il* ou *elle, on)* et trois personnes au pluriel *(nous, vous, ils* ou *elles)*.
Les verbes se conjuguent toujours dans le même ordre.

Consulte le mémo pages 10 à 15.

Je vérifie mes connaissances

1 Relève les verbes conjugués. Écris leur infinitif et leur groupe.

1. Anaïs a effacé le tableau.
2. Gabin finissait son problème.
3. Camille revient de la piscine.
4. Emma et Enzo apprennent une poésie.
5. Victor fera ses devoirs.

2 Classe les verbes en trois colonnes selon le groupe auquel ils appartiennent.

grossir – soupirer – revenir – maigrir – coller – bondir – revoir – remuer – réunir – reprendre – aller – déposer – rougir – croire – devoir – surprendre – répondre – soutenir – nouer – paraître

3 Classe les formes conjuguées dans le tableau.

tu ouvriras – elle a sauté – vous rangiez – elle voyait – je prends – ils réfléchissaient – ils attendront – j'ai marché – tu es sorti – tu venais – elle fait – nous dirons – vous faisiez – nous sommes rentrés – ils deviennent – vous grandissiez – elles pleuraient – je verrai – il a appris

passé	présent	futur
...	...	...

4 **Écris à quelle personne est conjugué chaque verbe. Précise s'il s'agit du singulier ou du pluriel.**

tu cours – je plonge – il sort – elles viennent – nous tenons – il écrit – elle lit – vous écoutez – ils récitent – tu ranges

5* **a. Récris les phrases en commençant par un mot ou une expression de temps. Tu as plusieurs possibilités.**

1. ... nous sommes allés au cinéma.
2. ... nous commençons un nouveau roman.
3. ... nous ferons du calcul mental.
4. ... un roi qui n'avait qu'une fille.
5. ... les princes étaient changés en animaux.
6. ... la reine s'est perdue dans la forêt.
7. ... on ne croit plus aux sorcières.
8. ... on raconte encore des légendes.

b. Pour chaque phrase, indique s'il s'agit du passé, du présent ou du futur.

6** **a. Pour chaque verbe souligné dans le texte 1, retrouve la forme qu'il prend dans les textes 2 et 3.**

1. La tortue <u>fait</u> une course avec le lièvre. Le lièvre <u>va</u> et <u>vient</u>, <u>bondit</u> dans tous les sens. Tant et si bien qu'à la fin, la fatigue le <u>gagne</u>. Il <u>s'endort</u> et la tortue <u>franchit</u> la ligne d'arrivée la première.

2. La tortue faisait une course avec le lièvre. Le lièvre allait et venait, bondissait dans tous les sens. Tant et si bien qu'à la fin, la fatigue l'a gagné. Il s'est endormi et la tortue a franchi la ligne d'arrivée la première.

3. La tortue fera une course avec le lièvre. Le lièvre ira et viendra, bondira dans tous les sens. Tant et si bien qu'à la fin, la fatigue le gagnera. Il s'endormira et la tortue franchira la ligne d'arrivée la première.

b. Écris l'infinitif de chaque verbe et son groupe.

7 **Écris ce texte au présent. Veille aux accords sujet-verbe.**

Au 13e siècle, les hommes (inventer) le moulin à eau et la charrue avec un soc en fer. Ils (faire) les labours avec deux bœufs reliés par un joug.
Les récoltes (devenir) meilleures. Un grain de blé semé (donner) dix grains au lieu de trois ou quatre auparavant. Les paysans (apprendre) à varier les cultures d'une année sur l'autre pour un même champ.

8* **Écris le texte de l'exercice 7 au passé composé.**

9** **Écris ces textes au passé en employant l'imparfait et le passé composé.**

1. Un jour, une pauvre jeune fille va chercher de l'eau à la source. Elle peine beaucoup sous le poids de la cruche. Soudain, elle voit une vieille femme. La vieille lui demande à boire. N'écoutant que son bon cœur, la jeune fille donne son eau.

2. La vieille femme est une fée déguisée. Elle cherche à savoir si les gens ont bon cœur. La fée récompense la jeune fille pour sa générosité. Et la jeune fille épouse le fils du roi.

10** **Classe les verbes dans le tableau.**

Un jeune éléphant voulait savoir quel était le dîner du crocodile. Il s'approcha et le crocodile le saisit par le nez.

[...] Alors l'enfant d'éléphant s'assit sur ses petites hanches et tira, tira, tira encore, tant et si bien que son nez commença à s'allonger. Et le crocodile s'aplatit dans l'eau qu'à grands coups de queue il fouettait comme de la crème, et lui aussi tira, tira, tira. Et le nez de l'éléphant continuait à s'allonger [...] Et le crocodile godilla de la queue comme d'un aviron et à chaque effort, le nez de l'éléphant s'allongeait de plus en plus – et cela lui faisait très mal.

R. Kipling, *Histoires comme ça*, Éd. Delagrave.

imparfait	passé simple
...	...

Le sens et la construction des mots

Je fais le point

■ **Le sens des mots** est souvent compris grâce au contexte.
Un mot peut avoir :
– un **sens propre** ;
Hans a mal à un ***pied****.*
– un ou plusieurs **sens figurés** (comme des images) ;
les ***pieds*** *de la table*
tu chantes comme un ***pied*** (mal)
– un ou plusieurs mots de **sens voisin** (synonymes) et/ou de **sens contraire** ;
un livre ***ancien*** = *un* ***vieux*** *livre*   *un livre* ***ancien*** ≠ *un livre* ***neuf***
– un ou plusieurs **homophones**, de même orthographe ou d'orthographe différente.
un ***bouchon*** *en liège – un* ***bouchon*** *sur l'autoroute*
du ***sel*** *de cuisine – la* ***selle*** *de cheval*

■ La construction de **mots dérivés** se fait à partir d'un **mot de base** :
– en ajoutant **un suffixe** : *terre → terr**eau**, terr**asser*** ;
– en ajoutant **un préfixe** : *terre → **dé**terrer, **en**terrer* ;
– en ajoutant **un suffixe et un préfixe** : ***in**support**able***.

■ Les mots formés à partir d'une même base constituent **une famille de mots**.

Consulte le mémo pages 18 à 22.

Je vérifie mes connaissances

1* Associe chaque emploi du mot *loup* à sa définition.

1. Il porte un loup de velours noir sur le visage.
2. C'est un loup gris d'Alaska.
3. Aujourd'hui, il a pêché un loup.
4. Il a rencontré un vieux loup de mer.

a. marin expérimenté
b. masque qui cache une partie du visage
c. mammifère carnivore
d. poisson de mer

2 Pour chaque phrase, écris si le mot *nez* est au sens propre ou au sens figuré.

1. Pinocchio a un grand nez.
2. Alice a saigné du nez.
3. Son fils la mène par le bout du nez.
4. Lorsque je suis fatigué, il m'arrive de piquer du nez le soir à table.
5. On respire par le nez.
6. Mon père a essayé de me tirer les vers du nez.
7. Il a plu toute la journée, nous n'avons pas mis le nez dehors.

3 **Retrouve la définition de chaque expression toute faite.**

1. Avoir la tête dans les nuages
2. Avoir les yeux plus gros que le ventre
3. Avoir la peau sur les os
4. Dresser l'oreille
5. Avoir la langue bien pendue

a. être très maigre
b. être bavard
c. être rêveur
d. vouloir manger plus que son appétit ne le permet
e. écouter attentivement

4 **Remplace chaque mot souligné par un mot de sens voisin. Fais les changements nécessaires.**

1. Pour ce match, le stade est plein.
2. Mariette a acheté un nouveau cartable.
3. Nous avons lu un récit d'aventures.
4. La reine se regarde dans le miroir.
5. Apeuré, le cerf s'enfuit dans la forêt.

neuf – glace – détaler – histoire – complet

5 **Remplace les verbes soulignés par des synonymes.**

1. dire une poésie
2. mettre ses chaussettes
3. faire une cabane
4. mettre du café dans la tasse
5. dire la règle du jeu

6* **a. Récris ces GN en remplaçant l'adjectif souligné par les synonymes proposés.**

1. un gros marchand
2. une grosse somme d'argent
3. une grosse mer
4. un gros soupir
5. une grosse fièvre

profond – importante – agitée – forte – riche

b. Recommence avec ces mots de sens contraire.

calme – petit – bénigne – pauvre – léger

7 **Trouve le contraire des mots et des expressions suivants.**

près de – sous – derrière – faux – à l'envers – vite – dehors – à gauche – toujours – peu

8* **Remplace les mots soulignés par des mots de sens contraire.**

1. Mes parents autorisent cette sortie.
2. Elle aime le café fort.
3. La vieille femme marche péniblement.
4. Kamel commence ses devoirs.
5. La propreté règne dans la grotte.

9 **Choisis l'homophone qui convient.**

1. Dans mon (lit/lis), je (lit/lis) une BD.
2. La princesse va au (bal/balle).
3. La princesse laisse tomber sa (bal/balle) dans le lac.
4. Le (renne/reine) vit au Pôle Nord.
5. La (reine/renne) porte une couronne.

10** **Relève les mots ayant un suffixe dans la série 1, puis ceux ayant un préfixe dans la série 2. Entoure suffixes et préfixes.**

1. biquet – lion – bonbon – secret – bouquet – agnelet – chaton – addition – pollution

2. inutile – intéressant – décorer – image – malodorant – démouler – maladie – dévorer – invivable – inventer

11* **Regroupe les mots par famille. Souligne le mot de base qui a servi à former chaque famille.**

sagesse – passant – passeur – pas – dépasser – sagement – sage – passage – assagir

12* **À partir du mot de base *tas*, forme :**
– deux verbes dérivés à l'aide d'un suffixe ;
– deux verbes dérivés à l'aide d'un préfixe.

13* **a. Parmi les mots suivants, recopie seulement ceux qui appartiennent à la famille de *col*.**

encolure – encollage – décoller – décolleter – décolorer

b. Dans un dictionnaire, relève d'autres mots de cette famille.

Le fonctionnement d'un texte

Je fais le point

Pour écrire un **texte bien organisé**, il faut :
- **enchaîner les idées** de manière ordonnée ;
- respecter l'**ordre des événements** (*d'abord, ensuite, puis, enfin…*) ;
- présenter **les lieux** (*devant, à côté, dessous, au loin*) ;
- **lier les phrases** ou **les parties de phrases** avec des mots de liaison (*car, mais, donc, parce que*) ;
- permettre de **suivre les personnages ou les choses** dont on a déjà parlé en utilisant des pronoms ou d'autres GN ;

La chèvre a désobéi. Elle est partie dans la montagne.
pronom
Et la pauvre petite a été dévorée par le loup.
GN

- ponctuer correctement **le texte** (points, virgules), **les dialogues** (guillemets, tirets) ;
- préciser **qui parle, à qui et comment.**

Consulte le mémo pages 23 à 29.

Je vérifie mes connaissances

1 Relève les mots et expressions de temps.

Mademoiselle Dégoûtantine déteste les enfants. Malheureusement, elle habite près de l'école…

Un matin, le maître M. de Edeufonkat organisa une petite fête. Les enfants riaient et chahutaient de bon cœur. À midi, mademoiselle Dégoûtantine n'en pouvait plus. Soudain, dans un nuage de fumée, un homme à l'allure de chauve-souris apparut. C'était le prince des vampires ! Il proposa son aide à mademoiselle Dégoûtantine. À minuit, une énorme chauve-souris s'envola à tire-d'aile par la cheminée du petit logis de mademoiselle Dégoûtantine. Quelques instants plus tard, un cri strident déchira la nuit : « Iiiiiiiiiiiihhhh ! ». Le lendemain matin, à neuf heures, monsieur de Édeufonkat n'était pas encore arrivé à l'école.

D'après Y. M. Clément, *Un Vampire à l'école*, Rageot romans, Éditions Rageot.

2* Remets ce texte en ordre. Entoure les mots et expressions de temps.

a. Aussitôt, le berger trait les brebis.
b. Le troupeau regagne vite la bergerie.
c. La traite dure deux à trois heures.
d. La fabrication du fromage a lieu le soir.
e. Après avoir passé la journée dans les montagnes, le berger rassemble ses brebis.

3 Lis le texte. Complète-le avec les mots et expressions de temps proposés.**

… deux cygnes sauvages. …, ils revenaient dans les marécages où ils avaient l'habitude de se reproduire. …, ils réparaient leur nid. … la femelle s'installait confortablement pour pondre ses œufs. …, les œufs commencèrent à éclore l'un après l'autre. Mais …, la femelle se rendit compte que l'un des oisillons n'était pas comme ses frères : il était tout noir.

D'après H. C. Andersen, *Les Cygnes sauvages*.

d'abord – il y avait une fois – puis – chaque printemps – dès le début – un beau matin de printemps

4 * Relève les mots et expressions de lieu.

Dans le grand chêne, la vie est bien organisée. Tout en haut, niche un couple de pies ou de corbeaux.
Des mésanges bleues picorent des chenilles sous les feuilles. Au creux d'une branche morte, la chouette effraie dort toute la journée. Le long du tronc, le pic-épeiche se nourrit à grands coups de bec. À l'intérieur d'un petit trou dans l'écorce, le roitelet abrite sa couvée. Mulots et écureuils se partagent les glands sur le sol. Très haut, dans le ciel, plane une buse en quête d'un repas.

5 Complète chaque phrase avec le mot de liaison qui convient. Choisis entre *et*, *mais*, *car*, *ou*.

1. On sait que cette grotte abrite un vampire ... on évite de s'en approcher.
2. Un fantôme hante sûrement le château ... on entend des bruits de chaîne la nuit.
3. Alice aimerait visiter la vieille tour ... elle a peur des chauves-souris.
4. On ne revit jamais le beau prince ... une sorcière l'avait transformé en crapaud.
5. Dimanche, iras-tu à la rivière ... visiteras-tu le château ?

6 Utilise un pronom pour éviter la répétition du GN sujet.

1. L'homme préhistorique est un chasseur et un cueilleur. L'homme préhistorique vit en tribu.
2. Les rennes et les bisons ont disparu de nos régions. Les rennes et les bisons n'ont pas supporté le changement climatique.

7 Reprends les GN compléments d'objet du verbe en utilisant les pronoms *le*, *la*, *les*.

1. Je pèle une pomme puis je ... mange.
2. Ils choisissent des livres puis ils ... feuillettent.
3. Tu prends un bonbon puis tu ... croques.
4. Elle emprunte une BD puis elle ... lit.
5. Nous écoutons des contes car nous ... apprécions.

8 Choisis un GN pour reprendre chaque GN souligné.

1. Le roi se lève et mange en public.
... est entouré de courtisans.
2. Le seigneur part faire un tournoi.
... gagne très souvent ses joutes.
3. Le lion bâille sur son rocher.
... règne sur les autres animaux.
4. Le chat est câlin et doux mais ... est un redoutable chasseur.
5. Ce garçon a peur de tout. Tout le monde se moque de ... .

le roi de la savane – cette poule mouillée – le souverain – ce félin – cet excellent cavalier

9 Ponctue le dialogue. C'est un dialogue avec guillemets.

La fillette vit un policier et lui demanda ☐
☐ S'il vous plaît, où peut-on trouver une vraie fée par ici ?
☐ Un café ?
☐ Non, une fée qui jette de vrais sorts.
☐ Attendez, je consulte mon calepin. Fakir... Fayot... Fécule... Ah, c'est ici : Fée ! ☐

10 Écris qui désigne chaque pronom en gras.

Ex. : tu → le canard

– Canard, est-ce que **tu** veux m'aider à planter ce grain de blé ? demande la Poule Rouge.
– Si **tu** crois que **je** vais perdre mon temps, répond le canard, **tu** te trompes. **Je** vais me baigner.
– **Je** vais donc planter ce grain toute seule. **Je** récolterai mon blé. **Je** le moudrai et avec la farine, **je** ferai du pain, reprend la poule.
– **Tu** vas faire du pain ? **Je** voudrais bien manger du bon pain frais. **Tu** partageras ?
– Non, **je** garderai ce pain pour mes enfants. **Tu** as refusé de travailler. **Tu** n'es qu'un paresseux et un gourmand.

11 Ponctue les phrases en fonction du sens.

1. Dans une trousse on trouve des crayons une gomme des stylos un double-décimètre un taille-crayons
2. Charles Perrault a écrit *Cendrillon Le Petit Chaperon Rouge Le Petit Poucet Les Fées Peau d'Âne*

TABLE DES ILLUSTRATIONS

7 ph © Bridgeman-Giraudon
6 ph © Selva / Leemage / © Adagp, Paris 2009
15 © Dictionnaire Larousse Junior 7/11 ans - CE/CM © Larousse 2008
16 © Vadim F. Création
16, g © Editions Calmann-Lévy
17 © Vadim F. Création
18 ph © Félix Lorioux (1872-1964), illustration pour « Le Corbeau et le Renard » / Bridgeman - Giraudon © Adagp, Paris 2009
19, 20 © Vadim F. Création
21 ph © F. Gohier / Phone / Bios
22 © Vadim F. Création
23 © Le Robert Junior 2004
24 ph © BNF / Archives Hatier
27 ph © Juniors Bildarchiv / Sunset
28 ph © P. Souders / Corbis
29 ph © A. Parkinson / Corbis
31 © Dictionnaire Larousse Junior 7/11 ans - CE/CM © Larousse 2008
31 © Dictionnaire Hachette Junior, © Hachette Livre 2008
36-37 Coll. Christophe L
38 © Editions Hatier
39 ph © H. Meyer zur Capellen / Zefa / Corbis
42 ph © C; Ruoso / Bios
46, g © Editions Nathan
46, d © Hergé / Moulinsart 2009
48 ph © C. Boisvieux / Hoa-Qui / Eyedea
51 © Le Robert Junior
52 ph © Musée National du Moyen Age et des Thermes de Cluny, Paris / Bridgeman-Giraudon
57 ph © Théophile Alexandre Steinlen (1859-1923). © Museum of Fine Arts, Houston , Texas / Bridgeman-Giraudon
58 ph © Y. Vallier / Bios
59 ph © Walker Art Gallery, National Museum, Liverpool / Bridgeman-Giraudon
63 ph © C. & R. Dorr / Jacana / Hoa-Qui / Eyedea
68-69 ph © A. Day / Corbis
70 © 1999 Editions Milan Coll.Milan Poche Junior
72 © « Petit Feronce n'a peur de rien » de Paul Thiès. Illustration réalisée par Mérel. Rageot Editeur
75 ph © ESA / PLI / Corbis
77 © Dictionnaire Larousse maxi débutants 7/10 ans © Larousse 2008
78 © 1999 Editions Milan Coll.Milan Poche Junior
81 ph © Getty-Images
85 © Dictionnaire Larousse maxi débutants 7/10 ans © Larousse 2008
86 © Editions Albin Michel Jeunesse
87 © F. Roca
89 ph © F. Cahez / Bios
90 ph © D. Lefranc / Corbis
91 © F. Roca
92 ph © Private Collection / Bridgeman-Giraudon
98-99 Coll. Christophe L
100 © Editions Nathan
104 ph © Novastock / Sunset
108, h, gd © Editions Albin Michel
109, g, d © Editions Albin Michel
110 © « La vraie Princesse Aurore » de E. Brisou-Pellen. Rageot Editeur
111 ph © Giraudon - Bridgeman
115 ph © Bibliothèque des Arts Décoratifs, Paris, Archives Charmet / Bridgeman-Giraudon
116, 117, 118 © Editions Hatier
119 ph © H. Strand / Corbis
121-122 © Editions Hatier
123 ph © S. Cordier / Jacana / Hoa-Qui / Eyedea
130-131 Coll. Christophe L
132-132 © Editions Hatier
137 ph © P. Gely / CDDS Enguerand Bernand
138 ph © Horizon Vision / Sunset
140 © Editions Gallimard
149 ph © Animals-animals / Sunset
150 ph © Weiss / Sunset
152 ph © Akg-Images
153 ph © Juniors Bildarchiv / Sunset
162-163 ph © Bridgeman-Giraudon
164 © Editions Hatier
165 ph © H. Lewandowski / RMN
167 ph © Giraudon / Bridgeman / Félix Lorioux (1872-1964), « Le rat des villes et le rat des champs », Collection Roger Perrin / © Adagp, Paris 2009
168, h ph © G. Hatherley / Nature PL / Jacana / Hoa-Qui / Eyedea
168, b ph © Carl R. Englander / Hoa-Qui / Eyedea
172 © Editions Gallimard
173 ph © R. Gash / Grandeur Nature / Hoa-Qui / Eyedea
175 ph © Lamarie / Sunset
177 ph © Japack / Sunset
182 ph © G. Van Langenhove / Bios
183 ph © Louvre, Paris / Lauros / Bridgeman-Giraudon
188 © Editions Gallimard

Iconographe : Edith Garraud / Hatier Illustration

Principe de maquette et mise en page : Christine Paquereau

Illustrations : MODULE 1 - Laurent Kling et Carole Xénard (p. 34).
MODULE 2 - Pascal Gauffre (p. 41), Sandra Poirot-Cherif (p. 43, 45, 49) et Carole Xénard (p. 50, 51, 53, 55, 56, 60, 61, 62).
MODULE 3 - Pascal Gauffre et Carole Xénard (p. 74).
MODULE 4 - Pascal Gauffre et Laurent Kling (p. 112).
MODULE 5 - Julie Faulques (p. 132, 133, 134, 135, 139, 140, 141, 142, 145, 146, 151), Carole Xénard (p. 143, 148, 149, 154, 155, 156) et Jong Romano (p. 147).
MODULE 6 - Natacha Sicaud (p. 166, 167, 169), Carole Xénard (p. 170, 178, 180, 181, 185, 186, 187).
Pages 66-67, 128-129, 160-161, 192-193 - Julien Martinière.

Recherche iconographique : Edith Garraud / Hatier Illustration

Photogravure : RVB Éditions

Achevé d' imprimer par Rotolito à Pioltello - Italie
Dépôt légal n° 115621 - Février 2009